조선 왕 독살사건 1

조선 왕 독살사건 1

문종에서
소현세자까지

이덕일 지음

다산
초당

개정판 서문

독살설로 드러난 숨겨진
정치구조

"책은 자신의 운명이 있다"고 나는 믿는다. 책은 물론 저자가 쓰지만 일단 저자의 손을 떠나 세상에 나가면 그 자신의 목소리로 세상을 살아간다.《조선 왕 독살사건》이야말로 자신의 운명을 갖고 한 시대를 살아왔던 책이다. 그 단초는 '조선 국왕의 독살이란 코드로 조선사를 바라보면 어떤 조선을 볼 수 있을까?'라는 호기심이었다. 특히 조선 후기 국왕·세자들이 젊은 나이에, 갑자기 세상을 떠나는 경우가 많았던 것이 이런 호기심을 부추겼다. 그런데 이런 호기심으로 조선사를 바라보자 전혀 예상하지 못했던 거대한 구조가 모습을 드러냈다. 조선 국왕 독살설을 흥미로운 소재만이 아니라 조선사를 규정짓는 하나의 특징으로 삼을 수도 있겠다는 생각이 들었다.

임금이 약하고 신하가 강한 것을 '군약신강君弱臣强'이라고 하는데, 조선 왕조 500년을 통틀어 이 구조는 크게 두 개의 사건을 계기로 형성된다. 조선 전기는 수양대군이 어린 단종의 왕위를 빼앗고 즉위한 계유정난이고, 조선 후기는 율곡 이이를 종주로 삼는 서인들이 광해군을 내쫓고 집권한 인조반정이다. 이 두 쿠데타 이후 '군약신강'은 조선 정치구조의 주요한 특징이 되었다. 처음에는 인조반정 이후의 조선 후기사만을 염두에 두고《조선 왕 독살사건》을 썼다. 그 후《문종실록》에서 문종의 사인에 대한 의혹을 발견했는데, 한의사 몇 분이 문종의 사인이 독살이라고 쓴 논문을 보게 되었다. 문득 계유정난이 어린 임금 단종 즉위가 계기가 된 우발적인 쿠데타가 아니라 어쩌면 세종 말년부터 철저하게 준비된 쿠데타였을 수 있다는 생각이 들었다. 그래서《조선 왕 독살사건》이 두 권으로 늘어나게 되었다.

특히 인조반정 이후 조선의 군약신강은 더 이상 조선 사회만의 비밀이 아닌, 청나라도 아는 사실이었다. 북벌군주 효종이 송시열과 독대 직후 만 마흔 살이 채 못 된 나이로 급서한 후, 만 열여덟 살의 어린 나이로 뒤를 이은 현종도 정권을 서인에서 남인으로 갈아치우던 와중에 만 서른세 살의 젊은 나이로 급서했다. 젊은 군주의 죽음에 청나라 강희제는 사신을 보내 이례적으로 두 번이나 제사를 지내주었는데, 그 이유에 대해 청나라 사신이 강희제의 말이라면서 조선 역관들에게 '강성한 신하들에게 제어받았기 때문에 두 번 제사를 지내주는 것이다'라고 말했다고 전해지면서 큰 소동이 벌어졌다. 청나라 강희제가 군약신상이라는 조선의 성지구조 때문에 현종이 일찍 죽었다고 제사를 두 번 지내주었다는 것이니, 현종이 독살당했다고 생각한다는 말과 마찬가지였다. 숙종 초에 발생한 이 사건은 남인 집권기 때는 그냥 넘어갔지만 숙종 6년(1680) 경신환국으로 서인들이 집권한 후 우의정을 역임한 남인 오시수 등이 사형당하는 화를 불러왔다.

《조선 왕 독살사건》이 파헤치는 정치구조는 사실 단순하다. 조선 전기에는 계유정난으로 거대한 공신집단이 형성되고, 조선 후기에는 인조반정을 일으킨 서인(노론) 독주체제가 구축된다. 조선 왕 독살의 구조는 계유정난과 인조반정 이후 형성된 공신집단과 거대 정당에 국왕·세자가 어떠한 사안을 두고 충돌을 향해서 달려가다가 국왕·세자가 갑자기 죽거나 쫓겨나 죽는 경우가 반복되는 구조이다. 문종·단종·예종·연산군이 그랬고, 소현세자·효종·현종·경종·사도세자·정조·효명세자가 그랬다. 그리고 언제 그런 일이 있었냐는 듯 정국은 다시 공신집단과 서인(노론) 중심으로 회귀했다.

이 구조가 과거형으로 끝나지 않는 것은 노론이 마지막 당수 이완용을 필두삼아 당론으로 대한제국을 일제에 팔아먹었기 때문이다. 일제에 맞서는 마지막 저항수단으로 중국 망명을 선택했던 고종 또한 독살설로 최후를 마쳤던 구조 역시 여기에 있다. 노론은 일제강점기에도 세력을 온존할 수 있었고, 해방 이후에도 지배 세력이 되었다. 그 결과 우리 사회는 프랑스와 달리 친일세력 청산은커녕 거꾸로 친일세력에 의해 항일세력이 청산당했다. 그래서 현재도 우리 사회 상부구조 상당 부분은 이 구조의 연장선상에 있다고 해도 과언이 아니다. 민주공화국을 표방했으면서도 이 나라의 주인은 국민이 아니라 소수의 카르텔이었다는 사실이 거듭 드러나고 있는 지금, 《조선 왕 독살사건》의 재출간은 큰 의의가 있다고 나는 믿는다. 부디 이런 구조에 대한 사고 자체를 말살하려는 우리 사회 일각의 공세에 맞서 다시 한 번 긴 생명력을 보여주기를 바라마지 않는다.

2018년 10월, 한가람역사문화연구소 이덕일 기記

서문

반성 없는 역사에는
미래가 없다

1

지금으로부터 550여 년 전인 문종 2년(1452) 5월 14일 유시酉時(오후 5~7시).

경복궁 강녕전에서 문종이 병사했다. 39세의 장년이었다. 《문종실록》이 전하는 문종의 사인死因은 종기였다. 그리고 이는 지금까지도 사실로 받아들여져 왔다.

문종의 죽음에 대한 감상은 안타까움이다. 문종의 죽음이 단종의 비극을 초래했기 때문이다. 《문종실록》은 "이때 사왕嗣王(단종)이 나이 어려서 사람들이 믿을 곳이 없었으니, 신민臣民의 슬퍼함이 세종의 상사喪事 때보다 더하였다"고 적고 있다. 문종의 죽음은 비단 한 임금이 세상을 떠났음을 뜻하는 것이 아니었다. 문종이 급서하면서 모든 것이 뒤죽

박죽으로 변해 버렸다.

신생 조선에 안정의 기틀을 가져온 것은 태종의 피의 숙청이었다. 태종은 네 처남과 사돈까지 죽이는 피의 숙청으로 왕권을 반석 위에 올려놓았고, 그런 왕조를 세종에게 물려주었다. 세종은 그런 토대 위에서 조선 르네상스 시대를 열 수 있었다. 세종은 재위 27년(1445)부터 세자(문종)에게 섭정을 시켰다. 세종이 세상을 떠나는 재위 32년(1450)까지 세종 후반부의 업적은 문종과의 공동 작품이었다. 문종의 즉위는 세종 시대의 연장으로서 조선의 비약적 발전이 계속될 것임을 말해 주고 있었다. 그러나 문종이 재위 2년 4개월 만에 세상을 떠남으로써 상황은 급변했다.

문종의 죽음과 단종의 비극은 동전의 양면이었다. 문종이 세상을 떠난 순간 열두 살 어린 단종의 비극도 예정되어 있었던 것이다. 그간 이 비극의 연출자는 하늘로 생각해 왔다. 그러나 문종의 죽음이 하늘의 뜻이 아니라면 이야기는 달라진다. 문종의 죽음이 인위적인 연출이라면 문종 사후의 숱한 비극도 하늘이 아니라 인간이 만든 인위적 비극이 되기 때문이다.

이제 550여 년 만에 그 비극의 연출자를 찾는 여정이 시작된다. 이 비극의 무대는 연출자가 지명한 배우들만 죽는 것이 아니다. 연출자의 의도와는 전혀 다르게 연출자의 아들과 증손까지 비극적 운명에 처하고 만다. 역사의 비극은 피해자만이 아니라 가해자도 함께 나눌 수밖에 없는 것이기 때문이다.

반성 없는 역사에는 미래가 없다

2

지금으로부터 280여 년 전인 1724년, 영조는 즉위하자마자 김일경金一
鏡을 국문장으로 끌어내었다. 죽음의 국문장에서 김일경은 담담했다.
그 담담함의 밑바닥엔 선왕先王 경종에 대한 충성이 자리 잡고 있었다.
친국하던 영조가 '부도不道'하다는 사실을 인정하라고 요구하자 김일경
은 "성품이 원래 충직忠直하여 부도한 일은 알지 못한다"라고 부인했으
며, 나아가 "지금 즉시 죽는 것이 소원"이라며 "선대왕의 빈전殯殿이 여
기에 있으니, 여기서 죽는다면 마음에 달갑게 여기겠다"라고 대답했다.

이는 노론에서 즉위시킨 새 국왕 영조에 대한 정면 부인이었다. 김
일경은 "시원하게 나를 죽이라"고 영조를 조롱하기도 했는데, "김일
경은 공초供招를 바칠 때 말마다 반드시 선왕의 충신이라 하고 반드시
'나[吾]'라고 했으며 '저[矣身]'라고 하지 않았다(《영조실록》즉위년 12월
8일)"라고 기록될 정도로 영조에게 저항했다. 이는 자신뿐만 아니라
전 가족의 목숨을 내던진 저항이었다. 김일경이 보기에 역적은 자신
이 아니라 영조와 노론이었다. 양자 사이의 인식의 공유는 이미 불가
능한 일이었다. 중요한 것은 누가 현실의 권력을 장악하고 있느냐 하
는 점이어서 경종의 충신인 김일경은 영조의 역적으로 부대시처참不待
時處斬되었다.

그로부터 4년 후인 영조 4년(1728), 일단의 군사들은 청주성을 점령
하고 절도사 이봉상李鳳祥을 죽였다. 대부분의 공식 기록이 이인좌李麟佐
의 난으로 기록하고 있지만 1890년대 이건창李建昌이 쓴《당의통략黨議
通略》에는 이인좌 부대가 "군중에 경종의 위패를 설치해 놓고 조석으로
곡을 했다"고 기록하고 있다.

김일경이 영조를 임금으로 인정하지 않은 것이나 이인좌의 군사가 조석으로 곡을 한 이유는 단 하나 경종이 독살당했다고 믿었기 때문이었다. 경종에 대한 충성의 관점에서 본다면 선왕을 독살했다고 믿어지는 영조에게 '저'라고 하지 않고 '나'라고 대답한 김일경은 사육신 못지 않은 충신이었다. 이인좌도 마찬가지였다. 온 나라를 충격에 빠뜨린 역적의 수괴였지만 그 역시 봉기 실패 후 끌려온 국문장에서 사건의 정황만 담담하게 서술했을 뿐 "잘못했다"는 등의 말은 하지 않았다.《영조실록》은 "2차 형신하였으나 전과 같이 공초하였다"라고 그의 일관된 진술을 전해 주고 있다. 온 집안이 도륙날 것을 각오하면서까지 그들이 추구했던 것은 무엇이었을까? '권력욕'이라고 단정하면 간단하겠지만 "시원하게 나를 죽이라"는 김일경의 조롱이나 군중에 모셨던 '경종의 위패'는 권력욕 이상의 그 무엇이 있었음을 시사해 주고 있다.

3

오직 권력만을 위해서라면 김일경과 이인좌는 물론 이천해李天海 같은 인물도 나올 수가 없었다. 이인좌 사건 3년 전, 즉 김일경이 사형당한 1년 후에 이천해는 능행 가는 영조의 어가를 가로막고 이른바 '흉언凶言'을 했다.《영조실록》은 그가 "차마 들을 수 없는 말을 했다"고 기록했는데 이는 그의 말을 차마 기록할 수 없다는 뜻이다. 영조 정권은 이천해를 미친놈으로 몰고서도 끝내 사형시켰다. 광인狂人으로 판명했으면 죽이지 말아야 했건만 영조와 노론은 이천해를 살려 줄 수 없었다. 김일성이나 이인좌는 모두 양반 명문가 줄신이었지만 이천해는 당시 직책이 군사로서 양반도 아니었다.

김일경의 '조롱'이나 이천해의 '흉언'이나 이인좌의 '위패'는 모두 같은 내용을 담고 있었다. 이 셋을 한 줄에 꿰는 키워드는 바로 경종의 '독살'이었다. 김일경과 이천해, 이인좌에게 목숨을 걸게 한 동기는 독살당한 선왕에 대한 '의리'이자 '충성'이었던 것이다.

경종의 측근이었던 김일경은 경종이 죽자마자 자신의 목숨을 던져 다시는 살아 돌아올 수 없는 선왕에 대한 의리를 주창했다. 일개 군사에 지나지 않았던 이천해는 선왕에게 아무런 은혜를 받지 못했지만 경종 독살설에 대한 충분忠憤에 목숨을 걸었고, 이인좌는 독살당했다고 믿는 선왕의 원한을 풀기 위해 군사를 일으켰다.

이들의 모습은 단순한 반란자의 모습이 아니었다. 살점이 떨어지고 목이 잘리는 국문장에서 이미 바뀐 세상을 부정하는 김일경의 모습이나, 일개 군사로서 국왕의 행차를 가로막고 흉언을 해 대는 이천해의 모습, 도원수 이하 모든 군사들이 선왕의 위패에 곡을 하고 관군을 향해 달려가는 모습은 단순한 반란자의 모습일 수는 없다. 비장미를 내포한 그 어느 고대 그리스의 서사적 비극이 이보다 장엄할 수는 없다.

이는 영조나 노론의 자리에서만 이 시대를 바라봐서는 안 된다는 사실을 말해 준다. 이들의 인생을 '독살'이란 프리즘에 비춰 보면 이들을 반역으로 규정했던 세상과는 전혀 다른 세상이 투영되는데 그것이 바로 감추어진 역사의 이면이다. 현실의 권력이 보여주는 세상이 아니라 감추고 싶어 했던 세상이 보이는 것이다. 그 세상에는 현실의 패자들의 목소리와 한이 담겨 있다.

4

정의가 승리하는지, 승리한 것이 정의인지를 판별하는 것은 쉽지 않은 일이다. 불의도 승리하고 나면 정의로 포장하기 위해 많은 공을 들이기 마련이고 때로는 이런 기도가 성공하기도 한다. 또한 정의니 불의니 하는 것들도 시대의 산물이어서 시대의 변화에 따라 그 의미가 변하기도 한다.

그래서 이면의 역사가 필요한 것이다. 김일경이나 이천해, 이인좌처럼 현실의 권력에 의해 죽어 가고 저주받았던 사람들의 시각으로 역사의 이면을 바라볼 필요가 그래서 있다.

당초 예종 한 명을 더 추가해 부분 개정판을 내는 것이 본래 계획이었다. 그러나 중앙공무원 교육원에 강연하러 갔다가 만난 전 경희대 한의대 교수 안덕균 선생으로부터 〈문종의문사에 관한 연구(《백산학보》 67호)〉를 받고 나서는 생각이 바뀌었다. 문종 독살설은 우리 역사 속에 550여 년 동안 깊숙이 감춰져 있었던 중요한 비밀이었다. 또한 그것은 일회성으로 끝날 비밀스런 사건도 아니었다. 한 거짓말이 다른 거짓말을 낳는 것처럼 문종의 독살은 단종·예종·연산군의 비극과 같은 꿰미에 속한 사건이었다. 조선 후기의 최대 사건 인조반정과 소현세자·효종·현종의 비극이 한 꿰미의 사건인 것처럼, 경종 독살과 사도세자, 그리고 정조를 비롯한 사도세자의 여러 후손들의 비극이 한 꿰미의 사건인 것처럼 문종 독살은 그 이후에 벌어졌던 수많은 사건들과 한 꿰미였다. 가장 은밀한 곳에서 아무도 모르는 것처럼 행해진 행위였지만 그 비밀스런 행위는 우리 역사에 그토록 끈질긴 여운을 남겼던 것이다.

문종 독살설은 독살이란 코드가 조선 후기에만 연속적으로 발생할 수 있었던 구조적 문제가 아니라 조선 전기에도 기능했던 구조적 사건임을 말해 주고 있었다. 그렇게 독살은 조선사 전체를 관통하는 하나의 코드가 되었다.

이 책의 어떤 부분은 분명 우리 역사에서 묻어 두고 싶은 어두운 과거일 수도 있다. 그러나 역사는 어둡고 밝음을 떠나, 긍정적인 면이든 부정적인 면이든 모두 밝혀질 필요가 있다. 그 모든 면의 산물이 현재 우리 자신의 모습이자 우리 사회의 모습이기 때문이다. 우리 역사의 밝은 면만 보려는, 그래서 긍정적으로만 서술하려는 자세는 이해할 만하지만 세상을 아름답게 보려고 한다고 해서 객관적으로 세상이 아름다워지지는 않는다. 때로는 부정의 극에서 최상의 긍정을 찾는 것이 역사이며, 극한까지 추구했을 때만 그 속살을 보여주는 것이 역사이기도 하다. 그 부정의 극한까지 다다르면 우리는 '반성反省'이란 단어를 만나게 된다. 역사는 사회뿐만 아니라 개개인에게도 되돌아 생각하는 반성을 요구한다. 반성 없는 역사에는 미래가 없다. 미래가 없는 역사를 어디에 쓰겠는가?

2008년 12월, 한강이 바라보이는 마포 서재에서 이덕일 기記

| 차례 |

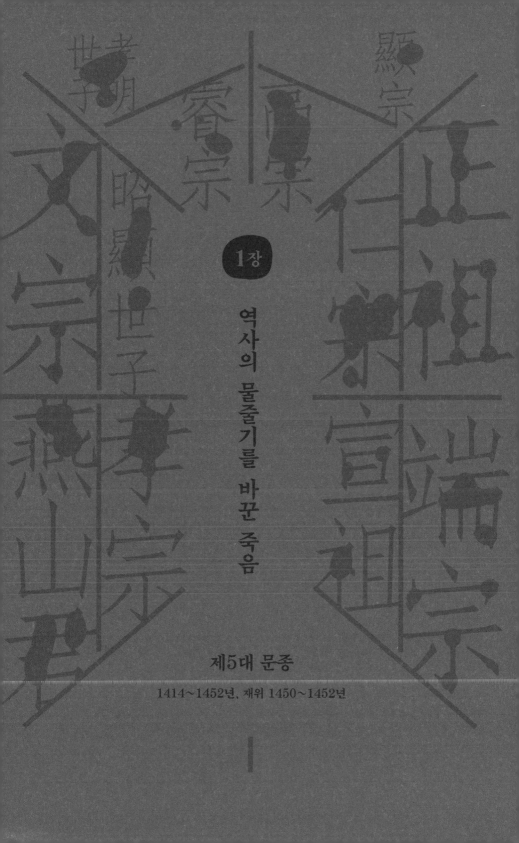

1장

역사의 물줄기를 바꾼 죽음

제5대 문종

1414~1452년, 재위 1450~1452년

《문종실록》2년 5월 14일

무릇 의료에 관한 모든 일과 기도하는 모든 일은 강맹경이 수양대군과 인평대군에게
여쭌 후 두 대군의 말을 받아 의정부에 고한 후에 시행했다

문종 2년(1452) 5월 5일.

의정부 정승들과 육조 판서들은 경복궁 사정전思政殿에 모였다. 약간 긴장한 분위기였지만 전체적으로는 평온했다. 대신들은 임금의 생활공간인 내전內殿에 들어간 어의 전순의全循義를 기다리고 있었다. 전순의가 문종의 병세에 대해서 설명할 예정이었다.

정작 이틀 전인 5월 3일 문종에게 잠시 정사를 쉬라고 권유한 것은 대신들이었다. 어의가 문종의 허리 위에 종기가 났다고 알려 주었기 때문에 쉴 것을 권유한 것이다.

"신 등이 보다 일찍이 문안하려 했으나 성상聖上(임금)께서 번거로우실까봐 낭청郎廳을 시켜 문안해 왔습니다. 그때마다 신 등은 오늘은 회복되실 것이라고 여겼고, 또 내일에는 반드시 회복되실 것이라 여겼습니다."

경복궁 사정전의 내부 모습

경복궁 안에 있는 사정전은 조선시대 왕과 신하들이 정사를 논하던 편전이었다.

대신들이 문안하면 국왕도 예를 차리느라 몸을 움직여야 하기 때문에 대신 각 관아의 당하관인 낭청을 시켜 문안해 왔다는 뜻이었다.

"그런데 지금 여러 날 동안 정사를 보살피지 않으셨고, 또 내의內醫(어의)의 말을 들으니 종기는 꺼릴 만한 것이라고 합니다. 지금 변경에는 근심이 없으며 또 꼭 시기를 맞추어서 해야 할 급한 국사도 없으니, 회복되실 때까지 일체의 서무庶務를 정지하시기를 청합니다."

대신들이 잠시 정사를 쉴 것을 권유한 것은 까닭이 있었다. 종기에는 안정이 최고의 처방이었기 때문이다.

"마땅히 경 등의 말에 따르겠다."

그러나 다음 순간 문종은 자신이 직접 처리해야 할 일이 남아 있음이 생각났다. 일본 국왕사國王使를 접견하는 일이었다. 일본 국왕사는 지난 달 25일 서울에 도착해 조현朝見(왕을 만나는 것)을 기다리고 있었다.

"일본 국왕의 사신이 서울에 도착한 지 오래되었다. 종기가 난 곳이 비록 긴급하지는 않지만 자칫 뿌리가 깊으면 화농化膿(고름이 생기는 일)

되는 경우가 생길 수도 있다. 회복되기를 기다린 후에 사신을 만난다면 시일이 오래 걸릴 듯한데 이 문제를 어떻게 처리하는 것이 좋겠는가?"

명에 대한 사대事大와 일본에 대한 교린交隣은 조선 외교의 두 축으로서 국왕이 직접 처리해야 할 문제였다. 사신을 홀대하면 외교 문제가 발생할 수도 있었다. 이때 해결 방안을 제시한 인물이 우의정 김종서金宗瑞였다.

"일본 사신은 원래 진향進香(왕의 혼전魂殿에 제를 올림)하기 위해서 온 것이니, 다음달 15일에 먼저 문소전文昭殿(태조와 신의왕후神懿王后를 모신 혼전)에 나아가서 진향한 후에 조현하신다면 일도 순서를 잃지 않을 것이고 그때쯤이면 성상의 옥체도 거의 회복될 것입니다."

김종서의 말대로 따르면 한 달 이상의 시간을 벌 수 있었으나 일본 사신이 반발할 수도 있었다. 예조 좌랑佐郞 김증金曾이 사신이 묶는 객관客館으로 찾아가 이런 절차를 설명하자 사신은 뜻밖에도 불평하지 않았다.

"서울에 도착한 이튿날부터 천안天顔(임금의 얼굴)을 바라보려 했으나, 여러 날이 지나도 조현을 하지 못한 이유를 알 수 없었는데, 지금 상교上敎(임금의 명령)를 들으니 마음속이 조금 시원합니다."

문종이 잠시 정사를 쉬기로 했으므로 대신들은 후속 조치를 마련했다. 다음 날부터 특별한 사무가 아닌 통상 공무는 국왕에게 따로 보고하지 말고 부서끼리 서로 문서를 주고받는 행문이첩行文移牒으로 처리하라고 육조에 명령했다.

이때만 해도 문종의 병세를 심각하게 보는 사람은 없었다. 종기에는 안정이 제일이므로 잠시 국사를 놓은 것뿐이었다. 그러나 문종의 빠른 쾌유를 위해 할 수 있는 모든 노력을 기울이기로 했다. 문종의 둘째 동

역사의 물줄기를 바꾼 죽음

생 안평대군安平大君 이용李瑢을 대자암大慈庵에 보내 완쾌를 비는 기도를 올리게 하고, 또한 종묘 · 사직社稷과 소격전昭格殿(도교적 성격의 제천祭天 부서)과 삼각산, 백악산, 목멱산의 산신에게도 기도하게 했다.

다시 사정전.

문종에게 잠시 국사를 쉬기로 청한 이틀 후인 5월 5일 대신들은 어의의 진단 결과를 듣기 위해 다시 이곳에 모였다. 대신들이 약간 긴장한 것은 시약청侍藥廳을 꾸려야 할지 몰랐기 때문이다. 의약청이라고도 불리는 시약청은 임금이나 대비, 왕비에게 병환이 있을 때 구성하는 임시 기구였다. 영의정이 책임자인 도제조가 되고 좌 · 우의정과 육조의 대신들이 부책임자인 부제조가 되고 내의원內醫院 소속의 모든 의원들이 시약청에 편입되어 비상 근무하는 체제였다. 시약청이 설치되면 의원들은 약을 쓸 때 모두 대신들과 의논해서 올려야 했고 어의들이 독단적으로 처방할 수 없었다. 아직 시약청을 꾸린 적은 없지만 진단 결과가 좋지 않으면 시약청을 꾸려야 할 것이었다. 대신들이 약간 지루함을 느낄 정도의 시간이 흐른 후 내전에서 당대 최고의 명의 전순의가 나왔다.

"환후가 어떠하신가?"

대신들은 모두 전순의의 입이 열리기를 기다렸다. 전순의의 표정은 다행히도 그리 어둡지 않았다.

"종기가 난 곳이 매우 아프셨으나, 저녁에는 조금 덜하셨고 농즙濃汁이 흘러 나왔으므로, 두탕豆湯(콩죽)을 드렸더니 성상께서 기뻐하시면서, '음식 맛을 조금 알겠다'라고 말씀하셨습니다."

대신들의 얼굴이 활짝 펴졌다. 시약청을 꾸릴 필요가 없어진 것이다.

전순의는 자신 있는 표정이었다. 대신들 사이에는 전순의의 진단이라면 안심해도 좋다는 암묵적 동의가 맺어져 있었다.

어의 전순의

《단종실록》2년(1454)조는 전순의에 대해 "계통이 본래 용렬하고 천하다(庸賤)"라고 전하고 있다. 천인 출신이라는 뜻이다. 천인 출신이 내의원에 들어올 수 있었던 이유는 탁월한 의료 실력 외에 다른 요인이 있을 수 없었다. 게다가 이 무렵에는 내의원을 대표하는 어의 중의 어의가 되었는데, 모두 뛰어난 의학 실력 덕분이었다. 전순의가 실록에 처음 등장하는 것은 이보다 12년 전인 세종 22년(1440) 6월로서 금성대군錦城大君의 병을 낳게 하는 데 일조했기 때문이다. 세종은 전순의가 금성대군의 쾌차에 공이 있다는 이유로 옷 한 벌을 하사했다.

세종은 의학에 관심이 많았다. 재위 15년(1433)에 《향약집성방鄕藥集成方》을 간행한 것이 이를 말해 준다. 조선에서 나는 약재나 처방을 향약이라고 부르고 중국산 약재를 당재唐材라고 불렀는데, 《향약집성방》은 조선 전래의 여러 약초와 처방을 모은 책이었다. 세종은 재위 27년(1445)에는 《의방유취醫方類聚》도 편찬케 했다. 《세종실록》은 《의방유취》에 대해 모든 방서方書(의학서)를 수집하고 분류해서 만든 책이라면서 총 365권이라고 적고 있다. 이 방대한 의학 백과사전은 집현전 학사들과 내의원 어의들이 주축이 되어 편찬했는데, 집현전에서는 부교리副校

理 김예몽金禮蒙과 저작랑著作郎 유성원柳誠源 등이 들어갔고, 의관醫官으로는 전순의의 이름이 가장 앞에 들어갔다. 그가 사실상 내의원의 대표 어의라는 뜻이었다.

전순의를 크게 신뢰한 세종은 그에게 일본의 의술을 배울 기회도 제공했다. 세종 29년(1447) 대마도주 종정성宗貞盛이 보낸 사신 일행 중에 숭태崇泰라는 승려가 있었는데 그가 의술에 뛰어나다는 말을 들은 세종은 흥천사興天寺에 객관을 정해 숭태를 후하게 접대한 후 전순의와 김지金智 · 변한산邊漢山 등을 보내 의료 기술을 배우게 했다. 후한 대접에 마음이 풀어졌는지 숭태는 전순의 등에게 자신의 의료 기술을 가르쳐 주었다. 전순의 등이 숭태의 의료 기술을 습득했다고 보고하자 세종은 직접 병 있는 자에게 가서 그 효과를 실험하라고 임상 실험을 명했다. 《세종실록》은 "삼시三時 동안 치료하고 돌아왔는데, 그 기술이 자못 효험이 있었다"라고 전순의가 배운 새 의술이 효과가 있었다고 말해 주고 있다.

세종의 이런 신뢰를 바탕으로 전순의는 조선 제일의 명의로 발돋움했다. 《의방유취》를 편찬하던 세종 27년(1445) 이미 내의원의 대표 어의가 되었으니 전순의가 문종의 주치의가 된 것은 당연한 일이었다. 그런 전순의가 문종의 통증이 덜해지고 두탕의 맛까지 알게 되었다고 긍정적으로 말했으니 대신들이 안심한 것이다. 음식 맛을 알게 되었다는 것은 몸이 정상으로 돌아오고 있다는 증거였다.

문종이 곧 쾌차할 것으로 생각한 대신들은 서로 하례하면서 사정전에서 일어섰다. 그러나 더욱 빠른 쾌유를 위해 다음 날인 5월 6일 다시 조관朝官을 가까운 명산대천에 보내 기도를 올리게 했다. 이때의 기도문인 축문祝文은 모두 세자(단종)의 서명을 받은 것이었다. 이날의 기도 행렬에는 문종의 맏동생 수양대군首陽大君도 포함되어 있었다. 수양대군이 도승지 강맹경姜孟卿을 데리고 흥천사에서 공작재孔雀齋를 베풀었던 것이다. 공작재란 공작명왕孔雀明王을 본존本尊으로 삼는 불교의 밀교에서 병마를 물리쳐 달라고 비는 재를 뜻한다. 흥천사는 태조 이성계가 재위 4년(1395) 신덕왕후神德王后 강씨가 세상을 떠나자 그 원찰願刹(죽은 사람의 명복을 빌던 사찰)로 세운 절이었다.

이상한 것은 수양대군이 도승지 강맹경을 데리고 갔다는 점이었다. 시약청을 꾸리지 않았으므로 도승지가 사실상 모든 치료 절차를 도맡아야 했다. 게다가 유교 국가 조선에서 도승지가 종친을 따라 절에 가는 것은 있을 수 없는 일이었다. 평상시에도 그런데 하물며 와병 중인 임금의 곁을 떠나 종친을 따라간다는 것은 상상할 수도 없는 일이었다. 그래서 의정부에서 사람을 보내 강맹경을 꾸짖었다.

"성상이 편안하지 못하신 때 도승지가 궁궐을 비우는 일은 있을 수 없다."

그러자 강맹경은 흥천사에서 돌아와 우부승지右副承旨 권준權蹲으로써 자신을 대신하게 했다. 그러나 이것으로 끝이 아니었다. 도승지 강맹경의 이해할 수 없는 태도는 앞으로도 계속되는 것이다.

5월 8일.

대신들은 다시 사정전에 모였다. 사흘 전처럼 내전으로 들어간 어의 전순의가 나오기를 기다리고 있는 중이었다. 이때도 대신들은 크게 걱정하지 않고 있었다. 전순의가 만나는 사람마다 증세가 좋아졌다고 말하고 있다는 사실을 알고 있었기 때문이다. 그러나 문종은 여전히 일어나지 못하고 있었다. 일부 대신들은 무언가 꼭 집어 말할 수 없지만 무슨 문제가 있음을 감지하고 있는 상태였다. 드디어 전순의가 내전에서 나왔다. 대신들이 이구동성으로 물었다.

"성상의 환후가 어떠신가?"

"성상의 종기가 난 곳의 농즙濃汁이 흘러 나와서 지침紙針(약을 종이에 녹여 빳빳하게 말린 것을 환부에 꽂는 것)이 저절로 뽑혀졌습니다. 오늘부터 처음으로 찌른 듯이 아프지 아니하니 예전의 평일과 같습니다."

이것이 《문종실록》이 기록하고 있는 대신들과 전순의의 두 번째 만남이었다. 무언가 불안해하던 대신들의 얼굴이 다시 환히 펴졌다. 입가에는 웃음까지 일었다. '예전의 평일과 같다'는 말은 다 나았다는 뜻이기 때문이다. 화농될 때까지 기다렸다가 지침으로 종기를 터트려서 농즙이 흘러나오면 완쾌되는 경우가 많았다. 농즙이 흘러나와서 지침이 저절로 뽑혔기 때문에 통증이 사라졌다면 '예전의 평일과 같다'는 말이 과장이 아닐 것이었다. 조선 제일의 명의 전순의가 '예전의 평일과 같다'면서 다 나았다고 말했으니 곧 떨치고 일어나 정사에 복귀할 것으로 여겼다.

그러나 실제 상황은 전순의의 말대로 흘러가지 않았다. 문종은 여전히 일어나지 못했다. 5월 10일에는 조관들을 여러 도의 명산대천으로 보내 기도하게 했다. 다음 날에는 영의정 황보인皇甫仁을 종묘로 보내고, 우의정 김종서를 사직으로 보내고, 공조판서 정인지鄭麟趾를 소격전으로 보내 기도하게 했다.

문종이 와병 중이란 말을 듣고 강원도 관찰사, 개성부 유수, 경기 관찰사가 도사를 보내 문안했다. 이런 상태에서 5월 12일 의정부 우참찬右參贊 겸 이조판서 허후許詡가 문종을 만났다. 허후는 문종에게 몸조리를 권유했다.

"큰 종기를 앓고 난 후에는 3년이 되어야 완전히 회복되니 조심하지 않을 수 없습니다. 지금 종기 난 곳이 날로 차도가 있으니 신 등의 기쁨은 한이 없습니다. 날마다 조심하시고 움직이거나 노고하지 마셔서 성궁聖躬(임금의 몸)을 보전하소서."

허후도 나흘 전 사정전에서 전순의의 말을 들은 대신 중 한 명이었다. 그가 실제로 문종의 환부를 본 것은 아니었다. '종기 난 곳이 날로 차도가 있다'는 전순의의 말을 듣고 '기쁨은 한이 없다'고 말한 것이었다. 허후는 다만 문종이 냉수를 자주 찾는 것을 걱정했다.

"전하께서 갈증이 나면 냉수를 좋아하신다는데 무릇 종기는 갈증을 당기는 법입니다. 갈증을 그치게 하는 데는 냉수가 아니라 속을 덥게 하는 것 이상의 처방이 없습니다. 중국 사람이 일찍이 '조선 사람들은 날 음식과 찬 음식을 좋아하기 때문에 창종瘡腫(등창)이 많다'고 말한 것은 깊은 이치가 있는 말입니다. 사람의 몸에는 혈기血氣가 운행하는데, 혈기는 몸이 더우면 운행하고 몸이 차면 운행을 중지하므로 송기가 발생하는 것입니다. 평상시에도 날 음식과 찬 음식을 피해야 하는데 하물며 종기를 앓고 있는 때에는 더욱 피하셔야 합니다."

허후도 의학에는 일가견이 있었다. 허후뿐만 아니라 문과 출신의 사대부들은 대부분 상당한 의학 지식을 갖고 있었다. 정자程子는 "효자는 의약醫藥에 대해 알지 않을 수 없다"라는 말을 남겼다. 자식이 의약 지식이 있어야 어버이가 오래도록 목숨을 부지하며 살 수 있다는 뜻이다. 조선의 보통 사대부들도 의약 지식을 갖고 있었으니 대신들은 말할 것도 없었다.

"또 들으니 의원들이 십선산十宣散을 조제해서 올렸다는데 이 약은 술에 타 드셔야 하고 많이 드셔서는 안 됩니다."

십선산은 종창腫瘡을 치료하는 가루약이었다. 허후의 말을 듣고 있던 문종이 답했다.

"이미 알고 있다."

허후는 문종이 냉수를 찾는다고 어의들이 왜 냉수를 올렸는지 의문이란 생각이 들었다. 그러나 그 이유에 대해 깊은 생각을 한 것은 아니었다. 임금이 찾으니 어려워서 올린 것으로 판단한 것이다. 다음 날인 5월 13일의 《문종실록》은 황해도와 충청도 관찰사가 도사를 보내 문종에게 문안한 기사만 적고 있다. 아직도 시약청을 꾸리자는 말은 나오지 않고 있었다. 사태를 그리 심각하게 보고 있지 않았기 때문이다.

그러나 5월 14일이 되자 상황은 급변했다.

경복궁 사정전 남쪽 회랑으로 수양대군이 달려갔다. 도승지 강맹경의 급한 전갈을 받았기 때문이다.

"성상의 병세가 위급해졌습니다."

어제까지도 없던 이야기였다. 남쪽 회랑에는 수양대군과 안평대군, 그리고 도승지 강맹경과 직집현直集賢 김예몽, 그리고 전순의 등 어의들이 모여 있었다. 이들은 급히 방서를 상고했다. 아마도 세종이 편찬한 《의방유취》일 것이다. 문종의 병은 여전히 종기인데 이제야 방서를 펼쳐 놓고 약을 찾는 것은 이해할 수 없는 거동이었다. 더 이상한 것은 대신들이 아무도 보이지 않는다는 점이었다. 대신들에게는 연락도 하지 않았던 것이다. 이들이 뒤늦게 방서를 상고하는 이유는 나중에 밝혀진다. 이날 도승지 강맹경의 이해할 수 없는 태도가 다시 나타난다. 이날의 《문종실록》은 문종의 사인과 관련해 중요한 단서를 남긴다.

무릇 의료에 관한 모든 일과 기도하는 모든 일은 강맹경이 수양대군과 안평대군에게 여쭌 후 두 대군의 말을 받아 의정부에 고한 후에 시행했다.

－《문종실록》 2년 5월 14일

도승지 강맹경이 '의료에 관한 모든 일'을 수양대군과 안평대군에게 먼저 보고한 후 대군들의 지시를 의정부에 전했다는 설명이다. 결국 문종의 치료는 수양대군이 주도했다는 이야기였다. 이는 명백한 국법 위반이었다. 조선의 국법은 대군을 포함한 종친들의 정사 개입을 허용하지 않고 있었다. 문종은 병석에 눕기 직전인 재위 2년 4월 27일 수양대군을 관습도감慣習都監 도제조都提調로 임명했었다. 관습도감은 음악에 관한 사무를 담당하는 관청으로서 정치와 무관했지만 사간원에서는 즉각 반대하고 나섰다.

"조종祖宗께서 자손이 무성했는데 어찌 일을 맡길 만한 종친이 없겠습니까만 《속육전續六典》에 종친에게 일을 맡기지 않는다고 명시한 것은 친족을 친애하는 의리를 보전하려는 깊은 뜻이 있는 것입니다. 지금 이유李瑈(수양대군)를 관습도감의 도제조를 삼는 것은 조종의 성헌成憲(헌법)을 무너뜨리는 것입니다. 모름지기 고치기를 청합니다.(《문종실록》 4월 27일)"

그러나 문종은 뜻을 꺾지 않았다. 아니, 뜻을 꺾기 전에 병이 들어 이 문제를 더 생각할 겨를이 없었다. 예조 산하의 음악 관청인 관습도감 도제조에도 종친의 임명을 금하던 것이 조선의 국법이었다. 하물며 어린 세자밖에 없는 국왕의 병환 치료를 장성한 종친들이 주도할 수는 없었다. 강맹경의 이런 행위는 문종의 뜻과도 어긋나는 것이었다. 《연려실기술燃藜室記述》 문종조 고사본말은 《축수편逐睡篇》을 인용해 문종과 신하들 사이의 한 일화를 전하고 있다.

문종은 병이 나자 집현전 학사들을 불러 촛불을 켜고 정사를 논의하다가 밤중이 되자, 무릎 아래에 단종을 앉혀 놓고 손으로 등을 어루만지며 말했다.

"내가 이 아이를 그대들에게 부탁한다."

문종은 술을 내려 주고 또 어탑御榻에서 내려와 평좌平坐한 후 먼저 잔을 들어 권했다. 성삼문成三問 · 박팽년朴彭年 · 신숙주申叔舟 등이 술에 취하자 내시에게 명하여 입직청入直廳에 나란히 눕혀 재웠다. 그날 밤에 큰 눈이 왔는데 이튿날 아침에 신하들이 깨어 보니 향기가 방 안에 가득하고, 온 몸에는 담비 갖옷이 덮여 있었다. 문종이 손수 덮어 준 것이었다. 《축수편》은 "그러나 그 후에 신숙주의 거취는 저 모양이 되고 말았다"고 신숙주의 이후 행보를 비난하고 있다.

문종이 "이 아이(단종)"를 장성한 동생들이 아니라 집현전 학사들에게 부탁한 것은 의도적인 것이었다. 그만큼 장성한 동생들을 위협 요소로 보았던 것이다.

어제까지도 문종의 병세가 날로 좋아지고 있다고 말했던 전순의는 5월 14일 갑자기 사정전 남쪽 회랑에서 수양대군, 그리고 강맹경·김예몽 등과 뒤늦게 의학서를 뒤지고 있었다. 그때는 이미 때가 늦어 있었다.

문종은 그날 유시酉時(오후 5~7시)경에 강녕전康寧殿에서 세상을 떠나고 말았다. 전날까지도 문종이 세상을 뜨리라고 예상한 사람은 없었다. 느닷없는 죽음이었다.

경복궁 강녕전의 모습

조선의 제5대 임금 문종은 재위 2년 만에 이곳 강녕전에서 갑작스러운 죽음을 맞았다. 문종의 치료를 수양대군이 주도했다는 점에서 이 죽음은 독살의 의혹을 피해 갈 수 없는 것이었다.

《문종실록》은 "여러 신하들이 모두 통곡하여 목이 쉬니, 소리가 궁정에 진동하여 스스로 그치지 못하였으며, 거리의 소민小民들도 슬퍼서 울부짖지 않는 사람이 없었다"고 적고 있다. 갑작스런 죽음에 신하들과 거리의 소민들까지 울부짖었다는 것이다. 문종은 이렇게 급서해도 괜찮은 임금이 아니었기 때문이다.

문종은 재위 기간이 짧다는 이유로 그리 부각되지 않았지만 세종 못지않은 현군의 자질을 지니고 있었다. 또한 세종대 후반의 치적은 사실상 문종과의 공동 업적이었다. 세종은 재위 24년 7월경부터 모든 정사를 직접 재결하기가 어려울 정도로 신병이 악화되자 첨사원僉事院을 설치해 세자에게 서무를 맡기려 하였다. 첨사란 중국 고대 진秦나라 때 후비后妃나 태자의 가사를 돌보던 벼슬명이었으나, 후대에 와서는 태자궁에 소속된 기관을 뜻하게 되었다. 세종이 세자에게 대리청정을 시키려하자 모든 신하들이 '권력은 한 군데서 나와야 한다'면서 일제히 반대했다. 세종은 "한 집안의 가장에게 변고가 있으면 맏아들이 대신하는데, 하물며 세자는 임금의 후사이며 임금의 다음 아닌가?"라면서 "사대부를 접견하여 정치하는 방법을 습득하는 것이 무엇이 해롭겠는가?"라고 의지를 꺾지 않았다. 비로소 세종의 뜻이 진심임을 깨달은 대신들이 한발 물러나 첨사원 설치를 받아들였다. 이렇게 세종 25년(1443) 4월 종3품의 첨사 1인과 정4품의 동첨사同僉事 2인을 둔 첨사원이 출범하게 되었는데, 이때부터 세종이 사망하는 1450년까지 8년간은 사실상 세자와 세종이 함께 정사를 처리한 시기였다. 세종 26년의 전분田分 6등, 연분年分 9등의 전세법田稅法 제정이나 27년의 《용비어천가龍飛御天歌》 완성, 28년의 훈민정음 반포 등의 치적은 사실상 세종과 문종의 공동 작

품이었다. 세자는 신병이 있는 세종을 대신해 건원릉에 행차해 별제別
祭를 대신 거행하는 등 사실상 국왕으로서 임무를 수행했던 것이다.

학문을 좋아했던 문종은 학자들을 만나는 것을 좋아했다. 그는 세자
시절부터 집현전 학사들과 격의 없이 지냈다. 그와 집현전 학사들은 단
순한 군신 관계가 아니라 같은 사상을 공유한 동지이기도 했다. 세자
시절에는 집현전의 숙직방까지 책을 들고 걸어와 선비들과 토론했다.
하루는 숙직하던 성삼문이 옷을 벗고 누우려 하는데, 갑자기 문 밖에서
신 끄는 소리가 들렸다.

"근보謹甫(성삼문의 자) 있는가?"

성삼문이 나가 보니 손에 책을 든 세자여서 얼른 나가 절했다. 중종
때 김안로金安老가 지은 《용천담적기龍泉談寂記》에 전해지는 이야기다.

문종은 서예에도 능했다. 특히 조맹부趙孟頫와 왕희지王羲之의 서법을
혼용해서 쓴 글씨는 정묘하고 영묘靈妙하여 한 조각의 글씨라도 얻은
사람들은 다 천금처럼 소중히 여겼다고 전해진다. 문종은 제왕이 사사
로운 감정을 가지면 안 된다는 사실도 잘 알고 있었다. 그는 일찍이 글
씨를 쓰다가 목척木尺(나무 자)이란 글씨를 접하자 이렇게 말했다.

"이 자처럼 평범한 물건도 사용하기에 따라 굽은 것을 바르게 할 수
있으니, 천하의 정사가 사정私情만 없다면 모두가 복종할 것임을 알 수
있겠다."

이처럼 문종은 사를 버리고 공을 좇는 왕도정치의 도를 일찍이 깨우
친 인물이었다.

게다가 문종은 문약한 군주도 아니었다. 그는 세종 25년부터 대리청
정을 하면서 여러 차례 북방 여진족과 몽고족의 시련을 겪었으므로 그

《해동명적海東名蹟》에 남아 있는 문종의 친필

문종은 세종의 뒤를 이을 현군의 자질을 가진 임금으로서 뛰어난 학문 수준을 지니고 있었다. 특히 필치가 정묘하여 글씨를 얻은 사람들이 천금처럼 여겼다고 한다.

누구보다 국방의 중요성을 크게 인식하고 재위 1년 6월 직접 《신진법新陣法》을 지었다. 《신진법》에서는 총 6만 2,500명에 달하는 군사를 일사분란하게 지휘할 수 있는 군정 체계를 서술했는데, 군령에 관한 내용도 실려 있다. 전시에 적용하는 군령은 엄격했는데 예를 들면, "진퇴 좌우의 영을 받고도 좇지 않는 자와 마음대로 진퇴 좌우하는 자는 다 참한다. …… 모든 영막營幕이 미처 밥을 짓지 못했을지라도 어두운 이후에는 모름지기 불을 꺼야 한다. …… 5위衛에 속한 군사는 모두 가슴과 배 사이에 길이 6촌寸 너비 4촌의 장표를 붙이는데, 각각 소속 위의 색을 좇는다"는 내용 등은 문종이 전문적인 군사 지식을 갖고 있음을 보여주는 것이다. 또 천문도 잘 보아서 언제 어디에서 천둥이 칠지를 알아 세종이 거동할 때면 일기예보를 도맡을 정도였다 한다.

《문종실록》은 "과녁을 쏠 적에도 지극히 신묘하여 겨냥한 것은 반드시 바로 쏘아 맞혔다"라고 기록하고 있는데, 이처럼 건장했던 문종이 느닷없이 세상을 떠난 것이다. 문제는 하나뿐인 아들이 겨우 열두 살이란 점이었다. 《문종실록》이 "사왕嗣王(대를 잇는 왕. 여기서는 단종)이 나이가 어려서 사람들이 믿을 곳이 없었으니, 신민臣民의 슬퍼함이 세종의 상사喪事 때보다 더하였다"라고 전하는 것은 이 때문이다. 그래서 드디어 문종의 죽음에 배후가 있을지 모른다고 생각하는 사람들이 생겨나기 시작했다.

죽음에 대한 의혹이 제기되다

문종 사망 정황을 전하는 사관들이 먼저 의혹을 제기했다.

> 유시에 임금이 강녕전에서 훙薨(서거)하시니, 춘추가 39세셨다. 이때 대궐
> 의 안팎이 서로 통하지 않는 가운데 오직 내의 전순의 · 변한산 · 최읍崔浥만
> 이 날마다 나아가 진찰했지만 모두 용렬한 의원들이어서 병세가 어떤지도
> 알지 못하고 해롭지 않을 것이라고 여겨서 임금에게 활 쏘는 것을 구경하게
> 하고 사신에게 연회를 베풀게까지 했다.
>
> -《문종실록》2년 5월 14일

'대궐의 안팎이 서로 통하지 않았다'는 말은 궁중과 의정부 · 육조 등 정부 조직 사이의 정보가 서로 막혀 있었다는 뜻이다. 의정부와 육조의 대신들은 문종의 병세가 얼마나 심각한지 알지 못하고 있었다. 사관들이 전순의 등을 "용렬한 의원들"이라고 비판하는 핵심적인 이유는 '임금에게 활 쏘는 것을 구경하게 하고 사신에게 연회를 베풀게 했다'는 것이었다.

경기도 구리시 인창동에 있는 현릉顯陵

문종과 그의 비 현덕왕후顯德王后 권씨의 능이다. 능의 형식은 《국
조오례의國朝五禮儀》를 따라 병풍석의 방울과 방패 무늬가 없고
고석鼓石도 4개로 줄었다.

사관들이 생각할 때 이 부분이 상식적으로 이해가 가지 않았다. 종기는 절대 안정을 취해야 한다는 것이 한방의 상식이기 때문에 대신들이 완쾌될 때까지 정사를 쉬라고 진언한 것인데, 어의들의 처방은 거꾸로였던 것이다. 사관들은 전순의 등을 "용렬한 의원들"이라고 비난했지만 문종 급서 전에 전순의는 조선 제일의 명의로 칭송이 자자했던 인물이었다. 기초적인 의학 지식만 있어도 종기 환자에게 과로가 좋지 않다는 사실을 아는데 천하의 명의 전순의가 몰랐을 리는 없다. 사관들은 전순의의 치료 방식에 문제가 있었음을 확신하고 있었다.

종기의 화종化腫이 흘러내리자 전순의 등은 은침으로 종기를 따서 농즙을 두서너 홉쯤 짜냈고, 그 후 통증이 조금 가라앉자 전순의는 밖으로 나와서 의기양양하게, '사나흘만 기다리면 병환이 완전히 나으실 것입니다'라고 말했다.

-《문종실록》 2년 5월 14일

종기의 화종을 은침으로 따낸 것이 올바른 치료법인지는 차치하고라도 전순의 등은 항상 '곧 나을 것이다'라고 말했다. 대신들의 접근을 차단하기 위해서였다.

의정부와 육조에서 날마다 임금의 안부에 대해 물으면 전순의는, '옥체가 오늘은 어제보다 나으니 날마다 좋아지고 있습니다'라고 답했다.

-《문종실록》 2년 5월 14일

《문종실록》은 문종이 세상을 떠나는 날 아침에야 전순의 등이 나아가 문후問候하고는 문종의 옥체가 위태롭고 곤고하다는 사실을 알게 되었다고 적고 있다. 전순의가 부왕이 위독하다고 말하자 세자는 당황했다.

"나는 나이가 어려서 어떻게 해야 좋을지 알지 못하겠소."

전순의는 세자에게도 전날까지는 계속 좋아질 것이라고 말했다는 뜻이다. 전순의는 당일 아침 종친 수양대군과 도승지 강맹경 등 일부만을 부랴부랴 사정전 남쪽 회랑으로 불러 뒤늦게 방서를 상고했다. 그러나 방서의 처방은 효과를 보지 못했고 문종은 세상을 뜨고 말았다. 《문종실록》은 이날 수양대군이 대궐의 외정外庭에서 통곡했다고 전한다.

"어째서 청심원清心元을 올리지 않는가?"

《동의보감東醫寶鑑》은 청심원에 대해 졸중풍卒中風에 인사불성하거나 손과 발을 마음대로 움직이지 못할 때 사용하는 약으로 설명하고 있다. 청심원을 올리라는 말은 이미 혼수상태에 접어들었다는 뜻이었다. 이미 때는 늦었던 것이다.

이렇게 청심원 한 알 못 먹고 문종은 세상을 떠난 것이었다. 어떻게 이런 상황이 발생할 수 있었을까? 《문종실록》의 사관들은 어의들과 대신들의 무능함을 함께 비난하고 있다.

의정부의 대신들이 임금의 병환이 위급한 때를 당해서 의정부에 앉아서 사인舍人(의정부 4품 벼슬)을 시켜 문후했을 뿐, 한 번도 임금을 뵙고 병을 진찰하기를 청하지 않고서 용렬한 의관에게만 맡겨 놓고 있었으니, 그때 사람들의 의논이 분개하고 한탄하였다.

-《문종실록》 2년 5월 14일

사관은 거듭 "용렬한 의원"이라고 비난하고 있지만 전순의는 이때까지 한 번도 이런 평가를 받은 적이 없었다. 중요한 것은 이후로도 마찬가지였다는 점이다. 3년 후인 세조 1년(1455) 8월 수양대군의 즉위에 공을 세운 공신들의 명단을 적은 맹족盟族(맹약盟約한 사람들의 이름과 그 내용을 적어 만든 족자)을 바치는 자리에서 세조는 임영대군臨瀛大君 이구李瓓에게 장난삼아 이계전李季甸과 신숙주를 때리게 하면서 이렇게 말했다.

"내가 만약 손으로 때린다면 전순의·임원준任元濬 같은 명의가 좌우에서 서로 교대로 구호해도 끝내 효험이 없을 것이다."

문종이 죽는 날 아침 사정전에서 전순의와 뒤늦게 방서를 상고하던 수양대군은 자신이 왕이 된 직후 전순의를 명의의 대명사로 추어올렸다.

그러나 세종은 전순의를 처벌한 적이 있었다. 세종은 세상을 떠나기 3개월 전인 재위 31년(1449) 12월 하연河演·황보인·정인지鄭麟趾 등을 불러 전순의의 처벌을 의논했다.

"내의 노중례盧重禮·전순의 등은 동궁의 질병을 치료하는 데 삼가지 못했으니, 참상參上 이상의 직첩을 빼앗고 조교助敎로 삼는 것이 어떻겠느냐?"

조교는 고려의 충렬왕이 재위 34년(1308) 고려의 내의원인 태의감太醫監을 사의서司醫署로 개편할 때 만든 최하위 종9품 관직이었다. 조선에서도 마찬가지 직급이었을 것이다. 참상관은 조회에 참여할 수 있는 종6품 이상의 관직인데, "참상 이상의 직첩을 빼앗고"란 말은 전순의가 참상관 이상의 직급에 있었다는 뜻이다. 중요한 것은 이때 처벌받은 이유가 세자(문종)의 병을 치료할 때 삼가지 않았다는 점이었다. 노중례·전순의 등을 처벌하자는 세종의 말에 하연 등은 더 강하게 처벌해야 한다고 답했다.

"노중례 · 전순의뿐만 아니라 나머지 의원도 모두 다 직첩을 빼앗되 내의원에 근무하게 했다가 몇 달 지난 뒤에 특별한 은혜를 베푸시는 것의 여부는 성상의 뜻에 달렸을 뿐입니다."

이때 영의정 하연 등이 '노중례 · 전순의뿐만 아니라 그 나머지 의원들도 모두 직첩을 빼앗자'라고 주청한 것이 주목된다. 세자의 병구완에 노중례 · 전순의 이외에도 많은 의원들이 참여했으나 세종은 유독 두 사람만 지목했음을 뜻하기 때문이다. 의학에도 능통했던 세종은 노중례와 전순의의 세자 치료 방식이 '삼가지 않은' 문제가 있다고 비판한 것이다.

'삼가지 않았다'는 것이 무슨 뜻일까? 방서의 처방대로 치료하지 않았다는 뜻이었다. 세종은 전순의의 세자 치료 방식이 문제가 있다고 보았다. 그러나 의도적이라고 생각하지는 못했다. 다음 달인 세종 32년 (1450) 1월 사헌부에서 노중례 · 전순의 등을 내의원에 근무하게 하는 것은 부당하다며 내의원에서 내쫓자고 주장하자 거부한 것이 이를 말해 준다.

"의원 수가 얼마 되지 않는데 이들을 버리고 다른 쓸 만한 사람이 없고, 또 동궁의 병이 회복되는 경사가 있었으며, 당초에 죄를 줄 때 널리 의논해서 결정한 것이니 여기에서 더할 수 없다."

세종 자신이 전순의의 세자 치료 방식을 제지하고 다른 처방을 써서 병이 나았으므로 더 이상 처벌하지 않은 것이었다. 천하의 세종이라도 당시에는 그 정도로밖에 생각할 수 없었다. 세자의 병을 치료하면서 일부러 삼가지 않고 방서대로 처방하지 않았다고 생각할 수는 없었기 때문이다. 그래서 전순의와 노중례는 계급만 강등된 채 내의원에서 조교로 근무하게 되었다. 일종의 근신이었다. 세종은 두 사람이 조교로 근무한 지 석 달 쯤 뒤인 재위 32년(1450) 2월 17일 두 의원을 복직시키지 않은 채 세상을 떠났다.

두 의원을 복직시킨 인물은 문종이었다. 문종은 그해 4월 5일 전순의와 노중례의 고신告身(벼슬 임명 사령장)을 돌려주었다. 문종도 전순의 등이 세자였던 자신의 병을 치료할 때 의도적으로 방서대로 처방하지 않았다고는 생각하지 못했던 것이다. 그러나 다음 날 사헌부 지평持平 이의문李宜門이 바로 이 문제를 적시하면서 이의를 제기했다.

"노중례와 전순의의 고신을 돌려주었다는데, 위 사람들은 의가醫家에서 출신하였으니, 무릇 그 의술에 있어 삼가고 신중해야 마땅한데도 지난번 임금(문종)의 옥체에 종기가 났을 때 의서를 상세히 참고하지 않아서 마침내 옥체가 위태로울 뻔했습니다. 신 등이 이를 생각하면 몹시 놀라움을 이길 수 없습니다. 청컨대 이 명령을 거두소서."

이 의문은 우리에게 중요한 정보를 제공하고 있다. 세종 31년 전순의가 치료했던 세자(문종)의 병도 종기였다는 사실이다. 또한 이때도 '의서를 상세히 참고하지 않고' 마음대로 처방했다는 사실도 말해 주고 있다. 의서의 처방을 무시하고 자신들 마음대로 처방해서 세자가 거의 목숨을 잃을 뻔했다는 뜻이다. 어의로서 의서와 다른 처방을 하는 것은 위험을 자초하는 행위였다. 국왕이나 세자를 치료할 때 의서대로 처방하면 설혹 사망했을 경우에도 '의서에 따랐다'고 용서받을 수 있지만 그렇지 않을 경우 사형당할 수도 있었다. 전순의는 세자의 종기를 치료할 때 방서대로 처방하지 않다가 세종에게 삼가지 못했다고 처벌받았으나 문종이 다시 종기에 걸렸을 때 마찬가지 치료 방법을 택했던 것이다. 사망 당일에야 부랴부랴 수양대군·강맹경 등과 방서를 살펴보았던 것은 그때까지 방서대로 처방하지 않았음을 말해 주는 것이다. 같은 병에 거듭 방서대로 처방하지 않은 것은 단순히 우연의 일치일까?

문종은 세상을 떠나기 한 달 전인 재위 2년(1452) 4월 13일 전순의에게 안마鞍馬(안장을 얹은 말)를 하사한다. 세종과 신빈愼嬪 김씨 사이에서 낳은 이복동생 밀성군密城君 이침李琛의 병을 완쾌시켰다는 이유였다. 세종 12년(1430) 태어난 밀성군은 이제 겨우 열세 살이었다. 어린아이 병도 잘 고치는 전순의가 유독 문종의 병에만 거듭 문제를 일으키는 것이었다. 3년 전에는 세종이 치료 방법의 문제점을 발견하고 벌을 주었지만 이때는 도승지 강맹경이 의도적으로 대신들을 배제한 채 수양대군 같은 종친들의 지시를 받았기 때문에 문제점을 알 수가 없었다. 강맹경은 훗날 수양대군이 단종의 왕위를 빼앗을 때 적극 협력한 공으로 수양대군 즉위 직후 책봉된 좌익佐翼공신 2등에 책봉된다.

드디어 대간臺諫(사헌부·사간원)에서 의혹을 제기하고 나섰다. 단종 즉위년(1452) 5월 15일, 문종이 승하한 다음 날이었다. 대간에서 문종 치료 과정의 문제점을 지적하면서 전순의 등의 국문을 요청하고 나섰다. 단종은 도승지 강맹경을 시켜 이 문제를 의정부에 가서 논의하게 했다. 의정부 대신들의 말은 모호했다.

"전순의 등이 어찌 여기에 이를 것을 알았겠습니까마는 대간의 말도 마땅히 따라야 합니다."

전순의 등이 의도적으로 잘못 치료하지는 않았겠지만 대간의 말도 따라야 한다는 말이었다. 어쨌든 어의를 국문해야 한다는 대간의 요청이 받아들여진 셈이므로 단종은 의금부에게 전순의 등의 조사를 명했다. 의금부가 나서는 것은 새로운 국면이었다. 사안이 국왕 의문사라는 중대사였으므로 의금부의 수사는 더욱 엄중할 것이었다.

의금부에서 사형을 주청하다

의금부가 문종 치료 과정에 많은 문제가 있었다는 사실을 밝혀내는 데는 많은 시일이 필요하지 않았다. 이틀이면 충분했던 것이다.

"연전에 세종께서 편찮으실 때 대행대왕大行大王(문종)께서도 의정부 대신들과 자세히 의논한 후 약을 올렸습니다. 지금 이 의원들은 증세의 경중도 분명하게 말하지 않아서 대신으로 하여금 알지 못하게 했으며, 쓰는 약도 대신에게 물어보지 않았으니 죄가 막대합니다. 의정부에 내려서 의논하게 하소서.(《단종실록》 즉위년 5월 17일)"

문종도 세자 시절 세종이 아플 때 의정부 대신들과 상세히 의논해서 약을 썼는데, 전순의 등은 대신에게 아무것도 상의하지 않았다는 것이다. 의혹의 핵심을 찌른 보고였다. 전순의에게 이는 위험을 자초하는 행위였다. 대신들과 상의해 치료했을 경우 잘못되어도 대신들과 연대 책임을 지면 되었다. 그러나 대신들을 배제한 채 마음대로 처방했다가 잘못되면 혼자 책임져야 했다. 전순의는 혼자 책임지는 방식을 택한 것이다.

의금부는 사흘 만에 수사 결과를 발표하고 그에 해당하는 형벌에 대해서 보고했다.

"전순의는 주범(首從)이니 중하게 목을 베되 대시待時(춘분과 추분 사이를 피해 목을 베는 것)하고, 변한산·최읍은 종범(隨從)이니 1등을 감하여 장 100대에 유배 3,000리에 처하고 …… 전인귀全仁貴 등은 전대로 내의원에 나가게 하소서.(《단종실록》 즉위년 5월 18일)"

조선의 형법 체계는 의금부에서 수사 결과를 사율원司律院에 보내면 사율원에서 《속육전》 같은 조선의 법률서나 《대명률大明律》 같은 명나라의 형법서를 검토해 해당 형벌을 판결하는 체제였다. 즉 전순의는 해당 법조문을 검토한 결과 사형에 해당한다는 것이었다. 다만 만물이 생장하는 춘분과 추분 사이는 피해서 목을 베자는 것이었다. 변한산·최읍은 종범이니 한 등급 감해 목숨은 건져 준다는 뜻이었다. 전인귀는 의금부가 수사하자 다급해진 전순의가 끌어들인 인물인데, 의금부는 무죄로 판명한 것이었다. 엉뚱한 전인귀를 끌어들였다는 것도 전순의의 불순한 의도가 엿보이는 대목이었다.

그러나 단종은 전순의의 목을 베는 대신 전의감典醫監 청지기로, 변한산·최읍은 전의감 영사令史(아전)로 강등시켰다. 전의감 역시 어의들이 근무하는 곳이었으므로 같은 업종에 종사하게 한 것이다. 이미 의혹이 있다고 판단한 양사兩司(사헌부·사간원)에서 이를 받아들일 리가 없었다.

"옛날 허許나라의 세자 지止가 상약嘗藥(약을 먼저 맛보는 것)하지 않았는데, 《춘추春秋》(공자가 지은 역사서)는 시역弑逆(임금을 죽이는 것)의 죄를 가했습니다. 지금 전순의·변한산·최읍은 특별히 경한 법전을 따를 것이 아니니, 청컨대 율律에 의해 죄를 결단하소서."

전의감 청지기나 영사로 강등시키는 것은 너무 '경한 법전'에 따른 것이니 의금부에서 청한 법률대로 처리하자는 주장이었다. 의금부에서 사형으로 주청했고, 대간에서 법률대로 처리할 것을 주장하고 나섰으므로 전순의가 목숨을 건지기는 쉽지 않았다. 이때 변수가 발생했다. 도승지 강맹경이 나선 것이다.

"어린 나이로 즉위하셨는데 대신의 의논을 따르지 않고 자주자주 고치면 가벼울까 두려우니 마땅히 언관言官을 꾸짖어 보내야 합니다."

선왕의 죽음에 의혹이 있다고 판단한 언관을 꾸짖어야 한다는 주장이었다. 강맹경의 주장은 자신이 전순의 등과 한 몸임을 스스로 드러낸 격이었다. 그러나 의정부 대신들은 아직도 사태의 본질을 깨닫지 못하고 있었다.

"대저 죄를 다스리는 데는 반드시 그 정상情狀(있는 그대로의 사정과 형편)을 캐어 보아야 합니다. 전순의 등은 모두 용렬한 의원이고 정상은 없습니다. 옛날 세종조에도 노중례를 다만 전의감 영사에 소속시켰습니다."

세종은 재위 28년(1446) 4월 소헌왕후昭憲王后가 사망하자 그 치료를 맡은 노중례를 전의 권지典醫權知로 좌천시켰다가 다시 전의감 영사로 더 떨어뜨린 적이 있었다. 그러나 이때 노중례가 받은 혐의는 소헌왕후에게 병환이 있을 때 확실한 처방을 제시하지 않다가 세종의 분부를 기다린 뒤에야 약을 썼다는 것이었다. 따라서 실제로 치료를 주도한 인물은 세종인 셈이었다. 그래서 세종은 대간의 강경 처벌 주장을 일축한 것이었다.

"대개 죽고 사는 것은 명이 있으니, 어찌 한 의원이 능히 구제할 수 있겠느냐? 너희들은 다시 말하지 말라."

소헌왕후가 승하했을 때 어의 노중례와 지금 전순의의 태도는 정반대였다. 노중례는 세종의 분부가 있은 다음에야 약을 썼고, 전순의는 대신들에게도 논의하지 않은 채 방서에도 없는 처방을 한 것이었다. 문종이 사망하는 당일에야 방서를 꺼내 놓고 수양대군과 상의한 것이었다.

이렇게 상황이 다름에도 불구하고 의정부 대신들은 세종이 노중례를 처리한 관례대로 따르자고 주장했고 이에 따라 단종은 전순의를 전의감의 청지기로 강등시켰다. 그리고 약 8개월 후인 단종 1년(1453) 1월 4일 전순의와 변한산·최읍을 모두 방면했다. 대간에서 거듭 반대했으나 아무 소용이 없었다. 그러나 사헌부는 전순의의 치료 과정에 분명 의혹이 있다고 생각했다. 그래서 사헌부는 사건 재수사에 나섰다. 사헌부는 3개월 동안 문종 치료 과정의 의혹을 하나하나 조사했다. 사헌부의 조사 결과 놀라운 사실이 밝혀졌다.

종기 환자에게 꿩 고기를 올린 이유

사헌부는 단종 1년(1453) 4월 27일 놀라운 사실을 폭로하고 나섰다.

"허리 위에 종기는 비록 보통사람이라도 삼가고 조심하는 것이 마땅한데, 하물며 임금이겠습니까? 종기에는 움직이는 것과 꿩 고기는 금기입니다. 그러나 전순의는 문종께서 처음 종기가 났을 때 사신을 접대하게 하고 관사觀射(활 쏘는 것을 구경하고 상을 주는 것)하게 하는 등 여러 운동을 다 해로움이 없다고 여겼습니다.(《단종실록》1년 4월 27일)"

안정을 취해야 하는 종기 환자에게 사신을 접대하고 신하들의 활쏘기를 구경하게 하는 등 여러 운동을 다 시켰다는 것이다. 이 이야기는 전에도 나왔던 것이지만 '꿩 고기'에 관한 이야기는 이때 처음 나온 것이었다. 사헌부는 수사 결과 새로운 혐의점을 발견한 것이었다.

"또한 구운 꿩 고기를 기피하지 않고 올렸습니다."

꿩 고기는 종기와 상극이었다. 꿩이나 닭, 오리 등은 껍질에 기름이 많아서 종기 환자에게는 절대 처방하면 안 되는 음식이었다. 그래서 한의학에서는 종기 환자에게 꿩을 처방하는 것을 독살의 증거로 삼기도 한다. 꿩 고기가 종기에 금기인 것은 반하半夏 때문이기도 하다. 반하생半夏生의 준말인 반하는 천남생과의 다년초로서 그 괴근塊根(덩이뿌리)은 맵고 독성이 있으나 담痰, 해수咳嗽, 구토 따위를 치료하는 데 쓰기도 한다. 특히 음력 4월경의 반하는 독성이 매우 강해서 사람도 반하 한 숟갈을 먹으면 죽을 정도라고 한의사들은 말한다.(〈문종의문사에 관한 연구〉《백산학보》67호 참조) 문종이 종기로 누웠을 때가 음력 4월인데 전순의가 꿩 고기를 올렸다는 것이었다. 꿩 고기는 겨울철 대지가 얼었을 때에 올려야 하는데, 전순의가 이를 무시하고 문종에게 계속 섭취시킨 것은 고의가 아니라면 있을 수 없는 처방인 것이다.

전순의 치료의 문제는 여기에서 끝나지 않는다. 사헌부에서는 종기를 침으로 찌른 것도 문제로 삼고 있다.

"또 종기가 화농하면 침으로 찌를 수 있으나 화농하지 않으면 침으로 찌를 수가 없는데도, 전순의가 침으로 찌르자고 아뢰어서 끝내 대고 大故(죽음)에 이르게 했습니다."

종기가 화농되었을 때는 침을 써서 배농排膿시키지만 초기 증상에 쓰면 도리어 증상이 악화되고 염증이 심화되는데 전순의는 화농되지 않은 종기에 고의적으로 침을 써 증상을 악화시켰다는 것이다. 환부에 잘못 강한 자극을 주면 증상이 악화되기 상례인데 전순의가 이런 기초 지식을 무시하면서까지 문종에게 이런 처방을 한 것은 한의학적 관점에서는 고의가 아니면 있을 수 없는 일이라고도 말한다.

사헌부는 바로 이 점을 예리하게 지적하고 있었다.

"비록 의원이 아니더라도 방서를 펴 보면 일목요연하게 나오는 것인데, 하물며 전순의는 의원으로서 어찌 이런 사실을 몰라서 계달啓達(글로써 아룀)하지 않았겠습니까? 이는 마땅히 극형에 처해야 하는데, 특별히 말감末減(가장 가벼운 형벌에 처함)하여 전의감 청치기로 삼았다가 얼마 되지도 않아서 내의원에 출사하도록 허락하시니 심히 편치 못합니다.《단종실록》1년 4월 27일)"

사헌부 관료들은 모두 문과에 급제한 엘리트 유학자들로서 의학서들을 볼 수 있는 실력을 갖고 있었다. 전순의의 치료법은 의학서의 처방과는 거꾸로였던 것은 물론 기본적인 의학 상식에도 어긋났다. 문종 사망 당일에야 부랴부랴 방서를 펼쳐 든 것은 이런 의혹에서 벗어나기 위한 것이었다. 즉 사망 당일에 방서 처방대로 약을 올려 독살 의혹에서 벗어나기 위한 것이었다. 그러나 의정부 대신들은 여전히 전순의의 실력 부족으로 발생한 일이라고 판단하고 있었다. 그래서 5월 1일 대사헌 기건奇虔이 다시 전순의의 처벌을 주장하고 나섰다.

"질병 치료는 마땅히 조심해야 하고, 약이藥餌(약으로 쓰는 식물)는 반드시 금기가 있어서 치료를 잘못하고 금기를 범하면 그 병이 심해져서 마침내 구제할 수가 없는 지경에 이릅니다."

사헌부는 전순의 등의 치료 방법에 의혹이 있다고 확신했다.

"전순의와 최읍·변한산이 안으로 들어가 진찰하고 침으로 종기의 입구를 따고는 밖에 나와서, '임금의 옥체가 며칠 지나지 않아서 잘 회복될 것이다'라고 드러내어 말했습니다. 그래서 대소 신료들이 모두 기쁘게 여겼는데 갑자기 안가晏駕(임금의 죽음)하셨습니다."

기건은 전순의 등의 혐의를 네 가지로 정리해서 처벌을 요구했다.

"대저 독이 있는 종기는 처음에 미미하게 나타나지만 등에 있는 것은 더욱 독이 있다는 것은 모든 사람들이 알고 있는 사실인데도, '해가 없다〔罔害〕'고 말했으니 그 죄를 용서할 수 없는 첫째 이유입니다."

등에 종기가 나면 모두가 위험하게 생각하는데 전순의 등은 '해가 없다'고 단정 지었다는 공격이었다.

"몸의 기운을 피곤하게 움직이는 것은 종기에서 가장 크게 금하는 것〔大禁〕인데, 이를 아뢰지 않았으니 이것이 그 죄를 용서할 수 없는 두 번째 이유입니다."

몸에 등창이 나면 움직이는 것을 피하고 안정을 취해야 하는데, 사신 접대나 활 쏘는 것 등을 구경하게 했다는 비판이었다. 그 다음 사헌부는 안정을 취하게 하지 않은 것보다 더 큰 금기를 어겼다고 공격했다.

"식물의 성질은 반드시 병에 서로 상반되는 것이 있어서 해로운 것이 있는데, 꿩 고기 같은 것은 등창에서 대기大忌(큰 금기)로 치는 것인데도 날마다 꿩 구이를 드렸으니 그 죄를 용서할 수 없는 세 번째 이유입니다."

등창에 꿩 고기가 금기라는 것은 비단 의원이 아니더라도 알 수 있는 상식이었다. 그런데 명의라고 소문난 전순의가 이런 금기를 무시하고 '날마다' 꿩 고기를 올렸다는 것이다. 꿩 고기를 올린 것은 한 번이 아니라 '날마다'였다는 사실이 새로 밝혀진 것이다. 종기 환자에게 매일 약 대신 독을 처방한 셈이었다. 이는 특정한 의도가 있지 않고서는 불가능한 처방이었다. 임금이 아니라 일반 환자라 하더라도 상상할 수 없는 처방이었다.

"등창에서는 화농하여 터지는 것을 귀하게 여기는데 화농되기도 전에 침으로 찔러서 그 독을 더하게 하였으니 그 죄를 용서할 수 없는 네 번째 이유입니다."

사헌부에서 네 가지로 정리한 전순의 등의 치료 행위는 누가 보더라도 이해할 수 없는 것이었다. 의원으로서 해서는 안 되는 일만 골라 한 셈이었다. 그래서 사헌부는 강경한 처벌을 주장했다.

"이들은 모두 방서의 경계함을 감히 어기고 군상君上(임금)의 병을 경솔하게 다루었으니, 비록 백번 사면을 만나더라도 반드시 목을 베어야 할 죄입니다."

의정부에서 전순의 등이 용렬하기 때문이지 일부러 그런 것은 아니라고 주장하는 것에 대해서도 사헌부는 반박했다.

"'전순의 등의 의술이 원래 용렬하기 때문이지 무슨 정상이 있겠는가?'라면서 그 죄를 용서해야 한다고 말합니다. 만약 의술이 용졸庸拙(용렬하고 졸렬함)하다면 방서를 삼가 지켜야 하는데 방서의 처방을 어기고 금기를 범해 이 지경에 이르렀습니다. 만약 털끝만큼의 정상이라도 있다면 마땅히 일족에게 모두 주벌誅罰을 가하는 것이 마땅하지 어찌 ㄱ 한 놈에만 그치겠습니까? 이런 죄는 시대의 고금을 가릴 것 없고, 그 몸의 살고 죽은 것도 가릴 것 없이 왕법王法에서 마땅히 베는 것입니다."

만약 불순한 의도가 있음을 찾았다면 사형 요구가 어찌 전순의 한 명에 그치겠느냐는 공세였다. 사헌부는 분명 문제가 있다는 사실은 알았지만 조직적인 배후가 있다고까지는 생각하지 못했다. 그렇게 되면 사태는 걷잡을 수 없이 확대될 것이었다. 전순의가 강맹경, 수양대군과 짜고 문종을 치료했다는 사실은 잘 알려져 있었다. 그러나 지금 수양대군이나 강맹경을 거론할 수는 없었다. 이들이 개입한 물증을 찾지 못한 상태에서 전순의의 자백이 있어야 하는데 전순의는 아무런 의도가 없었다고 극구 변명하고 있었다. 그러나 왜 종기에 금기인 꿩 고기를 매일 올렸는지에 대해서는 설명하지 못했다. 그래서 사헌부는 배후가 있는지는 확인하지 못했지만 '왕법에서 마땅히 베어야 한다'고 주장한 것이었다.

사헌부에서 거듭 전순의 등의 처벌을 요구하자 단종은 전순의를 내의원에 출사하지 못하게 조처했다. 전순의를 내의원에서 내쫓은 것이었다. 금기도 무시하고 방서대로 처방도 하지 않는 용렬한 의원이 내의원에 근무할 수 없는 것은 당연한 것으로써 그 자체가 너무 가벼운 견책이었다. 그러나 이 가벼운 견책에 반대해 자신이 전순의의 후원임을 드러내는 인물이 있었다. 의정부 우참찬 이사철李思哲이었다.

"전순의는 재주가 본래 용렬할 뿐이지 정상이 있지 아니합니다. 만약 털끝 하나만한 정상이라도 있다면 어찌 전순의를 아끼겠습니까? 또 그때 이미 죄를 정하였으니, 추론追論하는 것은 불가합니다."

의심스런 정상은 너무나 많았다. 그러나 이사철은 의심스런 정상은 모두 무시한 채 다만 전순의가 용렬하기 때문일 뿐이라고 옹호하는 것이었다. 추론하는 것이 불가하다는 말은 계속 내의원에 근무해야 한다는 뜻이었다. 용렬하므로 내의원에서 근무해야 한다는 것이니 논리의 모순이었다. 이사철이 전순의에 대한 옹호를 자처하고 나선 것은 그가 의정부에서 전순의를 보호하는 배후 인물이란 중 한 명이란 뜻이었다.

이때가 단종 1년(1453) 5월 12일. 수양대군이 황보인·김종서 등을 제거하고 정권을 잡는 계유정변이 발생하기 5개월 전이었다. 이 사건 때 의정부의 영의정 황보인·좌의정 김종서·우의정 정분鄭苯은 모두 수양대군에게 죽었지만 우참찬 이사철은 수양대군에게 가담해 정난靖難 1등 공신에 책록되고, 견성군甄城君에 봉해진다.

그러자 사헌부 지평 유성원이 우참찬 이사철을 반박하고 나섰다.

"전순의는 용졸하고 의술이 정밀하지 못해서 이 지경에 이른 것이라고 말하는데, 의술이 용졸하다면 당연히 임금을 보좌하는 신하들에게 널리 의논하고 방서의 처방을 삼가 지켜야 하는데, 전순의는 그렇게 하지 않아서 금기를 피하지 않았을 뿐만 아니라 해로울 것이 없다고 해서 대고에 이르게 했으니 그 죄는 죽여도 용납할 수 없습니다.《단종실록》1년 5월 15일)"

정상적인 견지에서 보면 방서대로 처방하지 않고 금기를 계속 진어한 전순의의 죄는 '죽여도 용납할 수 없는 것'이었다. 처벌 주청을 불가하자 훗날 사육신이 되는 유성원은 5월 24일 전순의에 관한 처벌을 다시 주장했다.

"전순의의 죄가 사형에 해당하는 것이 네 가지임을 극진하게 말씀드리니 성상께서 내약방內藥房에 출사하지 말도록 명하셨습니다. 그러나

역사의 물줄기를 바꾼 죽음

전순의의 죄는 그 한 몸에 그치는 것이 아니라 종사와 국가에 관계가 있는 것이니 만약 성상께서 잠심潛心(고요히 생각함)하시면 알 수 있을 것입니다. 만약 대사령大赦令이 이미 내렸으므로 죄를 추론할 수 없다고 여기신다면 마땅히 가산을 적몰籍沒하고 처자를 영원히 관노官奴로 삼아서 신민들의 소망을 시원하게 하소서."

유성원은 이때 전순의의 처벌을 주장하면서 수양대군에 대해서도 지적했다. 수양대군이 명나라에 사신으로 다녀온 후 그를 따라갔던 수종인들이 모두 가자加資(품계가 올라가는 것)되었다. 그런데 누가 단종에게 수종인들의 가자를 요구했는지 알 수 없었다. 유성원은 바로 이 부분을 지적했다.

"수양대군의 수종인에게 가자한 일에 대해 신 등이 처음에 '수양대군이 계청啓請한 것'이라고 생각했으나 성상께서 하교하시기를 '숙부가 만 리 길을 무사히 돌아온 것이 기뻐서 특별히 수종한 사람에게 상을 준 것이지 숙부가 아뢰었기 때문이 아니다'라고 하였습니다. 신 등이 생각하기에 대군이 아뢰지 않았다면 반드시 아뢴 자가 있을 것이니, 그렇게 한 자를 알려고 하는 것입니다."

유성원은 이 문제를 심각하게 보고 있었다. 수양대군이 직접 가자해 줄 것을 요청했다면 왕권을 침해한 것이었다. 따로 이를 주청한 자가 있다면 수양대군에게 잘 보이기 위한 것으로서 수양을 왕으로 섬기는 것이나 마찬가지였다.

"지금 전하께서 나이가 어려서 무릇 크고 작은 일을 모두 아랫사람에게 물으시는데, 어찌 이 일만은 아랫사람에게 묻지 않으십니까? 이를 아뢴 자가 정원政院(승정원)이 아니면 반드시 대신일 것이요, 대신이 아니면 반드시 이조吏曹일 것이니, 진실로 이 중에 하나가 있을 것이 당연합니다. 만약 종친(수양대군)에게 아부하기 위해 교묘하게 아뢰어서 가자했다면 그 죄는 심히 큰 것입니다. …… 인신人臣이 비록 만 리를 가더라도 그것은 직분상 당연한 일인데 어찌 상을 주겠습니까?"

유성원은 수양대군을 둘러싼 조정의 움직임을 정확히 간파하고 있었다. 이름을 적시하지는 않았지만 가자를 요청한 자가 승정원 소속이라면 강맹경이고, 의정부 소속이라면 이사철이라는 생각이었다.

유성원의 지적에 시독관侍讀官 성삼문이 지지를 표시했다.

"옛날 송宋나라 부필富弼이 거란에 사신으로 갔다가 돌아오자 송 인종仁宗이 관작을 더해 주는 상을 주었으나 부필이 굳이 사양하자 이를 따랐고, 또 사마온공司馬溫公(사마광司馬光)도 관직을 제수받고 여러 번 사양하여 면직되었습니다."

이 무렵 수양대군은 자신을 따르는 사람들에게 상을 주는 방법으로 세를 모았다. 수양대군은 역대 전쟁사를 정리한 《역대병요歷代兵要》 편찬하면서 함께 일한 사람들의 벼슬을 올려 줄 것을 주청해서 관철시킨 적이 있었다. 그러나 이때 편찬에 관여했던 하위지河緯地는 승진을 거부하며 면직시켜 달라고 요청했다. 함께 가자된 성삼문도 "《역대병요》 수찬에 참여했다고 특별히 한 자급資級을 더하여 주시니, 신은 놀라고 부끄러움을 이기지 못하겠습니다"라며 거절했다. 《역대병요》 편찬에 참여했다고 가자된 유성원과 성삼문은 그런 승진이 문제가 있다고 지적하는 것이었다.

"대저 관작의 승진은 사람들이 모두 바라는 바인데도 이렇게 굳게 사양하는 것은 일이 아래에서 나와서 의리상 받기가 부당하기 때문이 아니겠습니까?"

지금의 승진은 임금인 단종이 아니라 신하에 불과한 수양대군이 준 것이기 때문에 하위지 · 성삼문 등이 거부한다는 뜻이었다. 유성원 · 성삼문 · 하위지, 훗날 사육신으로 함께 뭉치게 되는 세 사람은 이미 수양대군을 둘러싼 조정의 이상 기류를 간파하고 이를 저지하기 위해 노력하고 있었다. 이때 만약 의정부 대신들이 대간들의 주장에 동조해 수양대군을 질책하고 조정의 기강 잡기에 나섰다면 역사는 또 달라질 수 있었다.

계유정변 후 승승장구하다

이때를 마지막으로 전순의에 대한 논란은 사그라졌다. 전순의는 내의원에서 쫓겨난 것으로 더 이상의 처벌을 받지 않았다. 그리고 곧 단종 1년 10월 10일 수양대군이 김종서 등을 죽이는 계유정변이 발생해 정국이 일변한다. 계유년 사건이 발생하자 전순의의 처지는 다시 역전된다. 단종 2년(1454) 2월 19일 전순의의 벼슬 임명장이 환급된다. 함께 연루되었던 변한산 · 최읍도 같은 조치에 취해졌다. 그러자 사헌부 장령掌令 전가생田稼生이 사헌부를 대표해 반대 의사를 표시했다.

"전순의 · 변한산 · 최읍 등의 죄는 불충에 관련되는 것으로서 요역傜役(나라에서 구실 대신 노동을 시키던 것)만 면제시켜 주어도 족한데 또 고신까지 주었으니 법에 어떻겠습니까?"

사간원에서도 같은 논리를 들어 전순의의 고신 환급에 반대했다. 그러자 단종은 이 문제를 대신과 상의했다. 이때의 대신은 수양대군이었다. 수양대군은 계유정변 다음 날인 단종 1년(1453) 10월 11일 영의정부사·영경영서운관사·겸판이병조사領議政府事領經書筵書雲觀事兼判吏兵曹事라는 긴 관직을 차지했다. 영의정과 문관 인사권이 있는 이조, 그리고 무관 인사권이 있는 병조를 모두 장악한 것이었다. '왕'이란 말만 붙이지 않았다 뿐이지 사실상 임금이었다. 단종 2년(1454) 3월 1일 사간원의 사간司諫 조어趙峿가 다시 전순의를 처벌해야 한다고 주장했으나 단종이 거부했다.

"이미 대신과 깊이 논의했으니 들어줄 수 없다."

이때 논의한 대신은 물론 수양대군이었다. 처벌은커녕 그해 3월 13일에는 전순의와 변한산의 과전科田까지 돌려주었다. 대간에서 다시 반대했으나 아무 소용이 없었다.

더욱 놀라운 사실은 세조가 단종을 몰아내고 즉위한 직후에 벌어진다. 세조는 즉위 직후 단종을 쫓아내고 자신의 등극을 도운 44명을 좌익공신으로 책봉하고 재위 1년(1455) 12월에는 원종原從공신을 책봉하는데 전순의가 원종 1등 공신 79명 중 한 명으로 책봉되는 것이다. 같은 원종 1등 공신으로는 세종의 둘째 딸 정의공주貞懿公主의 남편인 연창위延昌尉 안맹담安孟聃과 한명회韓明澮의 친척 한계희韓繼禧 등이 있었다. 바로 이 부분이 문종의 의문사 배경이 수양대군이라는 물증 중 하나였다. 그렇지 않다면 굳이 문종의 병 치료 때 네 가지나 금기 사항을 어겼다고 사형에 처해야 한다고 논란이 되었던 인물을 원종공신 1등에 책봉할 이유가 없었다.

세조 즉위 이후 전순의의 출세가도는 눈부실 정도였다. 세조 2년 (1456) 5월에는 정3품 당상관인 첨지중추원사僉知中樞院事로 승진했다. 세조 3년(1457) 3월 상왕 복위 기도 사건, 세칭 사육신 사건을 진압한 후 세조는 이른바 난신亂臣들의 가족과 전지田地를 공신들에게 나누어 주었는데 전순의도 이 대열에 합류했다. 이때 전지를 나누어 받은 인물들은 모두 세조의 최측근이었는데, 전순의도 이 측근의 반열에 오른 것이다. 전순의는 환관 엄자치嚴自治의 양주 전지와 이보인李保仁의 풍양 전지를 차지했다.

세조 즉위 후 특이한 현상은 전순의만 승승장구하고 변한산과 최읍은 사라진다는 점이다. 변한산과 최읍은 이후 기록에서 완전히 사라진다. 전순의의 의도를 모르고 잘못 말려들었다가 세조 즉위 후 제거된 것으로 추측할 수도 있을 것이다.

세조는 영의정 시절 전순의가 용렬하고 의술이 정통하지 못하다는 이유로 처벌해서는 안 된다고 주장했지만 세조 때 전순의는 최고 명의로 대접받았다. 세조는 재위 5년(1459) 11월 상중喪中에 있는 임원준을 기복起復(상중의 사람에게 벼슬을 줌)시키면서 이렇게 말했다.

"전순의가 병들고 또 쇠로衰老했는데 의술에 정통한 사람이 없어서 부득이 그대를 기복시켰다."

전순의 외에는 의학에 정통한 의원이 없다는 말이었다. 같은 해 상참常參(임금에게 국무를 아뢰는 것) 때 세조는 신하들에게 각자 자신의 전문 과목을 강의하게 했는데, 전순의는 의서를 강의하는 의원 중 우두머리가 되었다. 용렬한 의원이 임금 앞에서 강의하는 최고의 의원이 된 것이다.

그런데 세조 7년(1461) 의미심장한 사건이 발생한다. 그해 4월 영의정 강맹경에게 종기가 발생했다. 문종 급서 당시 도승지였던 인물이다. 강맹경 역시 세조 즉위 직후 출세가도를 달려 세조 즉위 직후 좌익공신 2등에 책봉되고, 세조 4년(1458)에는 마흔아홉의 젊은 나이로 영의정까지 승진했다. 세조는 무슨 신세를 갚듯이 고속 승진으로 보상한 것이다. 세조는 재위 7년(1461) 4월 14일 대신들을 불러 강맹경의 와병에 대해서 말했다.

"강정승이 종기가 났는데 술을 마시고자 한다는 말을 듣고 약화십선산略和十宣散을 먹게 명했더니 먹은 뒤에 조금 나아지는 것 같아서 기쁘다. 이 약은 효험이 좋으니 여러 재상들도 알아 두는 것이 마땅하다."

대신들이 "그렇습니다"라고 맞장구치자 기분이 좋아진 세조는 자신의 의학 지식에 대해서 자랑했다.

"처음에 종기가 생겼을 때는 매우 좋지 못한 것이다. 강정승은 이미 화농한 뒤에 약을 먹었다. 사람이 병과 더불어 서로 승부하는데, 사람이 이기면 좋고 병이 이기면 좋지 않은데, 지금 강정승이 이겼으니 매우 기쁘다."

그러나 세조가 의학 실력을 자랑한 지 불과 사흘 후 강맹경은 사망하고 말았다. 세조는 7일 간 육류를 제거한 소선素膳만 들겠다고 주장했다.

"인군人君이 신하를 위하여 복제服制를 행하는 것이 비록 옛 제도에는 없으나, 나는 강맹경을 위하여 마땅히 7일을 행할 것이다."

우참찬 성봉조成奉祖와 병조판서 한명회가 3일이면 족하다고 말려서 3일 동안 소선을 들었다. 강맹경의 무엇이 세조에게 예법에도 없는 7일 간 소신을 하도록 만들었을까? 좌익 2등 공신 윤암尹巖이 사망했을 때 세조는 이틀만 소선을 들었다. 분명 강맹경과 세조 사이에는 남들이 모르는 무엇인가가 있었다.

세조의 거조가 더욱 이상한 것은 느닷없이 당대 최고의 어의인 전순의 · 임원준 등을 의금부에 하옥시켰다는 점이다. 강맹경의 약을 쓰는 데 정성을 들이지 않았다는 이유였다. 4월 25일에는 사정전에서 정창손鄭昌孫 · 권람權擥 · 한명회 · 김질金礩 등 정권 핵심 인사들을 불러 술자리를 베풀면서 전순의를 비난하고 나섰다.

"의원들은 약을 쓸 때마다 방서에 의거하지 않고 스스로 억측하여 망령되이 증감해서 사람의 목숨을 잃게 한다. 강정승의 일이 한 예이다."

다른 사람은 몰라도 세조로서는 놀라운 말이었다. 의원들이 방서의 처방에 따르지 않고 자기 마음대로 처방해 사람의 목숨까지 잃게 한다는 말이었다. 세조는 강맹경의 죽음에 큰 의구심을 갖고 있었다.

"전순의는 일찍이 평위산平胃散에 인진茵蔯(말린 사철쑥)을 더해서 양정楊汀의 종기를 다스렸는데, 이것은 방서에 없는 처방이다. 양정이 지금은 다 나았으나 원기元氣가 충실해서지 약의 효험이 아니다. 의약의 폐단이 여기에 이르렀으니 장차 어찌해야 하겠는가?"

그러면서 세조는 왕세자를 불렀다.

"내가 오늘 행한 바는 모두 네가 후일에 마땅히 해야 할 것이니, 너도 당연히 이를 알아 두어야 한다."

전순의가 양정의 종기를 다스릴 때 평위산에 인진을 더한 처방을 사용했는데, 이것은 의학서에 없는 처방이라는 비난이었다. 양정은 비록 나았지만 전순의의 처방 덕분이 아니고 원래 원기가 충실했기 때문이라고 주장하는 것이었다. 세조는 분명 전순의를 의심하고 있었다. 세자에게도 이 일을 주지시킨 것은 자신이 아플 경우 어의들이 방서에 없는 처방을 사용하지 못하게 막으려는 뜻이 담겨 있었다. 그러나 훗날 세조가 아니라 이 세자(예종)가 독살설에 휘말리게 된다.

그러나 강맹경의 사망에 전순의는 직접적인 책임을 지지 않았고, 이듬해인 세조 8년(1462) 종2품인 동지중추원사同知中樞院事로 승진했다. 천민 출신으로는 눈부신 승진이었다. 용렬한 의원이었던 전순의는 계속 세조 최측근 어의였다. 세조가 아플 때는 물론 원손元孫(왕의 맏손자)이 아플 때도 전순의가 치료를 담당했다. 세조 10년(1464)에는 세조의 병을 고치는 데 공이 있다는 이유로 전순의를 정2품 자헌대부資憲大夫 동지중추원사로 승진시켰다. 세조는 왕실 인물들인 영순군永順君 이부李溥·귀성군龜城君 이준李浚·은산 부정銀山副正 이철李徹·하성위河城尉 정현조鄭顯祖를 특히 사랑해서 두 사람씩 교대하며 입직시켰는데, 이들을 아종兒宗이라고 불렀다. 재위 12년(1466)에는 아종들과 대신 한계희·노사신盧思愼을 부르면서 전순의도 불러 대렵도大獵圖 노름을 시키고 구경했다. 세조는 전순의를 왕실 지친처럼 대접한 것이었다. 이렇게 전순의는 세조의 친척 대우를 받으며 생을 마쳤다.

전순의가 문종의 병을 그렇게 상식에 어긋나게 치료하지 않았다면 문종은 그때 세상을 떠나지 않았을 개연성이 높았다. 그렇다면 조선 역사는 크게 달라졌을 것이다. 세종 못지않은 자질을 갖췄던 그가 이때의 와병만 이겨 냈다면 세종의 정치를 이었을 것이고, 또 그 사이 성인이 된 단종이 뒤를 이었을 것이며 세조의 집권은 없었을 것이다. 태종과 세종이 기틀을 세운 조선은 크게 발전했을 것이다. 그러나 문종은 전순의의 방서에도 없는 처방에, 꿩 고기 같은 금기 음식을 날마다 드는 비

상식적 처방 끝에 세상을 떠나고 말았다.

　문종이 독살되었다면 누가 독살을 모의했을까? 이 경우 문종의 죽음 으로 가장 큰 혜택을 본 인물이나 세력을 찾아야 할 것이다. 단종은 수 혜자가 아니었다. 수렴청정할 대비도 없는 열두 살짜리 사왕이 수혜자 일 수는 없었다. 문종 사망의 가장 큰 수혜자는 수양대군이었다. 문종 이 살아 있다면 그는 결코 왕위를 꿈꿀 수 없었을 것이기 때문이다. 만 약 문종이 수양대군과 결탁한 강맹경·전순의 등의 공모에 의해 독살 당했다면 이것이 끝일 수 없었다. 단종을 즉위시키기 위해서 문종을 독 살한 것은 아니기 때문이다. 그 칼날은 필연적으로 단종을 향하게 되어 있었다. 이 경우 단종의 비극은 우발적인 것이 아니라 계획적인 것이 된다. 단종의 즉위와 함께 조선은 미래를 예측할 수 없는 소용돌이 속 으로 빠져들게 되는 것이다. 이것은 단종의 운명이었다.

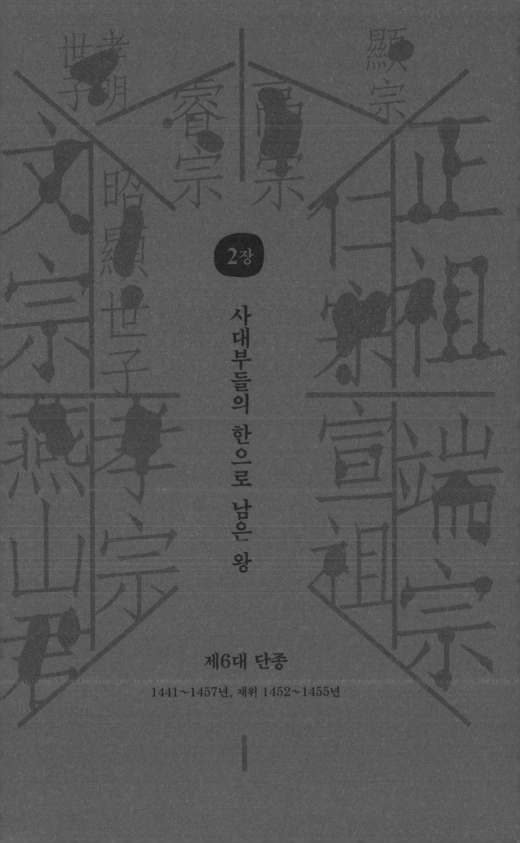

2장

사대부들의 한으로 남은 왕

제6대 단종

1441~1457년, 재위 1452~1455년

《음애일기》

실록에서는 '노산이 영월에 있다가 금성이 실패하였다는 소식을 듣고 자진하였다' 고
하는데, 이는 단지 당시의 여우나 쥐새끼 같은 무리들의 간사하고 아첨하는 못장난이다

1452년 5월 18일.

문종이 승하한 지 나흘 째, 단종 이홍위李弘暐가 경복궁 근정문勤政門
에서 즉위한 날이었다. 불안한 공기가 대궐을 떠다니고 있었다. 문종이
세상을 떠나던 날 《문종실록》은 "이때 사왕이 어려서 사람들이 믿을
곳이 없었으니, 신민의 슬퍼함이 세종의 상사 때보다 더했다"라고 전
하고 있다. 세종의 상사 때보다 더했다는 신민의 슬픔이 무언가 불안한
조정의 분위기를 설명해 주고 있었다.

미성년의 임금이 즉위할 경우 대비가 수렴청정을 해야 했으나 단종은
그럴 왕대비도 없었다. 세종 비 소헌왕후 심씨와 모후母后 현덕왕후顯德王
后 권씨는 모두 세상을 떠났고 문종은 부왕 세종의 삼년상이 끝나지 않
았다며 계비繼妃(두 번째 왕비)를 맞지 않았기 때문이다. 산후통으로 세상
을 떠난 모후 권씨 대신 단종을 키운 인물은 세종의 후궁 혜빈惠嬪 양씨

였는데, 후궁이 수렴청정을 할 수는 없었다. 그래서 단종 즉위 교서에 임시 체제에 대한 규정이 들어간 것이다.

"모든 사무를 매양 대신에게 물어 한결같이 열성列聖(대대의 임금)의 헌장憲章에 따라서 어려움을 크게 구제하기를 바란다."

의정부의 영의정 황보인 · 좌의정 김종서 · 우의정 정분이 단종을 보좌하는 비상 체제로 간다는 뜻이었다. 선조 때의 문신 이정형李廷馨은 〈본조선원보록本朝璿源譜錄〉에서 조정이 불안한 이유를 이렇게 설명했다.

"계유년 임금은 어린 나이로 왕위를 이었고 대군은 강성하니 인심이 위태로워하고 의심하였다."

강성한 대군이 불안의 실체였다. 단종 즉위 당시 서른여섯 살이던 수양대군을 비롯해서 무려 7명의 대군들이 생존해 있었다. 장성한 대군들이 흑심을 품으면 조정은 소용돌이에 휘말릴 것이었다. 그래서 의정부는 대군들의 준동을 방지할 수 있는 장치를 단종 즉위 교서에 집어넣었다. 바로 분경奔競 금지 조항이었다. 분경은 인사권자를 찾아다니며 관직을 얻으려 하는 것을 뜻한다.

이조 · 병조의 집정가執政家에 분경하는 것을 금하는 것은 이미 분명한 법령이 있지만 의정부 대신과 귀근貴近 각처는 분경을 금하는 일이 없기 때문에, 무뢰배나 한가하고 잡다한 무리들이 사적으로 가서 만나는 폐단이 매우 크니 앞으로는 이조 · 병조 집정가의 예에 따라 시행한다.

－《단종실록》즉위년 5월 18일

문무관의 인사권이 있는 이조 · 병조의 실력자들에게 분경하는 것은 원래 법으로 금지되어 있었다. 다만 의정부 대신들과 귀근 각처는 분경 대상에 들어가 있지 않았다. 귀근 각처가 대군들을 뜻하는 것이었다. 의정부 대신들은 대군들을 분경 금지 대상에 넣으면서 자신들도 함께 넣어 반발을 막으려고 한 것이다.

분경을 가장 강하게 금지시킨 임금은 태종이었다. 태종은 문신은 사헌부, 무신은 삼군부三軍府의 아전을 시켜 이조와 병조 인사권자의 집을 지키게 하다가 방문하는 사람이 있으면 귀천과 까닭을 물을 것도 없이 무조건 체포해 가두었다. 이조·병조 인사권자의 집을 찾았다가는 무조건 구속되었던 것이다. 이 때문에 물의가 일자 태종은 5세世 내 친족의 출입은 허용하고 나머지 방문자는 모두 분경하기 위한 것으로 간주해 파직하거나 귀양 보냈다. 이조·병조의 인사권을 가진 인물은 다른 사람과 접촉 자체를 하지 말라는 뜻이었다.

단종 즉위 교서는 그 대상을 이조·병조의 인사권자뿐만 아니라 의정부 대신들과 대군들로 확대한 것이었다. 당시 사용하던 조선의 법전인 《속육전》은 종친들의 정사 관여를 엄격하게 금지하고 있었으므로 굳이 대군들을 분경 금지 대상에 넣을 필요도 없었으나 임금이 어리고 대군들이 강성한 상황을 반영해서 대군들도 대상에 넣었던 것이다. 대간에서도 즉위 당일 의정부 당상堂上(정3품 이상) 및 대군 집의 분경 금지를 다시 요청했고, 단종은 받아들였다. 이로써 의정부 대신들과 대군들에게 분경하는 것도 불법이 되었다.

그러나 대군들이 반발하지 못할 것으로 바라본 의정부 대신들의 예상은 빗나갔다. 수양대군이 즉각 반발하고 나섰던 것이다. 수양대군은 다음 날 동생 안평대군과 함께 도승지 강맹경을 불러 의정부에 항의했다.

"우리들에게 분경하는 것을 금하니, 이것은 우리들을 의심하는 것이다. 무슨 면목으로 세상에 행세하겠는가? …… 금상今上(단종)이 즉위하는 처음에 첫머리로 종실을 의심하여 금하고 막으니 영광스러운 소문을 선양宣揚하지 못하는 것이 아닌가? 고립되어 도움이 없는 것이 아닌가? 이것은 스스로 오른쪽 날개를 자르는 것이다."

수양이 흑심이 없다면 분경 금지 조처에 항의할 이유가 없었다. 조선의 국법은 대군들의 정사 관여 자체를 금지하고 있었으므로 분경 금지는 너무도 당연한 것이었다. 그러나 이미 흑심을 품은 수양에게 분경 금지는 용납할 수 없는 일이었다. 그렇게 되면 사람을 만날 수가 없기 때문이었다. 자신의 집에 찾아오는 사람들을 파직시키거나 귀양 보낸다면 세력을 기를 수가 없게 되는 것이었다. 그래서 수양은 도승지 강맹경을 불러 거세게 항의했다.

"우리들은 나라와 휴척休戚(안락과 근심)을 같이하니 감히 무관심하지 못하기 때문에 말한다. 우리들이 이 위태하고 의심스러운 즈음을 당하여 마음과 힘을 다하여 여러 대신과 함께 난국을 구제하려 하였는데, 어찌 도리어 시기하고 의심하는 것을 당할 것을 뜻하였으랴!"

수양이 도승지 강맹경을 불러 항의한 것은 의도적인 것이었다. 문종의 병을 치료할 때 대신들을 배제하고 수양대군과 상의한 인물이 강맹경이었다. 그는 사실상 단종의 신하가 아니라 수양의 신하이기 때문에 수양의 분노를 거론하며 의정부 대신들을 협박할 것이었다. 과연 사태는 수양과 강맹경의 예상대로 흘러갔다. 의정부는 《속육전》에 종친의 정사 관여는 금지되어 있다는 사실을 들어 대군들과 대군들의 개인 비서 노릇을 한 강맹경을 강하게 질책해야 했다. 그리고 대간들 역시 《속육전》을 들어 수양과 강맹경을 탄핵해야 했다. 그러나 영의정 황보인은 수양이 분경 금지에 반발하는 본질적 이유를 따지지 않았다. 그는 오히려 대군 집의 분경을 금지시킨 것은 사헌부라며 사헌부에 책임을 돌렸다. 첫 단추가 잘못 꿰어진 것이었다. 도승지 강맹경은 의정부가 낚시 바늘에 걸려들었다고 판단하고 얼른 단종에게 고했다.

"의정부의 의견은 대군 집의 분경은 금하지 말게 하는 것이옵니다."

강맹경은 대군 집의 분경은 허용하는 것이 의정부의 뜻이라고 보고했다. 의정부까지 반대한다고 하니 단종으로서도 대군 집의 분경은 금지하지 말게 하는 수밖에 없었다. 수양과 강맹경의 잘 짜인 각본대로 흘러간 것이었다.

《단종실록》은 숙종 24년(1698) 노산군魯山君이 단종으로 복위되기 전까지는 《노산군일기》라고 불렸다. 노산군(단종)을 죽인 수양대군 측에서 작성했는데 후세의 비난이 두려워 편찬자들의 이름도 써 넣지 못했던 사서였다. 그런 《단종실록》에 도승지 강맹경과 관련해 의미심장한 구절이 등장한다.

강맹경이 와서 국사를 의논할 때 사관이 나가기를 기다렸다가 돌아와 앉아서 일을 의논하다가 한참 만에 파했다. 강맹경이 항상 이렇게 일하기 때문에 조정의 큰 의논을 사관이 얻어듣지 못하였다.

-《단종실록》 즉위년 6월 8일

문종의 의문사에 깊숙이 개입되어 있던 인물이 강맹경이었다. 그가 단종 즉위 직후 국사를 의논할 때 항상 사관들을 꺼렸다는 기록이다.

강맹경은 사관이 있는 자리를 극도로 꺼렸다. 자신의 말이 기록되면 안 될 사정이 있었던 것이다. 단종은 대군 집의 분경은 허용하는 것을 의정부의 견해로 알고 좇았다.

죽음을 당하는 풍수가들

이 무렵 전농시典農寺에 목효지睦孝智란 종이 있었다. 한 눈이 멀었으나 풍수에는 능했던 인물이었다. 세종 23년(1441) 현덕왕후 권씨가 단종을 낳고 산후통으로 사흘 만에 사망했을 때였다. 당대의 풍수가 최양선崔揚善이 권씨의 장지 선정을 맡았는데 산가山家(풍수가)에서 꺼리는 바닷가 안산 고읍古邑으로 정했다. 그러자 목효지가 세종에게 상소를 올려 문제를 제기했다.

"그 산은 내룡來龍이 얕고 약하며, 길 때문에 끊어진 곳이 10여 군데나 됩니다. …… 내룡이 악하고 약하면 낳은 아이가 녹아 버립니다. …… 장자와 장손이 일찍 죽는 악지惡地이오니 다른 길지로 이장해야 합니다."

권씨가 낳은 아이(단종)가 녹아 버리는 악지라는 말이었다. 자신의 장손이 일찍 죽는다는 말에 세종은 당대의 풍수 대가들에게 조사를 시켰다. 그러나 이때 세종은 수양대군(당시 진양대군晉陽大君)도 조사단에 참여시키는 실수를 저질렀다. 수양대군은 목효지의 말이 근거가 없다고 비난했다. 그러나 목효지는 끝내 자신의 견해를 굽히지 않았다. 세종은 재차 조사를 시켰고 그 결과 권씨의 능은 자리는 그대로 쓰되 장혈葬穴(시신이 놓이는 구덩이)의 위치를 바꾸게 되었다. 그나마 장혈을 바꿈으로써 자리가 약간 나아지게 된 것이다.

목효지는 문종의 능을 쓸 때도 다시 등장한다. 목효지는 전농시의 종이었으므로 자신의 견해를 단종에게 전하기가 어려웠다. 목효지는 갖은 생각 끝에 비밀리에 단종에게 작은 쪽지를 건네는 데 성공했다. 단종은 쪽지의 내용을 보고 깜짝 놀랐다. 현재 정하려는 문종 능의 위치가 "정룡正龍 · 정혈正穴이 아닙니다"라고 쓰여 있었기 때문이다. 풍수가에서는 정룡 · 정혈이 아닌 곳에 무덤을 쓰면 장자나 장손이 잘못되는 것으로 파악한다. 단종이 잘못된다는 뜻이었다. 아직 어렸던 단종은 이 쪽지를 도승지 강맹경에게 보이는 실수를 저질렀다. 강맹경이 즉각 반박한 것은 당연했다.

"전일에 신이 대군 및 여러 대신과 더불어 살펴 정하였는데, 신이 비록 풍수의 이치는 알지 못하나, 형세를 보면 해 됨이 없을 것 같습니다."

강맹경의 말은 문종의 능을 결정한 인물은 수양대군이란 뜻이었다. 수양대군은 풍수에 대해서도 일가견이 있다고 자부하고 있었다. 그래서 세종도 현덕왕후 권씨의 능을 정할 때 그를 참여시킨 것이었다. 장지를 잘못 썼다면 보통 문제가 아니라고 생각한 단종은 이를 대신들에게 의논하게 했다. 급해진 수양대군이 영의정 황보인에게 말했다.

"이번 산릉山陵(국장國葬을 하기 전에 아직 이름을 정하지 않은 새 능)은 조정 대신 여러 사람이 의논하여 살펴 정하였는데, 어찌 공을 바라는 한 소인의 사설邪說을 듣고 경솔하게 다시 의논하겠소?"

자신이 정한 능지를 그대로 쓰자는 말이었다. 영의정 황보인은 다른 문제는 몰라도 선왕의 상지 문제는 함부로 성할 수 없다고 생각했다.

사대부들의 힘으로 남은 왕

"대군의 말은 옳지만 이런 의논은 철저하게 분변해야 합니다."

그래서 풍수에 능통한 문신 이현로李賢老 · 윤통尹統 등 10여 명을 목효지에게 보내 묻게 했다.

"네가 말하는 길지는 어디인가?"

"마전현麻田縣 북쪽과 장단현長湍縣 북쪽이 낫습니다."

이현로 등의 보고를 들은 단종은 목효지가 말한 길지라는 곳을 가서 살펴볼 것인가를 의논하게 했다. 《단종실록》은 수양대군과 의정부 대신들이 반대했다고 전하지만 수양이 반대 논의를 주도한 것이다.

"지금 새 능이 혹시 쓸 수 없다면 마땅히 가서 살펴야 하지만 목효지의 말이 근거가 없고, 새 능이 길하다면 무엇 때문에 번거롭게 가서 살펴보겠습니까?"

그러면서 수양대군은 목효지를 강하게 비난했다.

"목효지는 한 눈이 멀었으니 지리가地理家(풍수지리)에서 꺼리는 자입니다. 세종께서 이미 내치셨는데 목효지가 몰래 가서 새 능 자리를 본 것은 국가를 위하여 길한 조역兆域(묘역)을 잡으려는 것이 아닙니다. 다른 사람을 훼방하고 자기를 팔아서 혹 쓰여질까 바라고 공을 자랑하여 천인을 면할 것을 바라고자 하는 것입니다. 먼저 이익을 꾀하는 마음을 품고 일이 바르게 되겠습니까? 감히 작은 편지로써 연줄을 타고 계달했으니 불경함이 더 클 수 없으므로 마땅히 국문하여 죄주어야 합니다.(《단종실록》 즉위년 6월 6일)"

수양이 목효지를 국문해야 한다고 주장하자 단종은 그를 형조에 내렸다. 일개 천인인 목효지는 형조의 엄한 국문을 받았다. 그러나 형조는 그를 죽일 만한 죄상을 찾을 수가 없었다.

"목효지는 계통이 천한데다 눈이 멀었으므로 풍수가에서 쫓겨났는데, 다시 쓰이기를 꾀하여 사사롭게 글을 올렸으니 죄가 장 100대에 영구히 황해도의 잔폐殘廢한 역참의 전운노轉運奴로 예속시켜야 합니다."

황해도 궁벽한 역참의 물건 나르는 노비로 예속시켜야 한다는 것이었다. 단종은 비록 어렸지만 목효지가 잘못이 없다는 사실은 알고 있었다. 그래서 황해도가 아닌 경기 안성참安城站 서리胥吏로 근속하게 하라고 명했다. 서리는 중인이 맡는 자리로서 천인이 맡는 노비와는 급이 달랐다. 게다가 약 4개월 후인 즉위년 윤9월에는 목효지를 안성참의 서리에서도 석방시켜 주었다.

어쨌든 목효지의 제안이 거부되면서 문종의 장지는 수양대군이 간택한 대로 결정되었다. 그러나 광중壙中(무덤의 구덩이)을 9척쯤 파니 물이 솟아 나오는 악지 중 악지였다. 목효지의 말이 맞았으므로 수양이 간택한 장지를 버리고 목효지가 제안한 장소를 검토해야 했다. 그러나 문종의 장지는 그 근처 옆자리로 결정되었다. "세조가 손수 장서葬書를 쥐고 혼자서 가부를 독단했다"는 《단종실록》의 기록처럼 수양대군이 악지를 고집했기 때문이다. 이때 수양을 도운 사람이 정인지였다. 이때 황보인은 강맹경에게 정인지를 가리켜, "참으로 가소로운 사람"이라고 비난했다.

능의 남쪽에서 물이 솟아 나오는데도 정인지는 수원水源(물이 나오는 샘)이 없으므로 장차 염려할 것이 없다면서 여러 사람들의 의견을 배격하고 이곳에 장지를 쓰려고 했기 때문이다.

－《단종실록》 즉위년 7월 25일

자신이 모셨던 임금의 예정 묏자리에 물이 나오는데도 그냥 능으로 삼자고 주장하는 것은 다른 마음이 있지 않으면 불가능한 일이다. 문종의 장지를 결정하는 과정은 풍수지리적 관점에서 단종의 왕위를 빼앗으려는 음모처럼 진행되었다. 수양대군이 간택한 문종의 능 자리에 문제를 제기했던 목효지는 어떻게 되었을까? 목효지는 수양이 단종을 쫓아내기 직전인 단종 3년(1455) 2월 극변極邊의 관노로 떨어졌다가 9개월 후인 11월 교수형에 처해진다. 그가 극변의 관노로 떨어질 때 사헌부 장령 이승소李承召는 "목효지 등의 죄를 분명히 밝히지 않은 것은 불가합니다"라고 항의했다. 아무런 죄도 없이 관노로 떨어졌던 것이다. 드러내지는 못했지만 그의 죄는 풍수지리 지식으로 수양이 왕위에 오르는 것을 방해했던 것이었다.

목효지와 비슷한 경우가 이현로였다. 이현로는 세종 때 문과에 급제한 문신이었는데, 단종 즉위년 윤9월 수양대군에게 구타당했다. 당대의 유명한 감여가堪輿家(풍수가)였던 그가 수양의 흑심을 저지하려는 듯한 말을 했기 때문이다.

"백악산白嶽山 뒤에 궁을 짓지 않으면 정룡正龍(종손宗孫)이 쇠하고 방룡傍龍(지손支孫)이 발發한다."

이현로의 말대로 백악산 뒤에 궁을 지으면 풍수상 방룡인 수양은 국왕이 될 수 없기 때문에 구타했던 것이다. 그는 목효지보다 더 일찍 수양에게 사형당한다.

목효지와 이현로의 사례는 수양대군이 풍수지리상으로도 왕위에 대한 치밀한 계획을 갖고 있었음을 말해 준다.

수양대군은 쿠데타를 일으켰을 때 무엇보다 명나라의 지지가 중요하
다고 생각했다. 그래서 단종 즉위년(1452) 9월 스스로 고명顧命 사은사
謝恩使로 가겠다고 자청했다. 이때 중간 다리 역할을 한 인물도 도승지
강맹경이었다.

"수양대군이 가기를 청하니 사신으로 삼는 것이 어떠합니까?"

단종은 아무 대답을 하지 않고 묵연히 있었다. 반대의 뜻이었다. 단
종은 한참 만에 입을 열었다.

"부마를 사신으로 삼는 것이 어떠하겠는가?"

강맹경이 즉각 반대했다.

"부마는 모두 병이 나서 갈 수 없습니다."

강맹경은 거듭 수양대군을 추천했고 단종은 할 수 없이 그를 사은사
로 낙점했다. 수양대군 측에서 쓴《노산군일기》는 이때의 사신 길이 무
척 위험한 일인 것처럼 기술하고 있다. 그해 10월 수양대군은 자신을
지지하는 이복동생 계양군桂陽君 이증李璔에게 비장하게 말한다.

"국가의 안위가 이 한 번의 행차에 달려 있으니, 나는 목숨을 하늘에
맡길 뿐이다."

《단종실록》은 "이때 매일 밤 대왕대비가 몰래 울었고, 이날 밤 세조
또한 비통하게 울면서, '나의 충성을 하늘이 알아주기 원한다'라고 말
했다"고 적고 있다. 그러나 이때의 사신 길은 전혀 위험한 길이 아니었
나. 명에서 통상 관례에 따라 단종에게 국왕 책봉 고명을 내린 데 대한

사대부들의 한으로 남은 왕

답례사일 뿐이었다.

그해 윤9월 종친부의 웃어른인 양녕대군讓寧大君의 집에서 수양대군을 전별하며 활을 쏘고 술을 마실 때의 일이다. 여러 사람들이 취해 쓰러졌는데 수양대군이 취하지 않자 양녕대군과 경녕군敬寧君 이비李裶가 서로 말했다.

"이는 천하의 호걸이다. 중국 사람이 그것을 알 것인가?"

그해 10월에 양녕대군은 또 수양대군의 손을 잡고 말했다.

"수양은 천명天命이 있는 사람이라."

왕조 국가에서 국왕 이외의 사람에게 천명이란 말을 쓰는 것 자체가 역모였다. 《단종실록》의 이 기록들이 사실이라면 이는 양녕대군이 단종 즉위 초부터 수양의 쿠데타를 부추겼음을 뜻한다. 수양대군의 즉위가 피를 부른다는 사실을 모를 리가 없었다. 세종 자손들이 서로 골육상잔의 비극을 연출하도록 조종하는 셈이었다.

양녕·효령과 강맹경·정인지·한명회·신숙주·권람 등이 안에서 긴밀하게 움직이는 가운데 수양대군은 사신 길에 올랐는데, 영의정 황보인의 아들 황보석皇甫錫과 좌의정 김종서의 아들 김승규金承珪를 데려갔다. 일종의 인질이었다.

이 무렵 명나라의 위세는 땅에 떨어져 있었다. 명의 영종英宗 주기진朱祁鎭은 3년 전인 1449년(세종 31) 8월 몽골과 전쟁에 나섰다가 현재의 하북성 회래懷來현 부근의 토목보土木堡에서 대패해 대군이 궤멸되고 영종 자신은 생포되었다. 이것이 '토목의 변'인데, 기세를 탄 몽골군은 북경까지 공격했다. 영종은 이듬해 몽골군이 풀어 주어 귀국했으나 북경 남지자南池子에 있는 남궁南宮에 유폐되고, 영종의 동생인 대종代宗 주기

옥朱祁鈺이 즉위했다. 전 황제가 유폐된 상태니 정정 불안이 계속될 수밖에 없었다. 수양이 사신으로 간 것은 이런 때였다. 주변 민족들이 명을 우습게 볼 때였다. 그러나 수양대군은 대종이 예부 낭중禮部郞中을 시켜 표리表裏(겉옷과 속옷)를 하사하자 얼른 일어났다,

"황제께서 내리시는 것이니, 의리로 보아 앉아서 받을 수 없다."

예부 낭중 웅장熊壯도 놀라 일어나며 감탄했다.

"조선은 본디 예의의 나라지만 예의를 아는 것이 이와 같다."

조선 국왕의 숙부가 일개 낭중에게 통상 예법을 뛰어넘어 과공過恭한 이유는 쿠데타를 일으킬 때 지지를 얻기 위해서였다. 수양은 이런 저자세 외교로 권위가 땅에 떨어진 명의 환심을 사는 데 성공했다. 명의 지지를 확신한 수양은 쿠데타를 결심하며 귀국길에 올랐다.

계유정변이란 이름의 쿠데타

단종 1년(1453) 10월 10일.

그날 새벽 수양대군은 권람·한명회 등을 집으로 불렀다. 수양대군은 비장하게 말했다.

"김종서가 먼저 알면 일은 성사되지 못할 것이다."

이날 거사하겠다는 뜻이었다. 거사를 위해 수양대군은 자신의 집 후원 송정松亭으로 그간 기른 수십 명의 무사들을 불렀다. 수양은 술과 고기를 내놓고 활을 쏘고 술도 마시게 했다. 예전에도 있었던 일이므로

무사들은 활을 쏘고 술을 마셨다. 저녁 무렵 수양대군이 후원에 나타나 무사들을 불렀다. 수양대군은 비장하게 입을 열었다.

"오늘은 충신열사가 대의를 분발하여 죽기를 다할 날이다. 내가 김종서 등을 베어 없애서 종사를 편안히 하고자 하는데 그대들은 어떠한가?"

무사들은 깜짝 놀랐다. 송석손宋碩孫·유형柳亨 등이 수양대군에게 건의했다.

"마땅히 조정에 먼저 아뢰어야 합니다."

이는 '우리가 역적이니 죽여 달라'는 말과 마찬가지였다. 수양이 온갖 공을 들여 키운 무사들에게조차 수양의 '대의'는 '역심逆心'에 불과했다. 《단종실록》은 수양의 말을 듣고 "북문 쪽으로 도망가는 자도 있었다"고 전하고 있다. 무사들의 싸늘한 반응에 다급해진 수양은 한명회에게 달려갔다.

"대다수 사람이 불가하게 여기니, 장차 어떤 계교가 좋겠는가?"

한명회는 어차피 이판사판이었다.

"길가에 집을 지으면 3년이 지나도 완성할 수 없습니다. …… 지금 의논이 비록 통일되지 않더라도 그만둘 수 있습니까?"

홍윤성洪允成도 마찬가지로 결행을 촉구했다.

"군사를 쓰는 데 이럴까 저럴까 결단 못하는 것이 가장 큰 해입니다."

부인 윤씨가 갑옷을 갖다 입히자 수양은 무사 양정과 가동家僮 임어을운林於乙云 등을 거느리고 김종서의 집으로 향했다. 대군이 찾아왔다고 하자 김종서는 마지못해 나왔으나 경계하는 기색이 역력했다. 수양은 의외의 부탁을 했다.

"정승의 사모뿔을 빌립시다."

관모에 쓰는 사모뿔이 떨어졌다는 김종서는 자신의 뿔을 빼어 주었다. 김종서는 약간 안심했다. 그 틈에 수양이 말했다.

"청을 드리는 편지가 있습니다."

김종서가 달빛에 편지를 비춰 보는 순간 수양은 곁의 가동 임어을운에게 신호를 보냈다. 임어을운은 철퇴로 내려쳤다. 아들 승규가 몸으로 덮어 보호하려 하자 양정이 칼로 찔렀다. 이것이 조선 전기의 물줄기를 송두리째 바꾸는 소위 계유정변이었다. 김종서를 제거하는 데 성공한 수양은 대궐로 향했다. 《단종실록》은 이때 "노산군이 환관 엄자치에게 명해 궁중의 술〔內醞〕과 음식〔內羞〕으로 세조 이하 여러 재상을 먹였다"고 전한다. 마치 단종이 수양의 쿠데타를 지지한 듯이 기술하는 것이다. 그러나 선조 때의 문신 이정형의 〈본조선원보록〉은 전혀 다르게 기록하고 있다.

"숙부는 나를 살려 주시오."

수양은 이처럼 두려워하는 단종을 협박해 대신들을 부르는 명패命牌를 내렸다. 대신들을 부르러 사람들이 떠나자 수양은 각 문마다 역사力士들을 배치했다. 〈본조선원보록〉은 이때의 정경을 생생하게 전하고 있다.

"한명회가 《생살부》를 들고 문 곁에 앉아 있다가 〈사부死簿〉에 오른 대신들을 무사들에게 때려죽이게 했다."

아무 관직도 없는 한명회가 대신들을 때려죽이는 권한을 쥐게 된 것이다. 영의정 황보인 · 우찬성 이양李穰 · 병조판서 조극관趙克寬 등이 명패를 받고 입궐하다가 죽임을 당했다. 윤처공尹處恭 · 조번趙藩 · 원구元矩

등은 집으로 쳐들어온 역사들에 의해 살해되었다. 아무런 죄도 없이 수양대군의 흑심에 동조하지 않았다는 이유로 죽임을 당한 것이다.

다음 날 수양은 영의정부사·영경영서운관사·겸판이병조사가 되었다. 혼자서 의정부와 이조·병조를 모두 차지했으니 '왕'이란 말만 빠진 사실상의 임금이었다. 살육전은 계속되어 수양의 친동생 안평대군·선공부정繕工副正 이명민李命敏 같은 왕족들과 허후·조수량趙遂良·안완경安完慶·지정池淨·이보인李保仁·이의산李義山·김정金晶·김말생金末生 등이 죽임을 당했다. 헌정 질서에 따라 즉위한 국왕을 지지했다는 이유만으로 살해된 것이다. 이런 시신들 위에서 축제가 벌어졌다. 쿠데타 닷새 후인 단종 1년(1453) 10월 15일 수양대군·정인지·한확韓確·한명회·권람 등 14명을 1등 공신, 신숙주 등 11명을 2등 공신으로 삼은 43명의 정난靖難공신이 책봉되었다. 태종 즉위년(1401)의 좌명佐命공신 이후 42년 만의 공신 책봉이었다. 공신의 자손들은 죄를 범해도 영원히 용서하는 특혜가 주어졌다. 태종이 피의 숙청을 통해 제거했던 특권층이 다시 생겨난 것이다.

황보인·김종서 등 아무 죄 없이 살해당한 사람들의 토지를 난신전亂臣田이란 명목으로 나누어 가졌고 노비도 나누어 가졌다. 그리고 그들의 살아남은 가족들마저 죽였다. 쿠데타 초기에는 황보인·김종서 등의 가족들을 '변군邊郡의 관노'로 삼았다. 약 10개월 후인 단종 2년(1454) 8월 15일, 추석제를 지내고 환궁하다가 중량포中良浦의 주정소晝停所에서 그 가족들에 대한 대량 살육을 자행했다.

"이용(안평대군)의 아들 이우직李友直과 황보석皇甫錫의 아들 황보가마皇甫加麿·황보경근皇甫京斤, 김종서의 아들 김목대金木臺, 김승규의 아들 김조동金祖同 · 김수동金壽同, 이현로의 아들 이건금李乾金 · 이건옥李乾玉 · 이건철李乾鐵 …… 그리고 정분 · 이석정李石貞 · 조완규趙完珪 · 조순생趙順生 · 정효강鄭孝康 · 박계우朴季愚 등을 법에 의하여 처치하라.(《단종실록》2년 8월 15일)"

한날한시에 무려 39명을 사형시킨 것인데 단종의 명을 빙자했지만 "대신의 의논도 이와 같았다"는 기록은 수양대군이 이 살육전을 주도했음을 말해 주고 있다. 태종은 정도전을 죽이고 아들 정진鄭津을 수군으로 삼았으나 재위 7년(1407) 판나주判羅州 목사로, 상왕 시절인 세종 1년(1418)에는 충청도 도관찰사까지 승진시켰다. 선 자리가 달랐기에 부친은 제거했어도 아들은 종2품 고위직까지 승진시켰던 것이다. 그러나 수양과 쿠데타 일당들은 아무 잘못도 없는 사람들을 죽이고 그 가족들까지 다 죽였다. 그리고 그 재산을 나눠 가졌다.

쿠데타 이후 단종은 전전긍긍했다. 계유정변이 무엇을 뜻하는지 단종은 잘 알고 있었다. 단종은 수양대군이 왕위까지 빼앗을지 모른다고 생각했다. 그래서 그의 마음을 돌리기 위해 무진 노력했다. 단종은 재위 2년(1454) 2월 수양대군에게 교지를 내려 다른 마음을 먹지 말아 달라고 부탁했다.

"숙부는 과인을 도와 널리 서정庶政을 보필하고 …… 희공姬公(주공周公)으로 하여금 주周나라에서 있었던 아름다운 이름을 독점하지 말게 하라."

조카 성왕成王의 왕위를 빼앗을 것이라는 소문이 무성했으나 끝까지 조카를 보좌해 공자로부터 성인으로 추앙받았던 주공이 되기를 바라는 마음이었다. 단종은 수양을 주공에 비유하는 글을 자주 내려 수양의 야심을 막으려 했으나 수양은 애당초 주공이 될 생각이 없었다. 당시 왕실은 분열되어 있었다. 수양대군은 이미 바로 밑의 동생 안평대군을 죽여 버린 뒤였다. 양녕대군과 세종의 4남 임영대군 등은 수양을 지지했지만 세종의 6남 금성대군과 세종의 서자 한남군漢南君·영풍군永豊君 등은 단종을 지지했다. 금성대군은 세종의 장손이자 선왕의 적자인 단종을 조선의 임금으로 생각했다. 한남군과 영풍군은 어린 시절 단종을 키웠던 혜빈 양씨가 낳은 아들들이었다.《단종실록》3년(1455) 3월조는 "이유李瑜(금성대군)가 몰래 양씨와 결탁했다"라고 전한다. 금성대군과 혜빈 양씨 등은 단종의 왕위를 보호하기 위해 위험을 자초한 것이었다. 금성대군과 혜빈 양씨의 기도는 곧 수양대군 측에 포착되었다. 수양대군은 단종 3년(1455) 윤6월 11일 금성대군과 혜빈 양씨, 그리고 양씨의 두 아들 한남군·영풍군을 귀양 보냈다.

　단종은 금성대군 등이 귀양 간 그날 환관 전균田畇을 시켜 수양에게 왕위를 넘기겠다고 선언했다.《세조실록》은 "세조가 엎드려 울면서 굳게 사양하였다"고 전하지만《육신록六臣錄》은 전혀 다른 상황이었다고 기록하고 있다.

　"밤에 수양대군이 철퇴를 소매에 넣고 들어가자 단종이 용상에서 내려와, '내 실로 왕위를 원함이 아니로소이다'라면서 물러났다."

　왕위를 빼앗기로 결심한 수양이 철퇴를 들고 나타나자 공포에 질린 단종이 물러났다는 것이다.《육신록》이 신빙성이 있는 것은 바로 그날 수양이 근정전 뜰에서 익선관과 곤룡포 차림으로 즉위한 것에서도 알 수 있다.《세조실록》은 수양이 옥새를 받는 장면을 이렇게 전하고 있다.

　"노산군이 일어나서니, 세조가 엎드려 울면서 굳게 사양하였다. 노산군이 손으로 대보大寶(옥새)를 잡아 세조에게 전해 주니, 세조가 더 사양하지 못하고 이를 받고는 오히려 엎드려 있으니, 노산군이 명하여 부축해 나가게 하였다."

그러나 생육신生六臣 남효온南孝溫이 지은《육신전六臣傳》은 전혀 다른 모습을 전하고 있다.

"승지 성삼문이 국새國璽를 끌어안고 통곡하니 수양이 머리를 들고 그 광경을 자세히 살펴보고 있었다."

세조가 눈물을 흘렸다면 전형적인 악어의 눈물이었다. 이렇게 수양대군은 즉위에 성공했다. 왕위를 차지했으니 다시 공신을 책봉해야 했다. 수양은 즉위년 9월 5일 한명회·신숙주·한확·윤사로 등 7명을 1등 공신으로 하는 총 47명의 좌익공신을 책봉했다. 공신에 책봉된 이들은 자신들이 받은 관작과 노비와 전답을 생각했지만 단종의 왕위까지 빼앗은 것은 시대가 용인할 수 있는 마지막 선을 넘은 것이었다. 조선은 이미 유학이 사대부의 지배 이념으로 확고하게 자리 잡은 때였다. 이런 조선에서 수양의 행위는 공자가《춘추》에서 주륙하는 것이 마땅하다고 비판한 왕위 찬탈에 지나지 않았다. 세종 때 집현전을 통해 성장한 유학자들이 강력히 반발할 것은 당연한 일이었다.

남효온이 지은《육신전》
박팽년·성삼문·하위지·이개·유성원·유응부 등 사육신의 생활과 행동 및 심문받을 때의 행동 등을 펴냈다. 이 밖에 복위 모의에 관련된 성승·허후 등도 언급하였다.

운명을 결정지은 사육신 사건

세조 2년(1456) 6월 1일.

이날 아침 상왕 단종은 호조참판이자 외삼촌인 권자신權自愼(현덕왕후의 동생)의 절을 받았다. 상왕 단종은 뛰는 가슴으로 권자신에게 긴 칼을 내려 주었다. 이날이 거사 날이었기 때문이다. 권자신의 모친, 곧 단종의 외할머니 최아지가 얼마 전에 충격적인 사실을 몰래 전해 주었다.

"성삼문 · 박팽년 · 이개李塏 · 하위지 · 유성원 같은 문신들과 유응부俞應孚 · 박쟁朴崝 · 성승成勝 같은 무신들이 금상(세조)을 베고 상왕 마마를 복위시킨다고 합니다."

단종은 이 나라에 비로소 충신이 있음을 알았다. 하늘이 무심하지 않았던 것이다. 윤영손尹令孫도 같은 사실을 전해 주었다.

이날은 상왕인 자신과 세조가 창덕궁 광연전廣延殿에서 명나라 사신 윤봉尹鳳에게 연회를 베푸는 날이었다. 수양대군을 임금으로 책봉한다는 명 대종의 고명을 가지고 온 데 대한 답례였다. 이날을 거사일로 잡은 이유는 성승 · 유응부 · 박쟁이 임금 뒤에 칼을 들고 호위하는 별운검別雲劍이 되었기 때문이었다. 연회 도중 세조와 세자를 벤 후 상왕을 다시 복위시킬 계획이었다. 그런데 청천벽력 같은 소식이 전해졌다. 세조가 장소가 좁다는 이유로 별운검을 들이지 않기로 했다는 것이었다. 다급해진 성삼문이 승정원에 건의했다.

"별운검을 폐지할 수는 없습니다."

세조는 신숙주를 광연전에 보내 다시 살펴보라고 명했다. 신숙주는 광연전에 갔는데 역시 날은 덥고 장소는 좁았다. 신숙주는 별운검을 들이지 말자고 건의했고 세조는 받아들였다. 세자도 질병 때문에 연회에 참석하지 않기로 했다는 소식이 전해졌다. 남효온은 《육신전》에서 이때의 상황을 생생하게 전한다.

무신 유응부는 당일 거사를 주장했고 박팽년과 성삼문이 굳게 말렸다.

"지금 세자가 본궁本宮(경복궁)에 있습니다. 공의 운검이 쓰이지 못하게 된 것은 하늘의 뜻입니다. 만약 여기(창덕궁)에서 거사를 하더라도 혹시 세자가 변고를 듣고서 경복궁에서 군사를 동원한다면 일의 성패가 어찌될지 알 수 없으니 뒷날을 기다리는 것만 같지 못할 것입니다."

유응부는 반박했다.

"이런 일은 신속히 하는 것이 좋은데 만약 늦춘다면 누설될까 염려되오. 지금 세자는 비록 오지 않았지만 왕의 오른팔은 모두 이곳에 있으니 오늘 이들을 다 주살하고 상왕을 호위하면서 호령할 수 있는 천재일시千載一時의 좋은 기회요. 이런 기회를 놓쳐서는 안 되오."

그러나 성삼문과 박팽년은 끝내 반대했다.

"만전을 기한 계책이 아닙니다."

그래서 계획은 연기되었다. 상왕 단종은 이제나 저제나 거사가 일어나길 기다리고 있었으나 연회가 파하도록 아무 일도 일어나지 않았다. 상왕과 세조는 사신에게 백어피白魚皮 칼집 등의 선물을 내려 주고 연회를 끝냈다. 거사는 임금이 농작물의 작황을 돌아보던 관가觀稼 때로 연기되었다. 그러나 한 번 연기한 기회는 다시 오지 않았다.

다음 날인 세조 2년(1456) 6월 2일. 《세조실록》은 이날 분위기를 의미심장하게 기록하고 있다.

"낮인데도 어두웠다(晝晦)."

여름 같지 않게 음산한 날씨였다. 이런 어둠 속에서 성균관 정4품 사예司藝 김질은 장인인 의정부 종1품 우찬성右贊成 정창손과 함께 대궐로 달려갔다. 조금이라도 늦으면 이 어둠이 자신들을 삼키기라도 하듯이 뛰다시피 대궐로 들어간 것이다. 그들은 승전색承傳色(왕명을 전달하는 내시)을 시켜 세조에게 말을 전하게 했다.

"비밀히 아뢸 것이 있습니다."

무슨 일이기에 비밀리에 보자고 요청했는지 궁금해 하면서 세조는 사정전으로 나갔다. 김질이 절을 하고 나서 입을 열었다.

"좌부승지 성삼문이 사람을 시켜서 신을 만나자고 청하기에 그 집에 갔습니다."

사육신 사건으로 불리는 상왕 복위 기도 사건이 발각되는 순간이었다. 충격적인 말이 이어졌다.

"성삼문은 신에게, '근일 상왕께서 창덕궁 북쪽 담장 문을 열고 금성대군의 옛 집에 왕래하시는데 이것은 반드시 한명회 등이 헌책獻策(일에 대한 방책)을 올리는 것 때문이다'라고 말하기에 신이 '무슨 뜻이냐?'라고 물었습니다."

김질은 성삼문의 답변을 대신 전했다.

"성삼문은 '자세한 것은 아직 알 수 없으나 상왕을 좁은 곳에 두고, 역사 한두 사람을 시켜 담을 넘어 들어가 불궤不軌(반역을 꾀함)한 짓을 도모하려는 것이다'라고 답했습니다."

역사를 시켜 상왕을 죽이려 한다는 말이었다. 김질은 당초 성삼문 등과 뜻을 같이 하기로 한 동지였다. 성삼문이 김질을 끌어들인 것은 김질의 장인 정창손의 동의를 얻기 위한 것이었다.

"그대의 장인은 사람들이 다 정직하다고 하니, 이러한 때를 맞이해 상왕을 다시 세우자고 창의唱義한다면 그 누가 따르지 않겠는가? 신숙주는 나와 좋은 사이지만 죽어야 마땅하다."

성삼문이 정창손을 끌어들이려 한 것은 실수였다. 그는 수양대군이 김종서를 죽이고 정권을 잡은 계유정변 직후 수양에 의해 이조판서로 임명받았던 인물이었다. 이때 정창손의 외사촌 동생 홍원용洪元用도 호조참의로 임명되었는데, 사헌부에서 상피相避를 어겼다고 탄핵하고 나섰다. 친지들끼리 같은 부서에 근무하지 못하게 한 것이 상피인데, 정창손이 이조판서가 되고 홍원용이 호조참의가 되자 외종형제끼리 비슷한 부서에 근무할 수 없다고 탄핵한 것이다. 이때 정창손을 지지함으로써 이조판서가 될 수 있게 도와준 인물이 수양대군이었다. 그는 세조 즉위 직후 종1품인 의정부 우찬성으로 승진했으므로 그가 세조에게 등을 돌릴 가능성은 크지 않았다.

김질의 고변은 계속되었다.

"그대와 뜻을 같이 하는 자가 있느냐고 물으니 성삼문은 '이개 · 하위지 · 유응부도 알고 있다'고 답했습니다."

세조는 즉시 호위 군사를 집합시키고 급하게 승지들을 불렀다. 도승지 박원형朴元亨을 비롯한 여러 승지들이 입시했는데 그 중에 좌부승지 성삼문도 있었다. 세조는 내금위內禁衛 조방림趙邦霖을 불러 명했다.

"성삼문을 잡아 끌어내어 꿇어앉혀라."

조방림은 얼른 성삼문을 꿇어앉혔다.

"네가 김질과 무슨 일을 의논했느냐?"

성삼문은 한참 동안 하늘을 우러러보고 말이 없었다. 오만가지 생각이 다 오갔을 것이다. 드디어 성삼문이 입을 열었다.

"김질과 면질面質하고 나서 아뢰겠습니다."

세조는 김질을 불렀다.

"성삼문과 말한 것을 다시 말하라."

김질이 조금 전에 했던 이야기를 다시 풀어 놓기 시작했다. 김질의 말이 채 끝나기도 전에 성삼문이 말을 막았다.

"다 말할 것 없다."

상왕 복위 기도 사건이 무위로 돌아가는 순간이었다.

심한 고문이 시작되었다. 세조는 박팽년 등을 직접 심문했다. 박팽년에게 함께 한 당여黨與(무리)를 물었다. 박팽년은 확신범이었으므로 감추지 않았다.

"성삼문 · 하위지 · 유성원 · 이개 · 김문기金文起 · 성승 · 박쟁 · 유응부 · 권자신權自愼 · 송석동宋石同 · 윤영손尹令孫 · 이휘李徽과 신의 아비 박중림朴仲林이었습니다.(《세조실록》 2년 6월 2일)"

다시 당여를 묻자 "아비까지도 숨기지 않았는데, 하물며 다른 사람을 대지 않겠습니까?"라고 반박했다고 《세조실록》은 전한다. 《세조실록》은 박팽년이 자신을 일컬을 때 '신臣'이라고 했다고 한다. 그러나 《육신전》에는 이때 박팽년이 세조를 일컬을 때 반드시 나으리라고 불렀다고 전하고 있다.

"네가 이미 내게 신이라고 일컬었으니 지금 비록 신이라 일컫지 않아도 소용없다."

"나는 상왕의 신하인데 어찌 나으리의 신하가 되겠소? 전일에 충청

감사로 1년간 있을 때도 신이라 일컬은 사실이 없소."

세조가 사람을 시켜 충청감사 때 올린 계목啓目을 조사해 보니 신臣 자가 아니라 비슷한 거巨 자로 바꿔 써 있었던 것이다.

《육신전》은 성삼문도 세조를 꾸짖었다고 전하고 있다.

"나으리는 평일에 걸핏하면 주공을 끌어댔는데, 주공도 이런 일을 한 적이 있었소?"

조카 성왕의 왕위를 끝까지 보좌해서 공자로부터 성인으로 추앙받은 주공과 달리 수양은 찬탈자이자 역적일 뿐이란 뜻이었다. 오히려 꾸짖음을 당하는 인물은 국문하고 있는 세조였다.

"내가 이런 일을 한 것은 하늘에는 두 해가 있을 수 없고, 백성에게는 두 임금이 있을 수 없기 때문이요."

성삼문은 세조 앞에 서 있는 신숙주도 꾸짖었다.

"너와 내가 집현전에 있을 때 세종께서 날마다 왕손(단종)을 안으시고 거닐며 돌아다니시다가 여러 유신儒臣(유학을 한 신하)들에게 '내가 세상을 떠난 후에도 그대들은 꼭 이 아이를 보살펴 달라'고 하시던 말씀이 귀에 남아 있는데, 너만이 혼자 이 말을 잊었느냐? 너의 나쁜 짓이 이 지경까지 이르게 될 줄은 생각조차 못했다."

《육신록》은 성삼문이 신숙주와 김질을 꾸짖는 장면을 더욱 자세하게 전하고 있다.

"나는 오늘 비록 죽으나 천만대에 빛나는 혼백이어서 옛 임금을 뵈어도 부끄러움이 없겠지만 너희 무리는 임금을 배반하고 세조를 도와 부귀영양하나 지하에 가서 어떤 면목으로 선왕을 뵈려 하느냐? 내 원귀冤鬼가 되어 네 고기를 먹으리라!"

《육신록》은 세조가 김질과 신숙주를 용상 뒤에 숨으라고 했다고 전하고 있다. 《육신록》이 전하는 무신 유응부의 기세는 더욱 당당하다. 세조가 "어찌 모반했는가?"라고 묻자 큰 소리로 답변한다.

"창덕궁에서 명나라 사신 자리를 정하고 기다리고 있을 때 내 바로 들어가 베려고 했더니 불행하게도 서생의 말을 듣고 소인이 고변해서 일이 일어났으니 오직 죽을 따름인데, 괴롭게 묻지 말라."

유응부는 성삼문 등을 돌아보며 말했다.

"서생은 지나치게 의심이 많아서 큰 일을 이룰 수 없다는 말이 옳도다. 창덕궁 잔치에 칼을 잡고 일어서려 하는데 굳이 잡고 말리더니 오늘 화를 만나니 꾀 없는 필부로다."

세조가 다시 물으니 유응부는 성삼문 등을 가리키며 말했다.

"더벅머리 덮은 아이가 알 테니 물어보라. 나는 다시 할 말이 없다."

유응부의 주장대로 거사했으면 성공했을 가능성이 높았다. 이때만 해도 세조는 자신의 호위 무장들이 거사를 계획하고 있다는 사실을 전혀 모르고 있었다. 집에 있던 유성원은 일이 발각된 것을 알고 스스로 목을 찔러 자결했다. 이개와 하위지도 혹형에 굴하지 않고 세조를 꾸짖다가 사형당했다. 이 사건으로 사형당한 인물들은 사육신뿐이 아니었다. 성삼문의 부친 성승과 성삼문의 형제 성삼고成三顧 · 성삼성成三省, 박팽년의 부친 박중림과 형제 박대년朴大年 · 박인년朴引年 · 박기년朴耆年 등을 비롯해 김문기 · 박쟁 · 송석동 · 최득지崔得池 · 최치지崔致池 · 윤영손 · 심신沈愼 · 허조許稠 · 조청로趙淸老 · 황선보黃善寶 · 최사우崔斯友 · 이호李昊 · 권저權著 등 수많은 인물들이 사형당했다. 그리고 현덕왕후 권씨의 모친 최아지와 그 아들 권자신까지 죽이고 말았다. 나아가 세조는 집안 자체를 몰살시키기로 결정했다.

"친자식들은 모조리 교형絞刑(교수형)에 처하고, 어미와 딸 · 처첩 · 조손祖孫 · 형제 · 자매와 아들의 처첩 등은 먼 변방의 잔약한 읍의 노비로 영구히 소속시키고, 백부와 숙부와 형제의 자식들은 먼 지방의 잔약한 읍의 노비로 영원히 소속시키라."

이렇게 무자비한 살육전을 전개했지만 세조는 이 사실을 내외에 공표하지도 못했다. 사건 직후 8도 관찰사에게 유시를 내렸다.

"아직도 소민들이 두려워할까 염려하니, 경 등은 소민들을 경동하지 않게 하라."

일반 백성들의 동조 소요가 잇따를 것을 두려워해야 할 정도였다. 며칠 후에는 용안龍眼이란 무녀巫女가 능치처참을 당하는 사건이 발생했

노량진에 있는 사육신의 묘

단종의 복위를 도모하다 목숨을 바친 사육신의 충절과 의기를 추모하여 1691년(숙종 17) 이곳에 민절서원愍節書院을 세우고, 1782년(정조 6)에는 신도비를 세웠다.

다. 그녀가 쳤던 점 때문이었다.

"금년에 상왕께서 복위하시는 기쁜 일이 있다."

조금이라도 사건과 관련이 있으면 다 죽였으나 여파는 가라앉지 않고 있었다. 1년 후쯤인 세조 3년 6월 21일에는 단종 비 송씨의 부친 송현수宋玹壽와 그와 가까웠던 돈녕부판관敦寧府判官 권완權完이 또 역모를 꾀했다고 고변되었다. 죽이고 또 죽여도 저항은 계속되었던 것이다.

금성대군 역모 사건과 양녕대군의 복수

세조와 쿠데타 세력은 단종이 살아 있으면 같은 사건이 계속 반복되리라고 생각했다. 단종의 존재 자체가 커다란 두려움이었다. 혹시 사태가 일변하면 사육신 등은 백성들의 눈물 속에 죽어 갔지만 자신들은 백성들의 환호 속에 죽을 것이었다. 세조는 단종을 노산군으로 강봉하고 영월로 귀양 보냈다.

《세조실록》은 이때 단종이 환관 안노安璐에게 "성삼문의 역모를 나도 알고 있었으나 아뢰지 못했는데, 이것이 나의 죄이다"라고 말했다고 전하고 있지만 왕위를 빼앗겼다고 생각한 단종이 '나의 죄' 운운했을 가능성은 전무하다. 《육신록》은 단종의 영월 거처에 대해서 "풀로 엮은 집이요 사면에 가시 울타리를 둘렀다"라고 전하고 있는데, 《세조실록》에도 세조가 "거주하는 곳에 우물이 없다고 하니 급히 우물을 파도록 하라"고 명했다는 기록이 나온다. 우물도 없는 곳에 단종을 유폐시킨 것이었다. 유폐된 인물은 단종만이 아니었다.

세조는 단종을 지지했던 종친들을 모두 유폐시켰다. 금성대군은 경상도 순흥, 한남군은 함양, 화의군和義君은 전라도 금산, 영풍군은 임실, 문종의 부마 정종鄭悰은 광주光州에 안치하고 난간과 담장을 높게 쌓아 외간 사람들과 교류하지 못하게 했다. 그러나 금성대군은 굴하지 않았다.

"군주가 욕을 당하면 신하는 죽어야 하는데, 내가 어찌 앉아서 죽음을 기다리겠는가?"

금성대군은 순흥 부사 이보흠李甫欽과 의병을 일으키기로 계획했다. 그러나 세조 3년(1457) 경상도 안동의 관노 이동李同이 금성대군이 역모를 꾀한다고 고변하고 나섰다. 그러자 이보흠도 마음을 바꾸어 금성대군 이유가 역모를 꾀했다고 함께 고변했다. 《연려실기술》에는 이때 금성대군이 만든 격문 한 구절이 전한다.

"천자를 끼고 제후에게 명령하니, 누가 감히 좇지 않으랴."

그러나 금성대군이 거사하기 전에 군사들이 들이닥쳐 거사는 실패하고 말았다. 좌찬성 신숙주와 영의정 정인지는 단종이 살아 있는 한 같은 사건이 반복될 것이라고 생각했다. 그래서 세조에게 노산군(단종)의 처리를 촉구하고 나섰다. 모든 대신들이 다 나간 후 좌찬성 신숙주는 세조에게 홀로 나가서 결단을 촉구했다.

"이유(금성대군)는 현저하게 대역大逆을 범하였으니, 결단코 용서할 수가 없습니다. 지난해 이개 등이 노산군을 명분으로 내세우고 거사하려 했는데, 이제 이유가 또 노산군을 끼고 난역亂逆을 일으키려 하였으니, 노산군도 역시 편히 살게 할 수 없습니다.(《세조실록》 3년 9월 10일)"

단종을 죽이자는 이야기였다. 세조는 일단 유보했다.

"의정부에서 반드시 다시 와서 청할 것이니, 장차 다시 의논하여 시행하겠다."

세조 자신은 단종을 죽이고 싶지 않았는데, 대신과 종친들이 모두 요청하므로 할 수 없이 죽이는 광경을 연출하고 싶었다. 과연 잠시 후 영의정 정인지 · 좌의정 정창손 · 이조판서 한명회가 와서 신숙주와 함께 금성대군을 죽이자고 청했고, 정인지가 다시 단종 문제를 꺼냈다.

"노산군은 반역을 주도한 바이니 편안히 살게 할 수 없습니다."

세조는 아직 때가 아니라고 판단해서 유보시켰다. 의정부 대신들과 육조뿐만 아니라 종친들까지 모두 나서서 죽이라고 할 때를 기다린 것이다. 종친 중에서 이 역할을 맡고 나선 인물들이 양녕대군과 효령대군孝寧大君이었다. 세조 3년(1457) 10월 16일 종친과 의정부 · 충훈부忠勳府 · 육조에서 결단을 촉구했다.

"노산군이 종사에 죄를 지었는데, 근일에 난언亂言하는 자들이 모두 노산군을 빙자하여 말합니다."

이틀 후에는 양녕대군과 효령대군이 '노산군과 이유 등의 죄를 청했고' 세조는 "오늘은 단지 술이나 드십시오"라고 일단 거절했다. 그 다음 날 양녕대군이 다시 세조에게 요청했다.

"전일에 노산군과 이유 등의 죄를 청하였으나, 지금까지도 유윤俞允(허락)을 입지 못하였습니다. 청컨대 속히 법대로 처치하소서.(《세조실록》3년 10월 19일)"

세조가 허락하지 않자 양녕대군이 다시 아뢰었다.

"대역처럼 종사에 관계되는 일은 상량商量(깊이 생각함)할 바가 아닙니다. 청컨대 대의로써 결단하소서."

다음 날인 10월 20일에도 양녕대군이 다시 세조에게 단종과 단종을 지지했던 종친들을 죽이라고 요청했다.

"전에 청한 이유와 노산군·이영李瓔(세종의 서자 화의군)·이어李𤥽(세종의 서자 한남군)·이전李瑔(세종의 서자 영풍군)·정종·송현수 등의 일을 속히 결단하소서."

"근일에 사무가 번잡하고 많아 상량할 겨를이 없었다."

"이런 대사는 상량할 바가 아닙니다."

생각할 겨를도 없이 죽이라는 뜻이었다. 정창손·신숙주·황수신黃守身·박중손朴仲孫 등이 다시 단종과 금성대군을 죽이라고 청했다. 10월 21일 양녕대군이 종친들을 이끌고 죽이라고 청하고 의정부 및 육조에서도 단종과 금성대군을 죽이라고 청했다. 세조가 물었다.

"누가 괴수인가?"

"전년의 변란으로써 본다면, 노산군이 괴수가 되고, 금일에 있어서는 이유가 괴수가 됩니다. 그러나 대역이란 수종首從을 분간하지 않고 나라 사람이면 누구나 죽일 수 있는 것입니다. 청컨대 속히 법대로 처치하소서."

세조가 아직도 결정을 내리지 않자 같은 날 양녕대군 등이 상소를 올려 다시 한 번 결단을 촉구하고 나섰다.

"신 등은 듣건대, 망설여 결행하지 않고 부단不斷하면 반드시 후환이 있고, 사사로운 은혜로 대의를 끊으면 대계大計를 해친다고 합니다. 전일 간흉들의 변란에 노산군이 참여하여 종사에 죄를 지었고, 이유는 그를 돕는 일당과 서로 맺어져 반역을 도모해 신민이 함께 분노합니다. …… 신 등이 누차 정법正法(법대로 처리함)하시기를 청했으나 윤허를 얻지 못해 분울憤鬱함을 이기지 못하겠습니다.(《세조실록》3년 10월 21일)"

그러면서 양녕대군은 노산군과 금성대군뿐만 아니라 화의군 등 세종의 여러 서왕자庶王子들과 문종의 사위, 단종의 장인도 함께 죽일 것을 청했다. 한마디로 양녕대군의 복수였다. 자신의 왕위를 빼앗은 세종 일가가 서로 죽고 죽이는 비극을 연출하게 하는 것으로 복수하는 것이었다. 세종이 대간의 끈질긴 요청에도 자신의 목숨을 살려 준 것을 생각하면 할 수 없는 일이었다. 세종 32년(1450) 2월 세종은 양녕대군의 아들인 이혜李譓에 대해 특별한 명령을 내린다.

"서산 윤瑞山尹 이혜에게 술을 마시게 하는 자는 제서유위制書有違로 논죄하고 술 마시는 것을 보고 아뢰지 않는 자는 응주불주應奏不奏로 논죄하겠다."

제서유위는 임금의 명령을 시행할 때 위배되는 것을 처벌하는 것으로 《대명률》에 장 100대에 처한다고 되어 있고, 응주불주는 어떤 일을 회피하기 위해서 사건의 정상을 모호하게 아뢰었을 경우로 역시 장 100대에 처하게 되어 있었다. 《세종실록》은 세종이 이런 명령을 내린 이유를 이혜가 사랑하는 애첩을 아비 양녕대군에게 빼앗겨 화병을 얻은 후 술을 마시면 여러 차례 사람을 죽였기 때문이라고 전한다. 자식의 애첩까지 빼앗은 양녕대군이 대의로 노산군을 죽이라고 청하는 자체가 차라리 희극이었다.

세조 3년(1457) 10월 21일 양녕대군과 영의정 정인지가 다시 나서 단종과 금성대군을 죽이라고 청했고, 세조는 마지못한 듯 금성대군을 사사賜死하고 단종의 장인 송현수를 교수형에 처했다. 《병자록丙子錄》에서는 금성대군이 사약을 마시는 광경을 생생하게 전해 주고 있다.

하루는 안동 옥에 갇혀 있던 금성대군이 몰래 빠져나가서 간 곳을 알지 못했다. 안동 부사와 금부도사가 크게 놀라 백방으로 찾게 했지만 찾지 못했다. 한참 후에 금성대군이 밖에서 들어오면서 태연하게 말했다.

"너희들이 수가 많지만 만일 내가 도망한다면 추격하지 못할 것이다. 그러나 여러 사람이 죽는 것보다는 한 사람 죽는 것이 편하다."

한 사람이란 물론 금성대군을 뜻하는 말이다. 금성대군이 사약을 앞에 놓고 의관을 정제하고 걸상에 걸터앉자 금부도사가 말했다.

"전패殿牌(왕의 초상을 대신하여 봉안하던 목패)에 절을 해야 합니다."

도사는 서쪽을 향해서 절을 하게 했으나 금성대군은 거부했다.

"우리 임금은 영월에 계시다."

금성대군이 "북으로 향하여 통곡하며 사배四拜하고 죽음에 나가니, 여러 사람들이 불쌍하게 여기지 않는 이가 없었다"고《병자록》은 전한다. 세종의 적자가 안평대군의 뒤를 이어 다시 비명에 간 것이다.

단종의 죽음에 대한 민초들의 시선

《세조실록》은 "노산군이 이를 듣고 또한 스스로 목매어서 졸하니 예로써 장사 지냈다"라고 적고 있다. 금성대군과 송현수가 사형당했다는 소식을 듣고 자살했다는 것이다. 그러나 이 기록은 애초부터 신빙성을 의심받아 왔다. 연산군과 중종 때의 문관 이자李耔는《음애일기陰崖日記》

사대부들의 한으로 남은 왕

영주에 있는 금성단 금성대군 이유 그리고 사건 관련자들의 제사를 모시는 곳이다.

에서《세조실록》을 격렬히 비난한다.

"실록에서는 '노산이 영월에 있다가 금성이 실패하였다는 소식을 듣고 자진하였다'고 하는데, 이는 단지 당시의 여우나 쥐새끼 같은 무리들의 간사하고 아첨하는 붓장난이니, 대개 후일에 실록을 편수한 자들은 모두 당시에 세조를 따르던 자들이다."

신숙주와 한명회 등이 편찬을 총괄했던 것이《세조실록》이었기 때문에 자신들에게 불리한 내용은 뺐다는 것이다. 그래서《세조실록》에는 단종에게 사약을 가지고 갔다는 금부도사 왕방연王邦衍의 이름도 나오지 않는 것이다. 따라서 조선시대부터《세조실록》을 불신했던 사람들은《육신록》이나《단종출손기端宗黜遜記》같은 기록에 더 신빙성을 주었다.《육신록》·《병자록》·《단종출손기》등의 기록은 그해 10월 세조가 금부도사를 보내서 노산군을 죽이라고 하니 금부도사 왕방연이 사약을 가지고 영월 땅에 이르렀다고 전한다. 이 기록들에서는 단종이 금부도사에게 시절을 한탄했다고 한다.

"내 선왕의 나라를 부탁하시는 말씀과 어루만져 위로하고 도와주신 은혜를 입어서 백성의 임자가 되었으므로 소홀함이 없도록 노력하고 부덕不德한 일이 없도록 하여 선왕의 성덕聖德을 저버린 바 없으며, 백성들 사이에 원한 산 일이 없이 3년을 지냈는데, 왕위를 빼앗고 나라를 탈취한 자가 탕왕湯王과 무왕武王을 표본으로 삼는구나."

은나라 탕왕과 주나라 무왕은 모두 그 주군을 내쫓고 나라를 빼앗은 임금들이다. 단종은 하늘을 보며 말했다.

"푸른 하늘이 이렇게 앎이 없단 말인가?"

단종이 말을 마치며 눈물이 떨어져 옷깃을 적셨다. 금부도사가 앞에 나가 무릎 꿇고 아뢰었다.

"상명上命(임금의 명령)이 내려졌으니 전지傳旨(왕명서)를 들으시고 약 그릇을 잡으심이 옳으시나이다."

단종이 도사를 크게 꾸짖었다.

"돗개무리(개·돼지)가 어느 면목으로 차마 일월 아래 다니느냐? 내 윗사람이 없으니 누가 내게 전지를 내리며, 사약이란 것이 어디에서 났더냐? 나를 죽일 이 없고 나를 호령할 이 없으니 너는 빨리 돌아가 명을 전하라."

사약이 내려지자 격분한 단종은 계속 호통을 쳤다.

"나는 선왕의 장손이고 왕실의 적파嫡派다. 선왕의 교명을 받아 한 나라의 임자가 되었으니 수양대군은 종실의 신하일 뿐이다. 지친의 정을 두터이 하여 내 깊이 믿는 바였는데 어찌 차마 이에 이를 줄 알리요?"

"나에게 이렇게 함은 만고에 하나밖에 없는 일이다. 너 또한 사람의 마음이러니 능히 평안히 여기느냐? 지하에 가서 어느 면목으로 선조를 뵈려 하느냐?"

"이제 수양이 죽인 여러 신하는 만고에 빛나는 것이 그치지 아니하겠지만 일시一時에는 불쌍하게 되었구나. 찬역지신簒逆之臣(임금의 자리를 빼앗은 역신)은 빨리 물러가라."

단종이 말을 마치고 누각에 올라가니 금부도사가 어찌 할 바를 모르고 엎드려 눈물을 흘렸다. 이때 관가에서 심부름하는 공생貢生이 나섰다.

"왕명을 받아 왔으니 그냥 돌아갈 수 없으리라."

그가 활시위로 목을 조르니 10월 24일 유시酉時였다. 《육신록》과 《단종출손기》는 이 공생이 문 밖을 나가지 못하고 얼굴의 일곱 구멍에서 피를 흘리고 죽었다고 전하고 있는데,《병자록》은 "이날 뇌우가 크게 일어나 지척에서도 사람과 물건을 분별할 수 없고 맹렬한 바람이 나무를 쓰러뜨리고 검은 안개가 공중에 가득 깔려 밤이 지나도록 걷히지 않았다"고 전한다. 조선 명종 때의 문신 이정형이 쓴《동각잡기東閣雜記》의 〈본조선원보록〉은 신빙성이 높은 기록인데 여기에도 금부도사 왕방연의 이름과 공생 이야기를 싣고 있다.

《세조실록》 3년(1457) 10월 22일자에는 아주 흥미로운 기사가 실려 있다. 형조에서 보고한 내용인데, 9월 24일 본궁의 종 독동禿同과 전농시의 종 윤생尹生 등이 선수膳羞(밥과 반찬)를 가지고 노산군에게 갔다는 것이다. 서울의 종들이 음식을 싸 가지고 영월의 노산군에게 간 것이다. 형조에서 즉각 수사에 들어가 독동과 윤생 등이 수박과 호도를 가지고 노산군에게 알현을 청했음을 밝혀냈다. 형조에서는 그 죄가 온몸을 찢어 죽이는 능지처사凌遲處死에 재산을 적몰하고 가족들을 모두 연좌시켜야 한다고 청했다. 그러나 세조는 장 100대를 때리도록 명했다.

이는 사육신 같은 사대부들뿐만 아니라 독동 같은 관노들까지 단종을 왕으로 여겼음을 보여준다. 영월로 귀양 간 단종은 많은 이야기를 낳았다.

단종은 귀양 간 처음에는 강가의 청령포淸冷浦에 있다가 곧 영월 객사로 옮겼다. 영월현에 가던 촌백성이 과거 관풍루 아래에 있는 단종을 본 적이 있었다. 단종이 죽던 날 저녁에도 이 촌백성은 일이 있어 관청에 들어가다가 길에서 단종을 만났다. 단종이 백마를 타고 동곡東谷으로 달려 올라가는 것을 보고 촌백성은 길가에 엎드려서 물었다.

"어디로 가시는 길입니까?"

단종이 죽음을 맞은 영월 동헌의 모습
《세조실록》에서는 단종이 자진했다고 기록하고 있으나 실제로는 세조 측에 의해 교살된 것으로 추측된다.

단종이 돌아다보며 답했다.

"태백산으로 놀러간다."

촌백성이 절하면서 배웅하고 관청에 들어가니, 단종이 벌써 변을 당했다는 것이다. 《영남야어嶺南野語》에 나오는 이야기다.

금부도사 왕방연이 돌아갈 때 강가에 앉아 지은 시도 전한다.

천리 머나먼 길에 고운 님 여의고 千里遠遠道 美人離別秋

이 마음 둘 데 없어 물가에 앉았더니 此心無所着 下馬臨川流

흐르는 물이 내 맘 같아서 쉬지 않고 우누나 流川亦如我 嗚咽去不休

《아성잡설鵝城雜說》이나 《축수록逐睡錄》에는 단종의 시신이 강물에 던

져져 옥체가 둥둥 떠서 돌아다니다가 다시 돌아오곤 했는데, 한 아전이 가만히 옥체를 거두어 염하고 노모를 위해 만들어 두었던 관에 장사 지냈다고 전한다.《영남야언嶺南野言》은 그 아전의 이름이 영월현의 현리縣吏 엄흥도嚴興道라고 전한다. 엄흥도가 단종의 시신을 수습해 군 북쪽 5리 되는 동을지冬乙旨에 장사 지내려 하자 그 친척들이 화를 당할까 무서워서 다투어 말렸다. 그러나 엄흥도는 단호했다.

"옳은 일을 하고 해를 당하는 것은 내가 달게 생각하는 바라."

《육신록》은 "그 후 엄흥도의 자식이 크게 되어 사대부가 되었다"라고 전하고 있다. 커다란 한을 품고 죽어간 비운의 국왕이기에 이적異蹟이 잇따랐는데, 단종이 죽은 영월현의 사또가 거듭 죽었다는 이야기도 그 중 하나이다.

《육신록》은 단종이 세상을 떠난 후 영월현의 고을 원이 연달아 여덟 명이 죽었다고 전하는데, 인조의 장인인 서원부원군西原府院君 한준겸韓浚謙이 쓴《유천차기柳川箚記》에서는 죽은 군수가 일곱 명이라고 말하고 있다. 영월 군수가 잇따라 죽었다는 이 이야기는 과연 사실일까? 비슷한 내용이 실록에도 등장한다. 단종이 죽은 지 84년 후인《중종실록》 36년(1541) 7월 26일자의 기록이다.

"영월 군수가 7개월 안에 3인이 잇달아 죽어서 관청의 사무가 형편 없이 어지러워졌습니다."

최소한 3명의 영월 군수가 잇달아 죽은 것은 사실임을 말해 준다. 군수들의 잇단 횡사 행렬을 종식시킨 인물이 박충원朴忠元이다. 박충원은 5년 전인 중종 31년(1536) 정5품 홍문관 교리를 역임하고 있었다. 청요직淸要職인 홍문관 교리까지 역임한 박충원이 왜 직급도 낮은 영월 군

영월에 있는 단종상

영월에는 단종과 관련된 설화들이 많이 남아 있는데 이는 그의 죽음을 바라보는 사대부들과 민초들의 시선을 대변
해 준다.

수를 자임했을까? 그는 중종 때의 권신 김안로의 당파였는데 중종 32년(1537) 김안로가 사사당하면서 그의 당여로 몰려 이듬해 파직된 후 오랫동안 쓰이지 못하고 있던 상황이었다. 《명종실록》 즉위년(1545) 11월 16일 기록은 이때의 영월 군수를 박충원이라고 전하고 있다. 중종 36년 3명의 영월 군수가 잇달아 죽은 지 4년 후에 영월 군수로 재임하고 있는 것이다. 그 사이 몇 명이 더 죽

영월에 있는 단종의 무덤 장릉莊陵 앞의 문인석
단종이 남긴 한 때문인지 문인석조차 우는 표정이다.

었는지는 더 이상의 기록이 없으므로 알 수 없다.

박충원이 영월 군수가 된 후 첫날 밤 꿈에 대궐에 들어갔다. 꿈속에서 단종이 용상 위에 오르는데 활시위가 목에 둘러 있었고 그 아래 육충신六忠臣(사육신)이 시위하고 있었다. 박충원이 머리를 조아리며 네 번 절하자 단종이 말했다.

"내 시신이 든 관을 엄흥도가 일을 맡아 처리했으나 지형이 아주 습하고 소나무 뿌리가 침노하니 특별히 경 등에게 개장改葬(이장)하라고 이르고자 나타났으나 이전의 여러 사람들이 정신이 굳세지 못해서 여럿이 기절했다. 내 오늘 다시 이르니 삼가 태만하지 말라."

단종은 말을 마치고 환관과 함께 문을 나갔다. 박충원은 놀라서 꿈에서 깨어났다. 영월현의 군관과 아전들은 또 군수가 죽은 것으로 생각하고 장사 치를 준비를 하고 방 문을 열었는데, 박충원이 살아 있는 것을 보고 크게 놀랐다. 박충원은 여러 사람들에게 꿈 이야기를 들려준 후 단종의 분묘墳墓를 수리하고 제문을 지어서 제사 지냈다.

"왕실의 맏이시요, 어리신 임금으로 막힌 운수를 만나 바깥 고을로 손위遜位(임금이 자리를 내어 놓음)하셨다가 한 조각 청산에 만고의 외로운 혼으로 누워 계시네. 바라건대 강림하시어 향기로운 제수祭需를 흠향하소서."

그 후 박충원의 꿈에 사육신 박팽년·성삼문·유응부가 나타나 말했다.

"우리 군신君臣이 그대의 뜻을 기특하게 여겨서 그대 자손으로 창성昌盛케 하겠노라."

실제로 박충원은 이후 승정원의 승지로 승진했다가 명종 13년(1558) 병조참판으로 승진했으며, 사헌부 대사헌이 되었다가 명종 19년(1564) 국왕의 특지로 형조판서까지 승진하고, 선조 때도 이조판서까지 올랐으니 단종의 음덕을 크게 보았다 해도 틀린 말은 아닐 것이다.

역사의 흐름을 되돌린 수양의 찬시

수양이 문종 독살에 관여했다면 단종의 죽음 역시 그때 결정된 것이었다. 수양의 찬시簒弑(왕위를 빼앗고 죽임)는 조선 전기 역사의 물줄기를 그릇된 방향으로 돌린 대사건이었다. 이 사건으로 조선의 성격은 완전히 변한다. 왕조 국가에서 가장 중요한 헌정 질서는 왕위 계승 원칙이다. 국왕의 맏아들이 원자가 되고 세자가 되면 세자시강원에서 국왕 수업을 받는다. 다음 국왕까지 미리 결정해 놓은 것이기에 왕조가 안정된다. 세자에게 임금 군君자를 붙여 저군儲君이라고 부르는 것도 이 때문이다. 새로 즉위한 임금은 종친을 포함한 나라 안의 모든 사람을 신하로 삼는다. 이것이 왕조 국가의 의리이다.

"선대先代을 계승한 임금은 아버지의 형제와 자신의 형제를 신하로 삼는다."

김종서가 세종 10년(1428) 1월 양녕대군을 논박하며 한 말이다. 수양이 왜 계유정변 때 김종서를 가장 먼저 때려 죽였는지가 이 한마디에 들어있다. 김종서의 이 말은 '선대를 계승한 단종은 아버지의 형제인 수양을 신하로 삼는다'는 뜻이었다. 단종이 금부도사 왕방연에게 "수양대군은 종실의 신하일 뿐이다"라고 말한 것이 이를 말해 준다.

수양의 쿠데타는 이 원칙을 뒤엎은 것이었다. 게다가 이때는 집현전 등을 통해서 세종이 길러 낸 사대부들이 유학으로 무장했을 때였다. 유학의 가장 중요한 개념은 충효忠孝이다. 임금을 군부君父라고 하듯이 임금은 공적으로는 충의 대상이자 사적으로는 효의 대상이었다. 신하인 수양이 왕위를 차지하고 단종을 끝내 죽이면서 조선은 엄청난 정신적 충격에 빠졌다. 신숙주·권람 등 비롯한 일부 유학자를 제외하고 수양대군의 즉위는 임금의 자리를 빼앗은 찬역이고, 단종을 죽인 것은 신하로서 임금을 죽인 찬시였다. 사육신 사건과 아무 관련이 없던 김시습金

時晳·남효온 등이 출사를 거부해 생육신이 된 것은 세조 정권에 대한 사대부들의 일반적 시각을 말해 주는 것이다.

김종서와 사육신 등을 죽이고 그 노비와 토지를 빼앗아 나누었을 뿐만 아니라 여성 가족들까지 나누어 가진 행위는 유학자들에게 두고두고 패역悖逆이자 패륜으로 받아들여졌다. 조선 선조 때 쓰여진《대동운옥大東韻玉》은 "수상首相 정인지가 백관을 거느리고 노산을 제거하자고 청하였는데, 사람들이 지금까지 분하게 여긴다"라고 썼고, 조선 중기 이덕형李德馨이 쓴《죽창한화竹窓閑話》는 "그 죄를 논한다면 정인지가 으뜸이 되고 신숙주가 다음이다"라고 썼다. 조선 중기의 문신 이기李墍의 《송와잡설松窩雜說》에는 신숙주와 부인 이야기가 전한다.

사육신 사건이 일어나자 윤자운尹子雲의 누이동생인 신숙주의 부인이 다락에 올라 두어 자 되는 베를 쥐고 들보 밑에 앉아 있다가 집으로 돌아온 신숙주를 보고 말했다.

"당신이 평소에 성삼문 등과 서로 친교가 두터운 것이 형제보다도 더하였기에 지금 성삼문 등의 옥사가 발각되었음을 듣고서, 당신도 틀림없이 함께 죽을 것이라 생각되어 당신이 죽었다는 소문이 들려오면 자결하려던 참이었소. 당신이 홀로 살아서 돌아오리라고는 생각지 못하였소."

이때 신숙주는 말문이 막혀 몸 둘 곳이 없었다고 쓰고 있는데,《송와잡설》의 저자 이기는 "부인 윤씨는 세조 2년 정월에 사망했고, 육신의 옥사는 그해 4월에 일어났다"면서 이 이야기가 사실이 아니라고 밝히고 있다. 그러나 이런 소문이 사실처럼 퍼진 것은 집현전 출신 신숙주의 행위에 당시 사람들이 얼마나 큰 불만을 갖고 있었는지를 말해 준다. 세조의 쿠데타에 대한 불만이 정인지와 신숙주에게 몰린 것은 이들을 유학자라고 보았기 때문이다. 한명회 등은 어차피 유학자로 취급도 하지 않았다는 이야기다. 《파수편破睡篇》은 "세조가 나라를 얻으니, 신숙주가 공신으로서 노산군의 왕비를 받아서 여종을 삼았다 하는데 이 말은 한강寒岡 정구鄭逑가 하였다"라고 전하고 있고, 조선 중기 윤근수尹根壽가 지은 《월정만필月汀漫筆》도 이 이야기를 거론하고 있다.

"노산의 왕비 송씨가 관비가 되니 숙주가 공신비功臣婢(공신의 여종)를 삼아서 자기가 받으려 하였다. 그러나 세조가 그의 청을 듣지 아니하고 얼마 후에 정미수鄭眉壽(문종의 사위 정종의 아들)를 궁중에서 기르라 명하였다."

《해동악부海東樂府》는 신숙주가 "59세로 임종할 때 한숨 쉬며, '인생이 마침내 여기에서 그치고 마는가?'라고 탄식했으니 후회하는 마음이 싹터서 그러하였다 한다"라고 전한다.

수양의 찬시는 조선의 가치관을 송두리째 뒤엎었다. 그리고 왕실은 충성의 대상이 아니라 극복의 대상으로 전락했다. 부정한 현실에 대한 저항이 계속되었다. 단종이 세상을 떠난 지 41년 후인 연산군 4년 (1498) 무오사화가 발생하는 것이다. 단종의 찬시는 그가 죽은 지 241년 뒤인 숙종 24년(1698)에 왕위를 추복追復(빼앗았던 위호位號를 죽은 뒤에 다시 회복하여 줌)받으면서 단종이라는 묘호를 받을 때까지 계속 현재 진행형이었던 것이다.

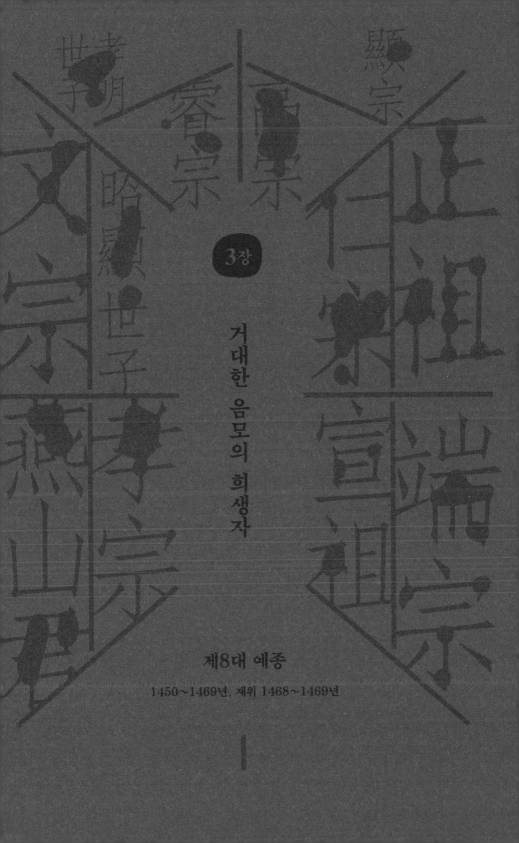

3장

거대한 음모의 희생자

제8대 예종

1450~1469년, 재위 1468~1469년

《성종실록》즉위년 12월 1일

어제 염습할 때 대행왕(예종)의 옥체가 이미 변색된 것을 보았습니다.
서거한 지 겨우 이틀인데도 이와 같은 것은 반드시 병환이 오래되었는데도
외인外人은 미처 알지 못했던 것입니다

1468년 9월 초.

조정은 뒤숭숭했다. 세조가 위독했기 때문이다. 재위 14년.

피 칠갑을 마다하지 않으면서 왕좌를 차지한 세조의 운도 끝나가는
듯했다. 석 달 전만 해도 세조는 효령대군을 비롯한 종친들을 불러 술
자리를 가졌다. 그러다 7월 들어서 갑자기 몸이 쇠약해져 병석에 눕게
되었다. 세조는 떨쳐 일어날 수 없을지도 모른다는 생각이 들었다. 그
래서 그는 7월 19일 고령군高靈君 신숙주, 능성군綾城君 구치관具致寬, 상
당군上黨君 한명회 등을 불렀다. 김종서 등을 죽이고 책봉한 정난공신,
세조 즉위 후 책봉한 좌익공신의 핵심 인물들이었다.

"내 세자에게 전위傳位하고자 한다."

세자 이황李晄에게 왕위를 넘기겠다는 뜻이었다. 그러나 모두 반대
했다.

"전하께서는 곧 병을 떨치고 일어나실 수 있습니다."

아직 세조 다음 체제에 대한 준비가 되어 있지 않았다. 이들은 불안했다. 온 세상이 자신들을 저주하고 있음을 잘 알고 있었다. 자칫 정권을 빼앗길 경우 만민의 저주와 환호 속에 죽어 갈 것이 분명했다. 그래서 세조와 공신들은 생존을 위해 집단 지도 체제를 만들 수밖에 없었다. 세조나 공신, 어느 한쪽이 무너지는 순간 모두 죽게 되어 있었다. 그래서 그들은 군신 사이를 넘는 동지가 될 수밖에 없었다. 세조를 정점으로 한명회 · 신숙주 · 정인지 등의 공신들이 집단으로 다스리는 체제였다. 아직 공신들 사이에서는 세조 사후 체제에 대한 구체적인 방안이 서 있지 않았다. 세조의 아들과 공신 사이에 대한 합의가 이루어지지 않고 있었다. 공신들은 세조의 아들이 즉위한다면 세조 때보다 자신들의 권한이 더 강해져야 한다고 생각했다. 자신들 덕분에 왕이 될 수 있었기 때문이다.

공신들이 전위에 반대하자 세조는 왕위를 물려주지 않았다. 대신 세자에게 대리청정을 시켰다. 그러나 일반적인 대리청정과는 모습이 달랐다. 세조는 세자에게 사정전 월랑月廊(행랑)에서 고령군 신숙주 · 영의정 귀성군龜城君 이준李浚 등과 정사를 함께 논의하라고 명한 것이다.

신숙주와 이준은 각각 구공신과 신공신을 대표하는 인물이었다. 구공신은 김종서를 제거한 정난공신과 세조를 즉위시킨 좌익공신들이고 신공신은 이시애李施愛의 난을 진압한 적개敵愾공신들이었다. 한명회 · 신숙주 · 정인지 등이 구공신의 핵심이고, 이준 · 남이南怡 등이 신공신의 핵심이었다. 1등 10명, 2등 23명 등 모두 45명의 적개공신들은 세조 말엽 구공신과 대립하고 있었다.

세조가 세자에게 신숙주·이준 등과 함께 논의해 정사를 논의하라
는 말은 신·구공신들과 협의해 국사를 처리하라는 뜻이었다. 세자에
게 홀로 정권을 준 것이 아니었다. 세자는 신·구공신들에게 포위된 상
태에서 정사를 논의해야 했다. 그러나 열아홉 살의 세자가 그리 호락호
락한 인물이 아니라는 사실이 드러나는 데는 그리 긴 시간이 필요하지
않았다.

공신들과 대립하는 세자

세자가 대리청정을 맡은 후 대신들과 처음 의논한 것은 유배 갔거나
'연좌된 사람'들을 석방시키는 문제였다. 하늘을 감동시켜 병을 낫게
하려는 의도였다. 세조의 병을 낫게 하기 위해서 사면령을 내린다는 데
는 반대할 공신들이 없었다. 그래서 세조 14년(1468) 7월 20일 대사령
을 내렸다. 7월 20일 이전에 지은 죄는 대역이나 모반, 조부모나 부모
살해 등의 중죄를 제외하고는 "이미 발각되었거나, 아직 발각되지 않
았거나, 이미 형을 결정하였거나, 아직 결정하지 않았거나 모두 용서한
다"는 대사면령이었다.

그러나 대사령에도 세조의 병은 아무런 차도가 없었다.

세자는 답답했고, 세조도 마찬가지였다. 세조는 누구보다 죽음이 두
려웠다. 자신이 직접 친동기 둘과 이복동기 셋을 죽인 것이다. 또한 황
형皇兄(문종)의 외아들 단종도 자신이 죽인 것이었다. 짐을 훌훌 벗고 저

승길에 오를 상황이 아니었다. 그러나 죽음이 다가오고 있었다. 그래서 세조는 8월 1일 호조판서 노사신에게 비장한 뜻을 전했다.

"이제 수릉壽陵을 만들고자 한다."

수릉은 임금이 죽기 전에 미리 준비해 두는 무덤이었다. 《세조실록》은 이때의 분위기를, "세조가 눈물을 뿌렸고, 이 사실을 들은 여러 재상들도 모두 눈물을 흘렸다"라고 전하고 있다. 신숙주는 59세로 임종할 때, "인생이 마침내 여기에서 그치고 마는가?"라고 탄식했다는데 52세였던 세조의 아쉬움은 더했을 것이다.

세조가 수릉을 준비시켰다는 소식이 전해지자 온 조정이 눈물바다가 되었다. 그러나 세조는 세상과의 이별이 두려웠다. 그래서 대사령을 내린 지 한 달여 만인 8월 27일 다시 대사령을 내렸다. 7월 20일에 이미 사면령을 내렸으니 불과 한 달 7일 동안 일어난 범죄에 대한 사면령이었다.

그만큼 다급했으나 세조의 병은 아무 차도가 없었다. 그래서 세자는 다시 비상수단을 사용했다. 2년 전을 기준으로 납부하지 못한 세금도 전부 또는 2/3를 탕감해 주는 세금 감면책을 실시한 것이다. 8월 29일에는 내전에 불상을 모셔 놓고 기도를 올렸다. 유교 국가 조선의 왕실 내전에 법당을 차려진 것이다. 그래도 아무 소용이 없었다.

9월 들자 불길한 일이 잇따랐다. 9월 초하루 경상도에 매미 같기도 하고 모기 같기도 한 황충螳螂이 수확을 앞두고 있는 들판을 습격했다. 《세조실록》은 "떼를 지어 날아와 들을 덮고 벼이삭을 빨아 곡식들이 모두 말라 죽어 까맣게 되었다"고 적고 있다. '황충이 간 데는 가을도 봄'이라는 속담처럼 풍성해야 할 가을 들판이 봄 들판처럼 황량해졌다.

뿐만 아니라 다음 날에는 혜성까지 나타났다. 혜성 출현은 불길한 일이었다. 그래서 세조는 와병 중에도 천문을 맡은 관상감정觀象監正 안효례安孝禮에게 혜성을 살피라고 명했다.

세조는 우왕좌왕하고 있었다. 아니, 두려워하고 있었다. 천하의 호걸로 자임하며 살아온 세조가 수릉 준비를 지시하면서 뿌린 눈물이 두려움을 말해 주고 있었다. 그 어떤 말로 합리화해도 가슴 깊은 곳에서는 저승길을 그 누구보다 두려워하고 있었다.

세자는 부왕의 이런 두려움의 실체에 다가가야 한다고 생각했다. 세자는 넉 달 전인 그해 5월 세조가 한 말 속에 두려움의 실체가 있다고 생각했다.

"내가 잠저潛邸(임금이 되기 전에 살던 집)로부터 일어나 창업의 임금이 되어 사람을 죽이고 사람을 형벌한 것이 많았으니 어찌 한 가지 일이라도 원망을 취함이 없었겠느냐? 《주역周易》에 '소정小貞은 길吉하고 대정大貞은 흉凶하다'고 하였다."

'사람을 죽이고 형벌한 것이 많았다'는 고백이 두려움의 실체였다. 《주역》둔괘屯卦 구오九五에 나오는 이 효사爻辭에 대해 왕필王弼은 《주역주周易注》에서 '작은 일에서는 곧으면 길하지만 큰일에는 곧아도 흉하다'라고 설명했다. 자신의 인생 전체가 흉하다는 고백이나 마찬가지였다.

세자는 부왕의 두려움의 실체를 찾아 자신이 결단을 내려야 한다고 생각했다. 그간 조신들을 종묘·사직과 명산대천, 그리고 세조가 옛 흥복사興福寺 터에 창건한 원각사圓覺寺에 기도하게 했으나 아무 효과가 없었다. 마지막 남은 수단은 하나뿐이었다. 세조가 만든 업보를 푸는 것이었다. 업보에 싱싱 삼신 채 대사령을 남발하고 여기저기 기도해 봐야 아무 소용이 없었다.

이미 죽은 사람들은 할 수 없지만 아직 살아 있는 사람들이 있었다. '연좌된 사람들'이었다. 계유정변과 상왕 복위 기도 사건(사육신 사건) 때 처형당한 사람들의 가족들이었다. 내놓고 말을 하지는 못하지만 이 가족들의 원한을 풀어 주지 않고서는 하늘을 감동시킬 방법이 없다는 사실을 세자는 알고 있었다.

16년 전인 계유정변 때는 황보인·김종서 등을 죽이고 그 부녀자들을 공신들이 나누어 가졌고, 13년 전인 사육신 사건 때도 성삼문·유응부 등을 죽이고 그 부녀자들을 나누어 가졌다. 그 중에는 성 노리개로 전락한 여성들도 많이 있었다. 원수 집의 여종이 되고 성 노리개가 되었으니 이들의 원한이 하늘에 가 닿지 않을 리가 없었다. 바로 이것이 세조의 업보였다.

업보를 풀지 않고 하늘을 감동시킬 수 없다고 판단한 세자는 9월 3일 대신들에게 이 문제를 제기했다.

"계유년 난신들의 가족들과 병자년丙子年(사육신 사건) 난신의 가족들을 방면하는 문제를 어떻게 생각하시오?"

대신들은 경악했다. 그 자신들이 공신이었다. 세자의 입에서 이런 말이 나올 줄은 몰랐던 것이다. 계유정변과 사육신 사건 관련자들은 공식적으로 모두 역적이었다. 역적의 가족들을 방면해 병 치유를 기원한 전례는 있지 않았다. 이 부분에 손을 대는 것은 자신을 세자로 만들어 준 과거사에 대한 자기 부정이라고 공신들은 생각했다. 정인지·정창손·신숙주·한명회·홍윤성·김질 등의 공신들이 한 목소리로 반대했다.

"병자년 난신의 일은 세월이 오래되지 않았는데 급히 논하는 것은 마땅하지 않습니다."

사육신 사건은 거론할 때가 아니라는 뜻이었다. 그러나 이들을 방면하지 않고 어찌 하늘의 도움을 바랄 것인가?

세자는 아무 말도 하지 않고 묵연히 있었다. 불만의 표정이 역력했다. 당황한 공신들은 산전수전 다 겪은 노신老臣들답게 타협 안을 제시했다.

"계유년 난신의 숙질叔姪(아저씨와 조카)과 자매와 기타 도형徒刑(중노동에 종사시키던 형벌)·유형流刑과 부처付處된 자는 용서해 주어도 좋겠습니다."

죽은 이들의 처첩과 딸들만 빼고 나머지는 용서할 수 있다는 말이었다. 세자는 불만이었다. 사육신 등의 부녀자들을 방면하지 않고 어찌 하늘의 감응을 바랄 수 있겠는가? 세자가 반문했다.

"난신들과 연좌된 자를 모두 방면한다면 어찌 세월의 오래되고 가까운 것을 논하겠소? 그 처첩들도 또한 방면하고 싶은데 공천公賤(공노비)에 속한 자는 방면해도 무난할 것이오."

사육신의 가족들도 방면해야 한다는 말이었다. 사육신의 처첩 중에서 관가의 공노비로 떨어진 여성들은 방면해도 좋은 것이라는 말이었다. 그러나 다음 말이 공신들의 폐부를 찔렀다.

"다만 공신에게 준 자들도 방면한다면 대신들이 싫어할 것이오."

이 부분이 핵심이었다. 공노비는 나라의 재산이니 괜찮지만 공신들에게 나누어 준 처첩들과 노비는 공신들의 재산이었다. 비아냥거리는 것으로 들릴 수도 있었다. 세조 덕분에 온갖 영화를 다 누리고도 임금의 쾌보다 재산이 더 숭요하냐는 비아냥일 수 있었다.

사정전 행랑에 침묵이 흘렀다. 입을 여는 대신들이 없었다. 갖은 모략과 달변으로 유명한 한명회도 신숙주도 묵묵부답이었다. 이때 세자에게 동조하고 나선 인물이 봉원군蓬原君 정창손이었다. 자신의 사위 김질에게 사육신 사건을 고변시켰던 인물이었다.

"누가 싫어하겠습니까? 방면하는 것이 좋겠습니다."

세자는 반색했으나 호응하는 사람이 없었다. 그래서 세자는 끝내 결단하지 못했다.

"난신의 처첩도 죄의 경중을 논하여 모두 이를 석방하고자 하니, 의정부에서는 이를 다시 의논하시오.(《세조실록》14년 9월 3일)"

다음 날 종친과 재상들이 세조에게 문안했다. 그 다음 날도 마찬가지였다. 세조의 병세는 여전히 차도가 없었다. 세자는 자신이 결단해야 한다고 생각했다. 사육신 등의 처첩 석방을 의논한 사흘 뒤인 9월 6일 세자는 드디어 결단을 내렸다. 계유정변과 사육신 사건 피해자 가족들을 일부 석방한 것이다. 사형당한 이들의 숙부나 조카, 누이들이었다.

계유정변 관련자들 중에는 좌의정 김종서의 조카 김영덕金永德, 우의정 정분의 조카 정세존鄭世存 등이 거물급 연좌자들이었고, 사육신 사건 관련자의 가족들 중에는 하위지의 조카 하포河浦, 박팽년의 부친 박중림의 조카 박사제朴斯悌, 성삼문의 부친 성승의 조카 성만년成萬年 등이 거물급 연좌자들이었다. 이때 석방된 가족들의 숫자는 모두 200여 명에 달했다.

조정 밖의 사대부들이 환영한 것과 달리 공신들은 큰 불만을 품었다. 그 중 한 명이 좌익공신 3등 박원형이었다. 계유정변 때 사형당한 양옥梁玉의 누이 의비義非가 좌의정 박원형의 여종이었다. 그 어미는 내섬시

內贍寺의 종 소근덕小斤德이었는데 박원형이 의비를 첩으로 삼아 아들을 낳았던 것이다. 세자가 의비를 석방시키자 박원형은 동부승지同副承旨 한계순韓繼純에게 항의했다.

"의비는 본래 천인이었으므로 방면해도 천인이요, 방면하지 않아도 천인이다. 하물며 내 공신녹권錄券(문서)에 기록된 비자婢子(여종)이다. 그를 대신해서 다른 여종을 내놓겠다는 뜻을 세자께 전해 달라."

다른 여종을 대신 바칠 테니 의비는 자신의 여종으로 그냥 두어 달라는 뜻이었다. 겉으로는 그럴듯해 보이지만 실제는 큰 모순이었다. 하늘을 감동시키려면 의비를 석방시켜야지 박원형의 다른 여종으로 바꾼다고 되는 것이 아니었다. 한계순이 선뜻 응하지 않자 박원형은 좌찬성 김국광金國光으로 하여금 다시 한계순에게 요청했다. 김국광은 구체적인 방안까지 제시했다.

"이 일을 어찌하여 처음에 도모하지 않았는가? 지금 비록 즉시 계달하지 않더라도 황표黃標(누런 종이표)를 의비란 두 글자 위에 붙여 전지를 내리더라도 방해되지 않을 것이다."

보고할 것도 없이 그냥 의비의 이름 위에 누런 종이표를 붙여 의비는 석방 대상에서 제외하자는 말이었다. 그러나 동부승지 한계순으로서는 세자의 명령서에 마음대로 황표를 붙여 없는 것으로 할 수는 없었다. 한계순은 고민하다가 의비의 이름 곁에 황표를 붙이고 박원형의 청탁 내용에 대해 보고했다. 세자는 단번에 거절했다.

"오늘 아침에 봉원군이 '연좌된 자가 본래 천인이었다고 하더라도 본 주인에게 방환放還하는 것이 또한 성상의 은총입니다'라고 말했다. 노한 일이 이미 의논하여 정해졌는데 되돌리는 것은 불가하다."

공신들은 다시 놀랐다. 본 주인에게 돌아가 봐야 내섬시의 종에 불과할 의비에 대한 청을 단번에 거절할 줄은 몰랐던 것이다. 공신들은 자신들이 지금껏 세자를 잘못 봐 왔는지도 모른다는 생각이 들었다. 결코 호락호락한 인물이 아니었던 것이다.

다음 날인 9월 7일 세조는 다시 세자에게 전위하겠다고 발표했다. 예조판서 임원준任元濬을 내전으로 불러 정인지 · 신숙주 · 한명회 등에게 전위의 뜻을 전하게 한 것이다. 두 달 전에 그랬던 것처럼 하동군河東君 정인지 등이 다시 반대했다. 그러나 이번에는 달랐다. 세조는 크게 화를 내며 꾸짖었다.

"운이 간 영웅은 자유롭지 못한 법인데, 너희들이 내 뜻을 어기려고 하느냐? 이는 나의 죽음을 재촉하고자 하는 것이다."

이번에는 세조의 진심이었다. 2년 전인 세조 12년(1466) 좌익 2등 공신 양정이 북방 근무에서 돌아와 세자에게 전위하라고 말했다가 공신으로서는 이례적으로 사형당한 일이 있었기 때문에 강하게 반대했던 것이다. 세조는 환관에게 경복궁에서 면복冕服(왕의 대례복大禮服)을 가져오라고 명한 후 세자를 불렀다. 세조는 직접 면복을 세자에게 내려주며 명령했다.

"오늘 당장 수강궁壽康宮(창경궁)에서 즉위하라."

세조 14년(1468) 9월 7일. 세자가 수강궁에서 즉위하니 예종 시대가 열린 것이다. 그리고 다음 날 세조는 수강궁의 정침正寢에서 세상을 떠났다. 향년 52세. 역사의 물줄기를 바꾼 한 사내의 야망도 함께 관 속으로 들어갔다.

세상을 떠나기 직전 세조는 세자 이황의 후궁이었던 소훈昭訓 한씨를 왕비로 삼으라고 명했다. 자신이 죽으면 세자는 국상國喪 3년 동안 왕비를 둘 수 없기 때문에 미리 왕비를 선택한 것이었다. 그때 소훈 한씨는 해산하기 위해 부친 한백륜韓伯倫의 집에 가 있었는데, 왕비로 결정되자 위사衛士(대궐을 지키던 장교)들이 한백륜의 집을 에워쌌다. 이렇게 왕비로 책봉된 여인이 안순왕후安順王后 한씨였다.

안순왕후 한씨는 세자의 두 번째 부인이었다. 한명회의 딸이었던 첫 번째 부인은 세조 4년(1460) 열여섯의 나이로 세자빈이 되었으나 이듬해 원손 인성대군仁城大君을 낳다가 세상을 떠나고 말았다. 인성대군 역시 세조 10년(1464) 세상을 떠났다. 한명회로서는 딸이 죽은 것보다 원손 인성대군이 요절한 것이 더욱 쓰라렸을지도 모른다.

그 후 세자는 다시 세자빈을 맞지 않은 채 소훈 한씨를 후궁으로 거느리고 있었는데, 세조가 왕위를 물려준 후 왕비로 삼은 것이었다. 한씨는 느닷없이 왕비가 된 것이었고 한백륜 또한 느닷없이 국구國舅(왕의 장인)가 된 셈이었다. 한백륜의 부친은 세종 때 사헌부 장령을 지내고 세조 때 충청도 관찰사를 지낸 한창韓昌이었는데 좌익공신의 본 공신에 들지 못하고 원종공신 3등에 들었으니 한명회에 비해서는 비중이 크게 떨어졌다. 이때의 원종공신은 무려 2,300여 명이나 되었다.

예종은 새 장인 한백륜이 전 장인 한명회에 비해 격이 떨어지는 것을 크게 개의치 않았다. 국왕은 자신이었던 것이다. 예종은 분명한 계

획이 있었다. 왕과 신하의 분의分義가 분명한 나라를 만들려는 계획이
었다.

《소문쇄록謏聞瑣錄》에 나오는 세조 때의 이야기다. 세조는 한명회와
신숙주도 같이 있는 자리에서 세자와 함께 주연을 베풀었다. 술에 취한
세조가 신숙주의 팔을 잡으면서 신숙주에게도 자신의 팔을 잡게 했다.
그런데 술에 취한 신숙주는 세조의 팔을 힘껏 잡았다.

"아프다. 아프다(疼疼)."

이 모습을 보는 세자의 낯빛이 변했다. 세조는 술기운 속에서 세자의
이름을 부르며 말했다.

"황아, 나는 괜찮지만 너는 이러면 안 된다."

잔치가 파한 후 집에 돌아온 한명회가 청지기를 불렀다.

"범옹泛翁(신숙주)이 평일에 많이 취했어도 술이 조금 깨면 반드시 일
어나 등불을 켜고 책을 본 후 다시 취침하는데 오늘은 그렇게 해서는
안 된다. 네가 가서 내 말을 전하여 중지하게 하라."

청지기가 가서 보니 신숙주가 불을 켜고 책을 보고 있다가 청지기의
말을 듣고 불을 껐다. 밤중에 술이 깬 세조가 내시를 신숙주의 집으로
보내 살펴보게 하니 잠을 자고 있더라는 이야기다. 세조 역시 신숙주가
술 취한 것을 빙자해 방자하게 굴지 않았는가 의심한 것이다.

예종은 부왕이 굳이 "나는 괜찮지만 너는 안 된다"고 말할 필요도 없
었다고 생각했다. 자신이 왕이 되면 이런 일은 상상도 할 수 없게 만들
것이기 때문이다. 예종이 생각하기에 부왕과 공신들은 군신 관계가 아
니었다. 군신의 분의가 분명하지 못한 나라가 왕조 국가일 수는 없었
다. 예종은 신하들은 공신들을 막론하고 군주의 발 아래 엎드리는 그런

나라를 만들려고 결심했다.

이런 결심이 드러난 것은 즉위 한 달이 채 못 된 10월 4일이었다. 예종은 승정원과 문·무관의 인사권이 있는 이조·병조, 그리고 백관에 대한 탄핵권이 있는 사헌부에 전지를 내렸다.

"정사政事(인사권)는 나라의 큰 권한인데, 사사로운 곳으로 돌아가서 공公을 폐하는 것은 옳지 않다. 정치를 바로 잡는 처음인데, 혹시 세력 있는 자에게 청탁해 천록天祿(벼슬)을 외람되게 받는 일이 있을까 염려된다."

인사권이 '사사로운 곳'으로 돌아가 있다는 것이었다. '세력 있는 자'란 물론 공신들이었다. 공신들이 사사롭게 장악한 인사권을 공적 영역으로 회수하겠다는 뜻이었으니 공신들이 긴장한 것은 당연했다. 예종의 인사권 회수 의지는 빈말이 아니었다. 예종은 공신들이 인사권에 개입할 수 없게 하는 조치를 내렸다.

"앞으로 사헌부 대사헌과 집의執義 이하 한 명이 정청政廳(인사 현장)에 참여하라."

정청은 이조와 병조의 인사 담당자가 인사에 대해서 논의하는 장소였다. 앞으로는 인사 문제에 백관을 감찰하는 사헌부 대사헌과 집의도 참여하라는 말이었다. 인사 논의 때 청탁 자체를 불가능하게 만들겠다는 뜻이었다. 더욱 놀라운 말이 이어진다.

"앞으로 위장衛將이 2부部를 거느리고 인사에 대한 모든 분란을 금지하라. 정청에 마음대로 드나드는 자가 있으면 비록 종친·재상·공신일지라도 즉시 목에 칼을 씌워 구속하고 나중에 보고하라. 만약 숨기는 일이 있나면 마땅히 속수族誅하겠다."

인사를 논의하는 정청에 드나드는 자는 종친·대신·공신을 막론하고 무조건 목에 칼을 씌워 구속한 다음에 사후 보고하라는 명령이었다. 게다가 이런 일을 숨기는 자가 있다면 족주하겠다는 것이다.

족주! 온 집안을 다 죽인다는 뜻이었다.

예종의 전지를 본 공신들이 경악한 것은 당연했다. 공신일지라도 정청에 드나들면 위장이 무조건 목에 칼을 씌워 구속한 후 나중에 보고하라는 명령이었으니 놀라지 않을 수 없었다. 공신들은 지금껏 법 위의 존재였다. 일개 위장들이 손댈 수 있는 존재들이 아니었다. 자칫하면 공신들이 그간 쌓아 두었던 법 위의 존재라는 성역이 깨질 판이었다.

영의정 이준과 우의정 김질이 함께 나서 완화를 요구했다.

"족주하는 법은 너무 과합니다."

예종은 한 발 물러섰다.

"족주를 극형極刑으로 바꾸어라."

가족까지 죽이진 않겠지만 본인은 사형시키겠다는 뜻이었다. 신공신 이준과 구공신 김질이 함께 나선 것은 신구 공신 세력이 공동 대응에 나섰음을 의미한다. 예종은 족주에서 본인 극형으로 한 발 물러났지만 앞으로는 공신의 특권을 인정하지 않겠다는 분명한 선포를 한 셈이었다.

예종은 분노하고 있었다. 어떤 꼬투리가 잡히면 폭발할 것이었다. 예종도 공신들이 어떤 존재들인지 잘 알고 있었다. 그래서 즉위 초 병조판서를 갈아치워 군권부터 장악했던 것이다. 당시 군권을 잡고 있던 인물은 병조판서 남이였다. 예종은 즉위 당일, 아직 세조가 살아 있음에도 불구하고 병조판서 남이를 겸사복장兼司僕將으로 좌천시켰다. 겸사복장은 궁궐의 경비와 국왕의 경호를 맡은 관직인데, 겸兼 자가 붙은 데서 알 수 있듯이 다른 관직과 겸임하는 자리였다. 그리고 정원도 세 명인 자리였다. 남이가 병조판서가 된 지 한 달도 채 안 된 시기였다. 남이가 병조판서가 된 것은 세조가 죽기 직전인 재위 14년(1468) 8월이었다. 그때 겨우 28세였던 남이는 귀성군 이준과 함께 신공신의 핵심이었다. 세종의 4남 임영대군의 아들인 이준 역시 28세의 나이로 영의정에 올라 있었다.

《동각잡기》는 예종과 남이의 관계에 대해 의미심장한 기술을 남겼다.

"세조가 벼슬을 뛰어넘어 남이를 병조판서에 임명했더니 당시 세자였던 예종이 그를 몹시 꺼렸다."

예종의 이런 심경을 눈치 챘는지 형조판서 강희맹姜希孟이 중추부지사中樞府知事 한계희에게 남이가 적당하지 못하다고 말했다.

"남이의 사람됨이 병조판서를 맡기에는 적당하지 못하다."

한계희로부터 이 말을 들은 예종이 즉위 당일 남이를 겸사복장으로 좌천시킨 것이다. 남이는 위기의식을 느꼈다.

예종의 군권 장악 노력은 계속되었다. 조정에는 겸판병조兼判兵曹로 병조를 장악한 인물이 한 명 더 있었다. 바로 좌찬성 겸판병조 김국광이었다. 예종은 10월 19일 김국광을 겸판병조에서 전격적으로 해임했다. 갑작스런 조치에 조정이 술렁였다. 김국광은 이시애의 난 진압에도 가담했지만 세조의 즉위에도 가담해 원종공신에 책봉된 구공신 계열이었다. 조정이 술렁이자 예종은 대간을 인견引見하고 인사 배경을 설명했다.

"내가 김국광을 겸판병조에서 체임遞任(벼슬을 갈아 냄)시킨 것은 대신을 믿지 못해서가 아니다. 내서 성병政柄(인사권)은 오래 잡을 수 없다. 오래 잡으면 폐단이 생기고 폐단이 생기면 은혜가 상하니, 남의 말이 염려스럽다. 호조와 예조에도 비록 겸판서兼判書가 있으나 병조에 비할 것이 아니다. 내가 김국광을 보호하고자 하기 때문에 체임시킨 것이고 다른 뜻은 없다."

병조는 무관에 대한 인사권을 갖고 있었다. 《예종실록》은 예종이 김국광을 갈아치운 것에 대한 사관의 논평을 싣고 있다.

김국광이 오래 병권兵權을 맡아서 뇌물을 많이 받았기 때문에 누가 거리에 김국광이 뇌물을 받은 것을 폭로하는 방榜까지 붙었으니 임금이 어찌 들은 바가 없겠는가?

그러나 공신들이 보기에 문제는 뇌물이 아니었다. 공신들이 장악한 군권을 모두 빼앗은 것이었다. 공신들은 예종의 이런 조처를 우려의 눈으로 바라보았다. 무슨 일이 벌어질 듯한 분위기였다.

남이를 겨냥한 유자광의 고변

예종 즉위년 10월 24일. 날은 이미 저물었고 찬 겨울바람이 거리를 휩쓸고 있었다. 이런 스산한 밤에 느닷없이 승정원에 나타난 인물이 정3품 병조참지兵曹參知 유자광柳子光이었다. 병조 소속의 관원이 날이 저문 다음에 승정원에 나타나는 경우는 드물었다. 그러나 웬일인지 입직入

남이를 모함하여 옥사를 일으킨 유자광은
훗날 연산군 대에 조의제문 파동을 일으켜
무오사화가 일어나는 데 결정적인 역할을
한다.

直(숙직) 승지였던 한계순과
이극증李克增은 유자광을 보

고도 놀라지 않았다. 한계순은 남이의 병조판서직을 빼앗는 데 결정적
공을 세운 한계희의 친동생이었다. 유자광이 말했다.

"급히 성상께 계달할 일이 있습니다."

한계희 등은 조금도 망설이지 않고 즉시 합문 밖에 나가서 임금의
뜻을 전하는 승전承傳 환관 안중경安仲敬을 찾았다.

"병조참지 유자광이 즉시 계달할 일이 있다 하니 급히 성상께 아뢰
게."

안중경도 지체하지 않고 내전으로 들어갔다. 잠시 후 내전으로 들어
갔던 안중경이 부랴부랴 나왔다.

"병조참지 듭시라는 명이시오."

유자광은 내전으로 들어가 예종에게 부복했다.

"지난번에 신이 내병조內兵曹에 입직했는데 겸사복장 남이도 입직했
습니다. 날이 어두워지자 남이가 신에게 와서, '세조께서 우리들을 대
접하는 것이 아들과 다름이 없었으나 이제 나라에 대상大喪(세조의 죽
음)이 나서 인심이 위태롭고 의심스럽다. 이럴 때 간신이 작란作亂 하면

거대한 음모의 희생자

우리들은 개죽음당할 것이다. 너와 나는 충성을 다해 세조의 은혜를 갚아야 할 것이다'라고 말했습니다."

남이가 올가미에 걸리는 순간이었다. 내병조는 궁중에서 국왕의 호위 등을 맡는 병조 소속의 관아였다. 남이라는 말이 나오자 예종은 긴장했다. 전부터 경쟁의식을 느꼈던 남이였다. 유자광은 이런 예종의 태도를 모르는 척 계속 말을 이었다.

"'어떤 간사한 사람이 난을 일으키겠는가?'라고 묻자 남이는 '김국광이 인사권을 독점하면서 재물을 탐하니 이런 무리는 죽이는 것이 옳다. 또 노사신은 매우 불초한 자인데, 너도 아느냐?'라고 말해서 신이 '왜 이런 말을 하는가?'라고 답했습니다."

남이가 김국광과 노사신을 비난했다는 것이었다. 김국광은 예종이 닷새 전에 겸판병조에서 전격적으로 해임한 인물이었다. 그러나 지금까지는 서론이었다. 이제부터가 본론이었다.

"오늘 저녁에 남이가 신의 집에 달려와서, '혜성이 아직까지도 없어지지 않는데 너도 보았느냐?'고 하기에 신이 '보지 못했다'고 대답하자 '아직 은하수 가운데 있는데 광망光芒(광선의 끝)이 모두 희기 때문에 쉽게 볼 수 없다'라고 말했습니다."

세조가 아플 때부터 생긴 혜성은 예종이 즉위한 이후에도 오랫동안 없어지지 않았다. 《세조실록》과 《예종실록》에 따르면 9월 2일 생긴 혜성은 세조가 죽는 9월 8일까지 사라지지 않았다. 9월 9일과 11일에만 기록에 나타나지 않다가 12일부터 계속 나타났고, 20일에만 다시 기록에 나타나지 않다가 21일부터 유자광이 고변하는 24일까지 계속되었다. 이때의 혜성은 식자識者들의 호사거리였기에 유자광이 못 보았다는 것은 믿을 수 없는 말이었다. 유자광의 고변은 계속된다.

"신이 《강목綱目》을 가져와서 혜성이 나타난 곳을 헤쳐 보이니 그 주석에, '광망이 희면 장군이 반역하고 두 해에 걸친 큰 병란兵亂이 있다'라고 쓰여 있었습니다. 남이가 탄식하면서 '이 또한 반드시 응함이 있을 것이다'라고 말했습니다."

사라지지 않고 있는 혜성 자리의 의미를 《강목》에서 찾아 본 인물은 남이가 아니라 유자광이었다. 이 부분이 중요한 대목이었다. '광망이 희면 장군이 반역한다'는 구절을 찾아 읽은 인물은 남이가 아니라 유자광이었던 것이다.

"조금 후에 남이가 '내가 거사하려고 하는데, 지금 주상이 선전관에게 재상 집에 분경하는 자를 엄하게 규찰하게 하니 재상들이 반드시 싫어할 것이다. 그러나 수강궁은 허술하여 거사할 수 없고 반드시 경복궁이라야 할 것이다'라고 말했습니다."

유자광이 '장군이 반역한다' 운운하는 《강목》의 주석을 읽어 준 후에 남이가 '거사'를 말했다는 것이다. '반역' 운운하자 마치 기다렸다는 듯이 '거사'란 말이 나왔다는 것이다.

"남이는 또 '이런 말을 내가 네게만 말했으니 네가 비록 고변해도 내가 숨기면 네가 반드시 죽을 것이고, 내가 비록 고변해도 네가 숨기면 내가 죽을 것이다. 이런 말은 세 사람만 모여도 말할 수 없다' 했습니다."

이 역시 의문스러운 말이었다. 남이가 거사 운운 했으니 유자광이 고변한다면 말이 되지만 그 반대 경우는 앞뒤가 맞지 않는 말이었다.

"남이는 또 '세조가 민정民丁(백성)을 다 뽑아서 군사를 삼았으므로 백성의 원망이 지극히 깊으니 기회를 잃을 수 없다. 나는 호걸이다'라고 했습니다. 신이 술을 대접하겠다고 하자 '이미 취했다'면서 마시지 않고 갔습니다."

이것이 유자광이 남이가 역모를 꾸몄다고 고변한 전말이었다. 허술한 구석이 많았다. 누구를 추대할 것인지도 불분명하고, 누구를 제거하겠다는 것인지도 불분명했다. 마지막에 유자광이 술을 대접하겠다고 하자 '이미 취했다'며 사양한 것은 술기운에 이런 저런 이야기를 나누었음을 뜻한다. 정제되지 못한 이야기가 술기운에 터져 나온 것이다.

예종은 냉철하게 유자광의 고변을 분석해야 했다. 남이가 실제 역모를 꾸몄는지, 아니면 유자광의 모함인지, 유자광을 사주한 배후가 있는지를 꼼꼼히 따져 봐야 했다. 그러나 예종은 마음속에 이미 예단豫斷을 갖고 있었다. 그의 마음속에 남이는 이미 정적이었다.

유자광이 말을 마치자마자 예종이 물었다.

"그러면 어떻게 처리해야 하겠는가?"

"밤을 틈타 체포하려고 하면 두려워서 도망갈지도 모르니 날이 밝기를 기다렸다가 사령 한 사람을 보내 명패를 보내서 부르면 올 것입니다."

"그렇다."

그러다가 예종은 곧 생각을 바꿨다.

"하필 밝기를 기다리겠는가?"

예종은 즉시 한계순에게 명령을 내렸다.

"네가 입직 사복장司僕將 거평군居平君 이복李復과 함께 군사를 거느리고 가서 체포하게 하라. 환관 신운申雲도 함께 가라."

남이 이야기가 나오자 예종은 이성을 잃었다. 마치 오랫동안 벼르던 적군에게 선제공격의 기회를 잡은 장수의 태도였다. 그는 도총관都摠管

과 병조참판 등을 불러 입시하게 하고 도총부에는 중무장한 군사들에게 대궐 문을 지키게 했다. 군사를 나누어 도성의 모든 문과 성을 지키게 하고, 또 위장에게 병기를 정돈해 주요 지역을 지키게 했다. 마치 남이가 군사를 몰고 도성을 쳐들어오기라도 하는 듯한 분위기였다.

한계순과 이복이 위사 100여 명을 거느리고 남이의 집을 포위했다. 《예종실록》은 명패를 가지고 부르자 남이는 집에 없다고 속인 후 얼마 있다가 칼을 차고 활과 화살을 가지고 담을 넘어서 나갔다고 전한다. 군사들이 체포하려고 하자 칼을 뽑아 대항하려다 제압되었다는 것이다. 그러나 이는 사관들이 목도한 것이 아니고 남이의 정적이었던 한계순 등이 한 말을 적은 내용이다.

남이가 체포되었다는 보고를 받은 예종은 밤이 깊었음에도 주요 종친들과 대신들을 수강궁 후원 별전別殿으로 급히 모이게 했다. 밀성군 이침과 영순군 이부·영의정 귀성군 이준 같은 종친들과 정인지·정현조 부자·정창손·신숙주·한명회·심회·박원형·조석문曹錫文 같은 세조 때의 구공신들이 대궐로 달려 들어왔다. 시간은 이미 삼경이었다. 예종이 남이에게 물었다.

"네가 근래 어떤 사람을 만났으며 어떤 일에 대해서 말하였느냐?"

이때까지 남이는 자신이 끌려온 이유조차 모르고 있었다. 다만 한명회의 얼굴이 보이는 것을 보고 혹시 한명회의 농간이 아닐까 불안한 마음이 들었다.

"신정보辛井保를 만나 북방의 일을 의논했을 뿐 다른 것은 말한 것이 없습니다."

신정보는 세조 14년 남이가 천거했던 명사수였다.

"어제 오늘 중에 네가 만난 사람이 누구냐?"

남이는 잘 기억하지 못하는 것처럼 한참을 생각했다. 아무리 생각해도 자신이 끌려온 이유를 알 수 없었던 것이다.

"오늘 이지정李之楨의 집에 가서 바둑을 두다가, '북방에 일이 있으면 나라에서 반드시 나를 장수로 삼을 것인데 누가 부장部將을 맡을 만한가?'라고 물은 적이 있습니다."

남이는 전 판관 이지정의 집에서 바둑을 두고 술을 마신 후 나왔다고 말했다. 그제야 유자광의 집에 갔던 일이 생각난 듯 그 이야기를 꺼냈다.

"또 유자광의 집에 가서 이야기하다가 곁의 책상에 《강목》이 있기에 혜성이 나타나는 구절 하나를 보았을 뿐 다른 것은 의논하지 않았습니다."

여기에서 유자광의 고변과 남이의 답변 중 사소한 듯 보이지만 중요한 차이가 발생한다. 유자광의 책상에 《강목》이 있었다는 부분이다. '장군이 반역한다'는 주석을 뽑은 《강목》은 유자광의 책상에 있었던 것이다. 술 취한 남이가 나타나자 슬그머니 《강목》을 갖다 놓았을 수도 있었다. 유자광이 《강목》에 '장군의 반역' 운운한 구절을 보여준 것이었다. 유자광이 남이를 반역으로 꾄 혐의가 있는 것이었다.

예종이 예단을 갖고 있지 않았다면 유자광의 미심쩍은 부분을 읽었을 것이었다. 예종도 남이에게 아무런 혐의를 찾을 수 없었다. 여러 재상에게 국문하게 했으나 마찬가지였다. 그러자 예종은 마지막 패를 꺼냈다. 유자광을 부른 것이다.

"아까 내게 한 이야기를 다시 해 보라."

그제야 비로소 남이는 유자광이 고변한 사실을 알게 되었다. 깜짝 놀란 남이는 머리로 땅을 치면서 억울함을 호소했다.

"유자광이 본래 신을 불쾌하게 생각했기 때문에 무고한 것입니다. 신은 충의지사忠義之士로 평생 남송南宋의 악비岳飛를 자처하였는데, 어찌 이런 일이 있겠습니까?"

악비는 남송이 여진족 금나라의 공격을 받을 때 끝까지 싸우다 억울하게 죽어 한족漢族들에게 충의의 대명사로 여겨지는 장수였다. 남이가 강하게 부인하자 예종은 남이의 측근들을 불러들였다.

순장巡將 민서閔敍가 끌려왔다. 민서는 북방에 야인野人(몽골족과 여진족)이 준동할 경우 남이가 나가서 싸울 것이라고 말했다고 대답했다. 구체적으로 "북방의 성을 쌓지 않은 곳에 느릅나무와 버드나무를 심어서 야인의 충돌을 막는 것이 좋겠다"는 등의 말을 남이가 했다는 것이다. 그런데 민서는 남이가 한명회에 대해서도 언급했다고 자백했다.

"남이가 '천변天變(혜성의 출현)이 이와 같으니 간신이 반드시 일어날 것인데, 나는 먼저 주륙誅戮을 받을까 염려스럽다'고 말했습니다. 신이 듣고 놀라며, '간신이 누구인가?'라고 묻자, '상당군 한명회다'라고 말했습니다."

남이는 세조의 죽음으로 구공신과 신공신 사이에 권력 다툼이 벌어질 것으로 예상하고 있었다. 세조는 죽기 넉 달 전인 재위 14년 5월 구성군 이준과 한명회에게 술을 올리게 하면서 9명의 기생에게 이런 노래를 시켰다.

"누가 원훈元勳인가? 한명회로다. 누가 구훈舊勳인가? 한명회로다. 누가 신훈新勳인가? 귀성군이로다."

구훈이 구공신이고 신훈이 신공신이었다. 구권력과 신권력은 갈등 관계일 수밖에 없었다. 두 권력은 세조가 생존해 있기 때문에 균형이 유지되는 것이었다. 세조의 죽음은 이 균형을 유지할 축이 사라졌음을 뜻하는 것이었다. 남이는 세조의 죽음이 신·구공신 사이의 권력 다툼을 부를 것을 잘 알고 있었다. 문제는 예종의 남이에 대한 악감정이 이런 권력 구조를 냉철하게 바라보지 못하게 막는다는 점이었다. 누군가의 사주를 받은 것이 분명한 유자광은 예종의 이런 감정을 건드린 것이다.

조정을 피로 물들이는 옥사

예종은 남이에게 왜 한명회에 대한 이야기를 했느냐고 물었다.

"한명회가 일찍이 신의 집에 와서 적자嫡子를 세우는 일을 말하기에 그가 난을 꾀하는 것을 알았습니다."

이것은 대단히 중요한 자백이었다. 조선의 종법은 장자가 세상을 떠났을 경우 차자次子가 아니라 장손이 계승하게 되어 있었다. 한명회가 말한 적자는 이미 세상을 떠난 의경세자懿敬世子의 장남 월산대군月山大君을 뜻하는 것이었다. 그가 세조의 장손이었다. 한명회가 예종이 아닌 월산군을 세워야 한다고 남이에게 말했다는 것이다. 이를 듣고 남이는 '그가 난을 꾀하는 것을 알았다'고 답했다. 남이의 말이 사실이라면 중대한 국면 전환을 가져올 수 있었다. 예종이 냉철한 시각을 갖고 있다면 당장 한명회를 국문장 뜰로 끌어내 대질심문을 시켜야 했다.

한명회는 자신의 이름이 언급되자 자리를 피하며 예종에게 요청했다.

"신이 남이의 집에 가서 남이와 말하지 않았으니 대변對辨하게 하소서."

남이와 대질심문하게 해 달라는 뜻이었다. 그러나 예종은 거부했다.

"이는 모두 남이가 꾸민 말이니 족히 분변할 것이 못된다. 경은 자리에 나아가라."

남이에 대해 예단을 갖고 있는 예종은 이 고변의 진상을 가릴 수 있는 중요한 기회를 스스로 박차고 있었다. '적자를 세워야 한다'고 말한 한명회의 혐의는 간단하게 남이가 꾸민 말로 치부되었다.

이날 끌려온 사람 그 누구도 남이가 역모를 꾸몄다고 답하지 않았다. 남이의 측근 이지정은 바른대로 대지 않는다는 이유로 곤장 30대를 맞았다.

"남이가 '만약 올량합兀良哈(여진족)을 치는데 나를 장수로 삼으면, 누구에게 위장을 맡길 만하냐?'고 물었을 뿐입니다."

다음 날도 마찬가지였다. 조영달趙穎達은 남이와 매일 만났으나 모역謀逆하는 말은 듣지 못했다고 대답했으며, 박자하朴自河는 자신이 남이의 집에 가니 '남이가 사람을 시켜 갑옷을 수리했을 뿐'이라고 답했다. 장계지張戒之도 마찬가지였다.

"남이가 일찍이 제게 '용력勇力이 있는 사람이 누구냐?'고 묻기에 신이 모른다고 대답하였고, 남이가 또 '이제 성변星變(혜성의 출현)이 있어 야인이 반드시 일어날 것인데, 내가 쳐서 평정하겠다'고 했습니다. 오직 이 말뿐이었습니다."

변영수卞永壽가 "서는 의술醫術로 남이를 보았을 뿐입니다"라고 대답하자 예종은 그는 물론 아들 변자의卞自義까지 매질했으나 아무 혐의도 찾을 수 없었다. 혹독한 매를 맞았지만 어느 누구도 남이에게 불리한 증언을 하지 않았다. 남이의 첩 탁문아卓文兒는 거듭 고문을 당하자 이렇게 대답했다.

"남이가 국상國喪 성복成服(초상이 나서 처음 상복을 입음. 보통 초상난 지 나흘 되는 날부터 입는다) 전에 고기를 먹었습니다."

남이가 체포될 때 집을 수색하자 부엌에 쇠고기 수십 근이 있었던 것을 말하는 것이었다. 예종이 물었다.

"네가 고기를 먹은 것이 어느 날이냐?"

"신이 병이 있어 국상 7일 뒤에 어미의 명으로 먹었습니다."

역모가 국상 때 고기 먹은 죄로 전락한 셈이었다. 이런 상태로 25일도 지났다. 그러나 예종은 포기하지 않았다. 이번에는 여진 출신의 무장 문효량文孝良이 붙잡혀왔다. 문효량은 바른대로 대지 않는다는 이유로 곤장 50대를 맞았다. 국청의 곤장은 보통 죄인을 심문하는 곤장보다 세 배가 굵었다. 혹독한 매에 못이긴 문효량이 답했다.

"남이가 말하기를, '산릉에 나아갈 때에 중도에서 먼저 두목격인 장상將相 한명회 등을 없애고, 다음으로 영순군·귀성군에게 미치며, 다음에는 승여乘輿(임금)에 미쳐서 스스로 임금의 자리에 서려고 한다'고 하였습니다."

드디어 예종이 원하던 대답이 나온 것이다. 그러나 이는 앞뒤가 맞지 않는 말이었다. 엄중한 경호가 펼쳐지는 국왕의 능행 현장에서 한명회와 종친들과 국왕을 다 죽이고 왕이 되려 했다는 이야기는 현실성이 없었다. 그러나 예종은 원하던 답이 나온 것에 만족해 현실성을 따지지 않았다. 그런데 이때 문효량은 중요한 인물 한 명을 끌고 들어갔다.

재상 중에 함께 모의한 자를 묻자 강순康純이라고 답한 것이다. 예종은 남이의 입에서 한명회에 관한 말이 나왔을 때와는 달리 전 영의정 강순에게 즉각 항쇄項鎖(목에 칼을 씌우는 것)하게 했다. 졸지에 국청 뜰에 결박된 강순은 울면서 호소했다.

"신이 처음에 갑사甲士(국왕 호위 무사)로 외람되게 성은을 입어 벼슬이 극품極品(정1품)에 이르렀으며 또 공신이 되었는데, 무엇이 부족해서 모반하겠습니까?"

강순은 그때 나이 79세의 노인이었다. 그러나 남이와 함께 이시애의 난 때 공을 세워 적개공신 1등에 책봉된 신공신이었다. 예종은 항쇄를 풀게 하고 술을 내려 주며 달랬다.

"내가 어찌 경을 의심하겠는가? 경은 두려워하지 말라."

이런 상태에서 27일이 밝았다. 문효량이 왕이 되려고 했다고 말했으므로 남이는 이미 목숨을 건지기는 틀린 것이었다. 예종은 창덕궁 숭문당崇文堂에 나가 종친과 공신들을 입시하게 하고 뜰로 남이를 끌고 와서 다시 물었다. 그러나 남이의 대답은 한결같았다.

"신은 어려서부터 궁술과 마술馬術을 업으로 삼아 변경에 일이 있으면 먼저 공을 세워 국가를 돕는 것을 뜻으로 삼아왔습니다. 신은 본래 충의지사입니다."

예종이 반문했다.

"네가 '충의지사'라고 일컬으면서 어찌하여 성복 전에 고기를 먹었느냐?"

"병이 들었기 때문에 믹었습니다."

예종은 실체적 진실에 대해서는 관심이 없었다. 전쟁이 일어나면 나가 싸우려 했다는 남이에게 성복 전에 고기를 먹은 것을 추궁하는 것은 국청의 격이 아니었다. 예종이 반역한 이유를 묻자 남이는 그런 사실이 없다고 답했다. 예종은 곤장을 치라고 명했다. 곤장을 맞다 죽어도 개의치 않을 자세였다. 남이에 대한 예종의 악감정을 아는 금부 관원들은 혹독한 매를 내렸다.

곤장을 참던 남이가 드디어 큰 소리로 외쳤다.

"우선 천천히 하소서. 신의 꾀한 일을 말하자면 깁니다. 원컨대 한 잔 술을 주시고 또 묶은 끈을 늦추어 주면 하나하나 진달하겠습니다."

드디어 목숨을 포기하는 순간이었다. 예종은 묶은 끈을 늦추게 하고 술을 내려 주었다. 그러자 남이가 말했다.

"신이 과연 반역을 꾀하고자 하였습니다. 유자광과 더불어 이야기한 말이 모두 옳습니다."

목숨을 포기한 것이었다. 남이는 예종 곁에 늘어선 대신들을 둘러보았다. 그의 시선은 강순에게 멈췄다.

"저 이가 바로 신의 당류입니다."

강순이 다시 끌려 내려왔다. 문효량에 이어 남이까지 강순을 지목했으므로 이번에는 빠져나갈 수 없었다. 강순이 부인하자 예종은 곤장을 치게 했다. 79세의 노인이 곤장을 견딜 수는 없었다.

"신이 어려서부터 곤장을 맞지 아니하였는데, 어찌 참을 수 있겠습니까? 남이의 말과 같습니다."

그리곤 곧 남이를 돌아보며 꾸짖었다.

"내가 어찌 너와 더불어 모의하였느냐?"

"영공令公(영의정)이 말하지 아니하였다고 하시오? 나와 같이 죽는 것이 옳소. 영공은 이미 정승이 되었고 나이도 늙었으니 죽어도 후회가 없을 것이나, 나 같은 것은 나이가 겨우 스물여덟인데 진실로 애석하오."

인조 때의 문신 박동량朴東亮이 쓴 《기재잡기寄齋雜記》에는 이 상황이 더 생생하게 실려 있다. 심한 형벌로 정강이뼈가 부러지자 남이가 강순을 끌어댔다는 것이다. 남이는 웃으면서 강순에게 말했다.

"내가 자복하지 않은 것은 뒷날에 공을 세우려 한 것인데, 지금 정강이뼈가 부러져 쓸모없는 몸이 되었으니 살아 있은들 무엇 하겠소? 나 같이 연소한 자도 죽는 것이 아깝지 않은데 머리털이 허옇게 센 노인은 죽는 것이 마땅하오. 그래서 내가 고의로 끌어댄 것이오."

광해군 때 김시양金時讓이 쓴 《부계문기涪溪聞記》에도 이때의 이야기가 전한다.

강순이 "남이야, 네가 나에게 무슨 원한이 있기에 나를 무함하느냐?"라고 묻자 태연하게, "원통하기는 나나 당신이나 마찬가지요. 당신이 수상이 되어 나의 원통함을 알면서도 한 마디도 구원해 주지 않았으니 원통히 죽는 것이 당연하오"라고 답했다. 그러자 강순이 묵연히 답변하지 못했다는 것이다. 《부계문기》는 아직도 남이가 죽은 죄명이 진짜인지 가짜인지 판별할 수 없다고 덧붙이고 있다. 그만큼 무리수가 많은 옥사였다.

예종이 강순에게 당여를 묻자 없다고 답했다. 또다시 곤장을 치라고 명하자 강순이 항변했다.

"신이 어찌 매질을 참을 수 있겠습니까? 만약 좌우의 신하를 다 당여라고 하여도 믿겠습니까?"

예종은 실체적 진실을 밝히기보다 남이에 대한 원한을 푸는 데 관심이 있었다. 일단 남이가 시인했기 때문에 그와 친한 사람들은 벗어날 길이 없었다. 10월 27일 예종은 백관을 모으고 남이·강순과 문효량·조경치曺敬治 등을 능지처사에 처하고 그 목을 7일 동안 효수梟首(목을 베어 높은 곳에 매달아 놓음)시켰다.

남이는 이미 죽었지만 그 후에도 예종은 남이와 조금이라도 친했던 인물이면 모두 죽였다. 남이가 여진족 건주위建州衛를 칠 때 종사관이었던 조숙趙淑은 혹독한 고문을 받았으나 혐의를 인정하지 않았다. 고문으로 죽을 지경이 되자 조숙은 크게 외쳤다.

"한 충신이 죽는다."

조숙의 절규를 들은 예종은 홍윤성에게 말했다.

경기도 화성에 있는 남이의 묘

이시애의 난을 토벌하고 서북변의 건주위를 정벌했던 남이는 그를 정치적 라이벌로 생각하던 예종에 의해 억울한 죽음을 맞았다.

"남이의 당류는 씨도 남길 수 없다."

홍윤성이 동조했다.

"조숙은 유자儒者이면서 활을 잘 쏘는 자인데, 남이가 반란을 일으키면 이 무리가 반드시 도울 것이므로 결단코 남길 수 없습니다."

홍윤성도 구공신의 핵심 세력이었다. 예종은 조숙을 처참處斬한 다음 이렇게 말했다.

"종사의 계책을 위해서 엄하게 처벌하지 않을 수 없으니 참형된 사람의 부자는 모두 사형으로 연좌하라."

그 부친과 자식들도 모두 죽이라는 뜻이었다. 남이에 대한

서울 용강동 사당에 있는 남이 장군의 모습

남이의 죽음은 민초들에게 전해지면서 여러 가지 설화를 남겼다. 유자광은 남이가 여진 토벌 때 읊은 시 "白頭山石磨刀盡/ 豆滿江水飮馬無/ 男兒二十未平國/ 後世誰稱大丈夫" 속의 미평국未平國나라를 평정하지 못함이라는 글귀를 미득국未得國나라를 얻지 못함으로 조작했다고 한다. 1818년(순조 18) 우의정 남공철南公轍의 주청으로 강순과 함께 관작이 복구되었다.

예종의 분노는 그칠 줄을 몰랐다. 그러자 예종의 분노를 이용하는 인물들이 생겨났다. 장용대壯勇隊의 오마수吳麻守가 같은 장용대 소속의 진소근지陳小斤知·맹불생孟佛生·이산李山이 남이와 모의했다고 고발한 것이다. 곧 체포해 물었으나 불복하자 형벌을 가했다. 형벌에 못 이겨 시인하면 곧 처참당하는 것이었다. 진소근지는 고문에 못 이겨 같은 장용대 사람 노무들 끌어대 수십 명이 삼혀났다. 예송은 신숙수·한명회·구

거대한 음모의 희생자

치관 등에게 이렇게 말했다.

"내가 지금 상중에 있으므로 사람을 형벌하기를 즐기지 않지만 사직의 계책으로 역당을 엄하게 다스리지 않을 수 없다. 모름지기 끝까지 물어 형벌에 처해 죽임으로써 죽임을 그치게 하는 것이 좋다."

"죽임으로써 죽임을 그치게 하는 것이 좋다〔殺以止殺可〕"는 말은 정상적인 사고를 가진 사람의 입에서는 나올 수 없는 말이었다. 사람 죽이기를 능사로 여겼던 부친의 피가 예종에게도 흐르고 있었다. 예종은 재위 1년(1469) 3월 원상院相 최항崔恒에게 엄격한 법 집행에 대한 전교를 내렸다.

"임금이 법을 세운 것은 반드시 행하려고 하는 것이므로 죄를 범한 사람은 용서할 수 없다. 그러나 근래에 형벌을 받는 사람이 자못 많아서 바깥의 어리석은 백성들은 다만 사람을 형벌하는 것만 듣고 나를 가지고 새로 임금이 되어 함부로 형벌한다고 하는 자가 반드시 있을 것이니, 내가 깊이 근심한다. 중외中外(나라 안팎)에 교시하여 어리석은 백성으로 하여금 내 뜻을 자세히 알게 하고자 한다."

남이를 제거한 예종은 크게 흡족했다. 남이를 능지처참한 다음 날 예종은 역모를 다스린 공로로 37명의 익대翊戴공신을 책봉했다. 1등 공신은 다섯 명이었는데 고변자인 유자광과 신숙주·한명회·환관 신운·우부승지 한계순이었다. 이상한 공신 책봉이었다. 고변자인 유자광과 남이를 체포하러 갔던 한계순과 신운은 그렇다고 쳐도 아무런 공이 없는 신숙주와 한명회가 1등 공신에 책봉된 것은 납득할 수 없는 일이었다. 신숙주와 한명회의 1등 공신 책봉은 남이 옥사의 배경을 스스로 말해 주는 셈이었다. 한명회와 신숙주가 남이의 제거에 대해 예종과 사전

교감을 나누었다는 뜻이다. 한명회와 같은 청주 한씨인 한계순과 환관 신운은 단지 남이를 체포해 왔다는 사실 외에도 예종과 한명회 같은 구공신 사이의 의사 전달 통로를 맡았을 가능성이 높다. 남이는 섣불리 구공신에 맞섰다가 비참하게 제거된 것이다.

한명회가 남이를 제거한 것은 단순히 정적을 제거하기 위한 것만이 아니었다. 경제적 배경도 개입되어 있었다. 예종 1년(1469) 1월 10일 한명회는 느닷없이 남이 등의 처첩들을 내려 달라고 주청했다.

"난신의 처첩과 자녀를 공신에게 주어 노비로 삼는 것은 율문律文에 기재되어 있는 바이며, 세조조에도 그 처첩과 자녀 및 전지를 다 공신에게 주었으니 지금의 난신의 처첩도 공신들에게 나누어 주소서."

세조가 계유정변 관련자들과 사육신 등 상왕 복위 기도 사건 관련자들의 부녀자를 공신들에게 나누어 준 것처럼 나누어 달라는 말이었다. 사흘 후인 1월 13일 한명회의 주청대로 다시 한 번 부녀자들이 배분되었다.

강순의 아내 중비仲非와 민서의 첩의 딸 민말금閔末今은 유자광이, 강순의 첩 월비月非와 변자의卞自義의 첩 딸 변소앙가卞召央加는 신숙주가, 남이의 딸 남구을금南求乙金과 홍형생洪亨生의 첩 약비若非는 한명회가, 남이의 첩 탁문아卓文兒는 신운申雲이, 강순의 첩 심방心方은 한계순이 차지하는 등 40여 명의 부녀자들은 다시 공신들의 노비나 노리개로 전락했다. 뿐만 아니라 2월 7일에는 나머지 관련자의 부녀자 34명을 종친과 대신들에게 내려 주었다.

한명회가 남이 등의 처첩들을 나누어 달라고 요구했다는 것은 남이 옥사의 배후가 자신임을 시인한 셈이었다. 한명회와 달리 신공신 강순

은 끝내 죽고 말았다는 점도 마찬가지다. 남이의 옥사는 한마디로 구공
신 세력의 신공신 토벌 작전이었다. 예종은 신공신이 살아 있어야 구공
신을 견제할 수 있다는 권력의 기본 속성을 무시한 채 남이에 대한 증
오로 옥사를 처리했다.

왕실 모독죄로 죽어 간 김초

남이와 강순 등이 진상조차 불분명한 상황에서 죽어 갔지만 옥사는 계
속되었다. 예종 1년(1469) 8월에는 김초金軺의 옥사가 발생했다. 옥사의
발단은 첩 다툼이었다. 김초는 경상도 도사로 있을 때 안수의安修義의
첩의 딸을 첩으로 삼았다. 그 후 벼슬이 갈리게 되자 훗날 데려가겠다
면서 옷을 정표로 주었는데 안동 부사 한치의가 빼앗아 첩으로 삼았다.
분한 생각이 든 김초는 홧김에 행상호군行上護軍 이철견李鐵堅에게 불평
을 토로했는데, 이것이 사건의 발단이었다.

"나는 먼 바닷가의 의지할 데 없는 가난뱅이요, 한치의는 서울의 벌
열閥閱(세도가)이다. 문벌이 같지 않으니 빼앗는 것도 당연하겠지만 나는
과거 급제 출신으로 다른 길로 벼슬하지 않았고, 한치의는 그 누이를 팔
아서 재상 자리에까지 올랐으니 누가 어질고 누가 어질지 않은가?"

홧김에 한 말이지만 '누이를 팔아서' 운운한 것은 실수였다. 한치의
의 누이가 사망한 의경세자의 부인 한씨(훗날의 인수대비仁粹大妃)였던
것이다. 이철견이 한치의의 발언이 불공不恭한 데 관계된다고 고발하면

서 옥사가 시작되었다. 김초로서는 상대를 잘못 고른 셈이었다. 한치의
의 집안은 한명회 못지않은 명가였다. 한치의의 부친이 바로 한확韓確
이었던 것이다. 한확은 수양이 김종서를 때려죽이고 책봉한 정난 1등
공신이었고, 세조 즉위 후 책봉한 좌익공신도 1등이었다. 딸이 세조의
며느리인 국왕의 사돈인데다 누이 둘이 명나라 성조成祖과 선종宣宗의
후궁이었다. 이런 배경으로 그는 수양대군이 단종의 왕위를 빼앗은 것
을 명나라가 인정하게 하는 데 중요한 역할을 담당했다. 한확은 사신의
임무를 마치고 돌아오는 길에 사하포沙河浦에서 죽었으나 세조는 재위
내내 그 아들들을 최고 공신으로 대우했다. 한치의는 이런 부친의 음덕
으로 과거에 급제하지 못하고 음보蔭補(조상의 덕으로 벼슬을 얻음)로 벼
슬에 나와서 예종 1년에는 서른 살의 젊은 나이로 종2품 경상좌도 절
도사까지 승진했던 것이다.

그러나 한치의에게 첩을 빼앗긴 분노로 김초는 앞뒤 가리지 않고 비
난했다.

"만약 문벌이 좋다고 내 첩을 빼앗았다면, 정승·왕자·왕손 같은
이들은 남의 아내나 첩을 수없이 빼앗을 수 있을 것이다. 한치의가 비
록 정승의 아들이요, 수빈粹嬪(의경세자 비)의 아우지만 나를 이렇듯 천
시해서는 안 될 것이다."

계유정변과 사육신 사건 관련자들, 그리고 남이의 옥사 관련자들의 부
녀자들을 나누어 가진 것에 대한 비난으로 읽혀질 수 있는 발언이었다.

나아가서 김초는 이철견에게 "발설할 수 없는 일이 있다"고 말했다.
궁금해진 이철견이 묻자 김초는 속에 감추어 두었던 말을 꺼냈다.

"우리 집안은 부조父祖 이래로 누이를 팔아서 관직 하나라도 얻은 사

람이 없다."

김초가 다른 사람도 아닌 이철견을 대상으로 이런 불만을 토로한 것은 실수였다. 이철견도 한치의와 마찬가지로 외척이었기 때문이다. 이철견의 모친 윤씨는 세조 비 정희왕후貞熹王后의 동생으로서 그 역시 문음門蔭(공신이나 전·현직 고관의 자제를 과거에 의하지 않고 관리로 채용하던 일)으로 벼슬에 나온 인물이었다.

이철견의 고발을 들은 예종은 밤이 깊었는데도 의금부에 가두라고 명했다. 곧 국청이 설치되어 국문이 시작되었다. 예종이 승정원을 시켜 김초에게 물었다.

"네가 '정승·왕자·왕손이 남의 아내나 첩을 장차 수없이 빼앗을 것이다'라고 말했는데, 너는 누가 남의 처나 아내를 빼앗은 것을 보았느냐? 또 왜 한치의가 누이를 팔아서 관직을 받았다고 말하였느냐?"

막상 의금부에 갇히자 김초는 말이 궁색해졌다.

"한치의는 정승의 아들이요, 수빈의 아우로서 신의 첩을 빼앗았으니, 사람들이 다 이와 같다면 왕자·왕손·정승으로서 남의 처첩을 빼앗는 자도 수없이 많을 것이라는 뜻이지 남의 처첩을 빼앗은 자를 보고서 말한 것은 아닙니다."

세종 같으면 첩을 빼앗긴 원망 때문에 생긴 실수로 생각하고 유배형 정도로 끝났을 것이다. 그러나 예종은 세종이 아니었다. 예종은 이 사건을 왕실을 능멸한 사건으로 처리했다. 김초는 사지가 찢겨 죽는 능지처사를 당했으며 아들은 교수형을 당하고, 처첩과 딸 및 여종은 관노로 전락했다. 가산도 다 빼앗겼다. 첩을 빼앗긴 홧김에 한 말실수 때문에 김초는 멸문지화를 당한 것이다. 예종에게 걸리면 용서가 없었다.

부자가 동시에 처형당하는 날 아들이 김초를 돌아보며 말했다.

"이제는 여색을 좋아하는 폐해를 아셨습니까?"

김초는 눈물을 흘리며 아무 대답을 못했다. 김초는 형장에 도착하자 좌우에 늘어선 재상들을 부르며 외쳤다.

"나는 죄가 없다."

사실 김초의 죄는 첩을 빼앗기고 홧김에 말실수한 것뿐이었다. 그러나 예종은 왕실 모독죄로 처리했다. 예종에게 왕실은 고귀한 존재였다. 불만이 있다고 함부로 입을 올릴 수 있는 대상이 아니었다.

대납을 금지시키다

즉위년 10월 4일 분경 금지 조처로 공신들의 인사권 개입을 차단한 예종은 그달 16일에는 세금의 대납代納을 금지시켜 다시 한 번 공신들을 경악케 했다.

"대납은 백성들에게 심하게 해로우니, 이제부터 대납하는 자는 공신·종친·재상을 물론하고 곧 극형에 처하고, 가산은 관에 몰수한다. 공사公私 모두 대납을 금한다."

대납은 세조가 공신들에게 막대한 경제적 이득을 보장함으로써 자신에게 충성하도록 한 제도였다. 대납이란 타인이 먼저 서울에 올라와 세금을 선납하고 지방에 내려가 백성들에게 그 값을 징수하는 것이었다. 문제는 가징 직세 받는 경우가 배징倍徵, 곧 두 배였고, 보통 서너 배는 기본이었다. 대납은 백성들에게 부과된 세금보다 몇 배 이상의 세금을 내야 한다는 것을 의미했다. 세조는 토지세인 전세田稅과 지방 특산물을 납부하는 공납貢納 모두에 대납을 허용했다.

불교를 신봉했던 세조는 불경을 간행하는 간경도감刊經都監에게도 대납의 권한을 주었는데, 간경도감에는 심지어 남에게 돈을 빌려 선납하는 것까지 허락했다. 남에게 빌려 세금을 선납한 후 백성들에게 몇 배로 징수하게 법적으로 보장한 것이었으니 악정도 이런 악정이 없었다. 대납은 세조가 공신과 종친들에게 막대한 경제적 이득을 보장함으로써 자신을 지지하게 한 제도였다. 공신과 종친들은 고을 전체 세금을 선납하고 몇 배의 이익을 보았다. 백성들은 그만큼 악정에 신음할 수밖에 없었으나 공신들에게는 막대한 부를 쌓는 원천이었다. 바로 이 대납을 금지시킨 것이었다. 그러나 막대한 이익을 창출하는 대납이 쉽게 없어질 수는 없었다.

예종은 10월 21일에는 어찰을 내려 더 강경한 자세를 취했다.

"이제 대납을 금했는데도 수령이 전과 같이 받아들인다면 더욱 가혹한 것으로써 능지凌遲함이 가하다."

수령이 전처럼 대납을 허용하면 사지를 찢어 죽이겠다는 선포였다.

공신들은 지방 수령에게 한 고을의 세금 전액을 대납하겠다고 요구했다. 공신들이 인사권을 장악하고 있었으므로 수령들은 거부할 수 없었다. 대납을 거부하는 백성들에게는 곧 매질이 가해졌으니, 국가 기관이 아니라 법 위의 공신 집단이 매질로 통치하는 셈이었다. 세조 7년(1461) 3월 세조는 "근자에 효령대군과 충훈부(공신 관할 부서)에서 공물 대납 전에 그 값을 먼저 거두게 해 달라고 청했다"고 밝혔다. 세금을 선납하고 후에 거두는 대납도 백성들의 고통이 막심한데, 먼저 서너 배의 세금을 받아 그 중 일부를 떼어 세금으로 내겠다는 것이었다. 백성들이 살아갈 방도가 없었다.

대납으로 말미암아 권세가들은 구하는 바를 얻지 못하는 것이 없었고, 하고자 하는 바를 이루지 못함이 없었다. 이와 같은 일이 해마다 그치지 아니하여 여염에서 고통스럽게 여기고, 백성들이 살아갈 수가 없었다.

-《예종실록》1년 1월 27일

이런 대납을 금지시키자 백성들은 환호했다. 《예종실록》이 "임금이 즉위 초에 먼저 대납의 폐단을 제거하니, 선정으로서 무엇이 이보다 크겠는가?"라고 칭찬한 것은 이 때문이다. 그래도 대납이 그치지 않자 예종은 "앞으로 대납하는 자는 참형에 처하겠다"는 방까지 붙이게 했다.

그러나 이듬해 1월 27일 호조에서 "이미 대납하고도 값을 다 거두지 못한 자는 기한을 정해 거두도록 하자"고 요청하자 그대로 따랐다. 공신들의 기득권을 윤2월 그믐까지 한시적으로 인정한 것이었다. 《예종실록》은 예종의 후퇴에 실망하는 사관의 논평을 싣고 있다.

"임금이 즉위 초에 특별히 대납을 없애게 했으므로 중외에서 매우 기뻐하였는데, 이때에 이런 명령이 있자 백성들의 바람이 조금 이지러졌다."

한발 물러섰지만 대납 허용은 한시적인 조치였다. 대납 금지는 공신들로서는 매년 당연한 것으로 여겨 오던 막대한 수입을 포기해야 한다는 것을 뜻했다. 공신들로서는 분경 금지 소지 이상으로 심각한 문제였다.

예종은 절대왕권을 추구했다. 비록 대간일지라도 왕권에 조금이라도 저촉되면 용서하지 않았다. 재위 1년(1469) 3월 지평 조익정趙益貞이 사헌부의 장무관掌務官으로서 올린 상소가 문제가 되었다. 사헌부 집의 김계창金季昌이 쓴 상소지만 조익정이 담당자로서 올린 상소였다. 조익정은 남이의 난을 평정한 익대공신 3등으로서 강순의 첩의 딸 귀덕貴德을 차지한 인물이었다. 상소 중에 "아름답고 밝은 정치가 점점 처음과 같지 못하다"는 말이 있었다. 조익정은 상소를 올리기 전 이 구절을 보고 우려를 표시했다.

"주상이 즉위한 지 오래되지 않았는데 '점점 처음과 같지 못하다'고 하였으니, 마땅하지 못할까 두렵다. 삭제하는 것이 어떠하겠는가?"

그러나 대사헌 송문림宋文琳이 그대로 올리라고 명해서 조익정은 할 수 없이 올렸다. 과연 예종은 이 구절을 지나치지 않았다.

"이 구절이 무슨 뜻인가?"

조익종이 변명했다.

"상소는 집의 김계창에게서 나왔고 신은 장무관으로서 올린 것뿐입니다."

예종은 의금부 낭관에게 각종 형장을 가져오라고 명령했다. 군교들과 의금부 낭관이 형장을 가지고 도착하자 사헌부 관리들은 벌벌 떨었다. 그러나 예종은 사헌부 관리들에게 형장까지 가하지는 않았다.

"내가 만약 장신杖訊(곤장을 치며 심문함)하면 사람들은 내가 간하는 말을 거절한다고 이를 것이므로 하지 아니한다. 사헌부 관리를 파직하고 종신토록 서용敍用(면직되었던 사람을 다시 벼슬자리에 등용함)하지 말라."

공신 출신 언관의 상소를 이렇게 대하는 것에 공신들은 놀랐다. 예종은 다시 조익종을 불러 물었다.

"너는 별로 공이 없는데 공신이 되었으니 그대로 두든지 삭탈하는 것이 내게 달려 있다. 무릇 남의 불초한 일이 있으면 먼저 나에게 고하는 것이 도리에 마땅한데 부화뇌동했으니 어찌 된 일이냐?"

조익정은 아무 대답도 하지 못했다. 예종이 다시 물었다.

"상소 가운데, '유사有司를 좇아 처리하소서'라고 하였으니, 유사는 누구인가? 이는 반드시 너희들이 대신에게 아부하는 것이다. 사실대로 말하라. 만약 숨기면 마땅히 상소를 초한 자를 현륙顯戮(죄인을 죽여 시신을 구경시킴)하여 임금을 속인 죄를 널리 보이겠다."

예종이 '점점 처음과 같지 못하다'라는 대목보다 더 분노한 부분이 바로 이 대목이었다. '유사를 좇으라'는 말을 대신들의 말에 따르라는 말로 해석한 것이다. 대신에게 아부한 것이 아니냐고 추궁하자 다급해진 대사헌 송문림 등이 대답했다.

"유사의 의견에 따른다는 것은 법에 따라 하는 것을 이른 것이지 한 사람을 가리킨 말이 아닙니다."

그러자 예종은 송문림 등을 임금을 속인 죄로 처벌하라고 명했다. 신하로서 임금을 속인 죄는 사형이었다. 상황은 긴박하게 돌아갔다. 그러나 예송은 잠시 후 다시 전교를 내렸다.

"너희들에게 죄를 주면 언로言路가 막힐 것이므로 관대한 법에 따라 단지 파직만 시킨다."

예종은 공신적功臣籍에서 조익정을 삭제했다. 그 후 조익정의 공신적을 다시 돌려주었지만 공신들은 이 조치를 불쾌하게 여겼다. 그들에게 공신적은 국왕 마음대로 뗐다 붙일 수 있는 게 아니었다. 공신에 대한 예종의 공격은 4월에도 계속되었다.

"금후로는 무릇 군무軍務를 잘못 조치한 데에 관련된 자는 공신이나 의친議親(임금의 친척)을 물론하고 죄를 주게 하라."

같은 달에는 양인을 억압하여 천인이 되게 한 자는 종친 · 재신 · 공신이라도 본율本律에 의거하여 처벌하자는 사헌부의 건의를 그대로 받아들였다. 양민을 천민으로 만든 자는 교수형에 처하게 되어 있었다. 5월에도 공신들에 대한 공세는 계속되었다. 예종은 이달 8도 관찰사에게 전교를 보냈다.

"관찰사의 소임은 본래 한 도를 통찰하는 것인데, 지금은 공신 · 의친 · 당상관에 구애된다. …… 이제부터 관찰사는 수령守令 · 만호萬戶 · 찰방察訪 · 역승驛丞 등으로서 탐오貪汚하고 불법한 일로 민생에 해를 미치는 자는 공신 · 의친 · 당상관을 논할 것 없이 아울러 모두 직단直斷(지시를 기다리지 않고 즉시 처리함)하여 가두고 국문하게 하라."

예종은 공신의 특권을 인정하지 않겠다는 뜻을 거듭 밝혔다. 5월 29일에는 "탐오하여 백성을 학대하는 수령과 만호는 공신 · 의친 · 당상관을 논하지 말고 가두어 국문해서 아뢰라"고 명했다.

물론 예종도 공신이 죄를 지으면 특별히 용서하는 등 공신에 대한 예우를 모두 폐지한 것은 아니었다. 그러나 세조 때에 비하면 공신들의 특권은 상당 부분 사라진 셈이었다. 예종은 국왕 위의 특권 계급을 인정하지 않았다. 그는 부왕이 공신들과 맺었던 동지 관계 같은 것은 사라져야 한다고 생각했다. 모든 권력은 왕의 입에서 나와야 한다고 생각한 것이다.

세조는 예종이 세자일 때 《통감通鑑》은 어느 시대의 것을 읽느냐?"

고 물은 적이 있었다.

"한漢나라 헌제獻帝 때를 읽고 있습니다."

헌제는 후한의 마지막 황제로서 그때 망하면서 위魏·촉蜀·오嗚의 삼국시대로 접어들게 된다.

"헌제 때 한나라가 왜 망하였느냐?"

"참소와 아첨이 행하여져 위엄과 권세가 점점 신하에게로 옮겨졌고, 오늘의 편한 것만 알고 후일의 위태할 것을 생각하지 아니하여 기강이 무너진 때문입니다."

세자의 대답에 세조가 기뻐했다.

"옳다. 한의 시조가 여러 신하와 더불어 한 마음으로 협력하여 대업을 창설하였는데, 자손이 점점 안일과 오락에 빠지고 여러 신하들도 각각 스스로 편한 것만 취하였기 때문에 망한 것이다."

'위엄과 권세가 점점 신하에게로 옮겨져서' 망했다는 것이 예종의 역사 인식이었다. 지금의 조선이 그런 상황이었다. 위엄과 권세는 공신들이 독차지하고 있었다. 그런 권세와 위엄을 국왕이 다시 빼앗겠다는 것이었다. 이는 공신들에 대한 선전포고였다.

예종의 갑작스러운 죽음

이렇게 공신들을 상대로 공세를 올리던 예종의 미래는 그리 길지 못했다. 재위 1년(1469) 11월 28일. 이날의 실록은 예종의 와병臥病 기사로 시작

예종이 죽음을 맞은 자미당 터

조선의 8대 임금 예종은 이곳 자미당 터에서 갑작스러운 죽음을 맞는다. 오래된 공신 세력들과 대립각을 세우고 있었다는 점에서 그는 거대한 음모의 희생자일 가능성이 있다.

한다.

"임금의 병이 위급하므로, 좌부승지 한계순과 우부승지 정효상丁孝常을 내불당內佛堂에 보내어서 기도하게 하였다."

다음으로 승지 및 전·현직 정승과 의정부·육조의 당상관이 문안하는 기록이고, 다음으로 죄인을 방면하고 여러 도의 명산대천에 기도하는 기록이다. 그리고 다음 기록이 예종이 진시辰時(오전 7시~9시)에 자미당紫薇堂에서 사망했다는 기록이다. 느닷없는 죽음이었다.《예종실록》1년 11월 28일자의 한 기사는 의미심장하다.

신숙주 · 한명회 · 구치관 · 최항 · 조석문과 영의정 홍윤성 · 좌
의정 윤자운 · 우의정 김국광 등이 승정원에 모였다.

예종이 죽은 당일 이들은 승정원에 모여 있었다. 아마
도 원상이기 때문에 모였을 것이다. 세조는 사망 1년 전인
재위 13년(1467)에 원상제院相制를 실시했다. 백옹白顒 · 황
철黃哲 등의 명나라 사신이 오자 신숙주 · 한명회 · 구치관
등에게 승정원에 나가 집무하게 한 것이 원상제의 시초인
데, 사신이 돌아간 후에도 계속 유지되었다. 왕명을 출납
하는 승정원에 실세 공신들이 출근해서 업무를 보는 것이
니 권한이 막강했다. 예종 즉위 직후 원상은 앞의 세 명 외
에 박원형 · 최항 · 홍윤성 · 조석문 · 김질 · 김국광 등 9
명으로 늘어난다.

예종 즉위 직후의 원상 명단과 예종 사망 당일 승정원에 모인 대신
들의 명단은 조금 다르다. 예종 즉위 직후의 원상 중 박원형과 김질이
탈락하고 있는 것이다. 왜 이들만 승정원에 모였을까? 조금 앞의 기록
은 "승지 및 전 · 현직 정승과 의정부 · 육조의 당상관이 문안했다"는
것이다. 모든 주요 대신들이 모여 문안했는데 승정원에 모인 명단에는
전직 정승 다수와 육조의 장 · 차관이 모두 빠져 있다. 이들은 분명 다
른 연락 체계를 가지고 따로 승정원에 모여 있었던 것이다. 이들에게
임금의 명을 전하는 사알司謁이 대궐 안에서 나와 고했다.

"승지 등은 사정전에 가도 좋소."

승지와 원상 등이 모두 사정전 문 안으로 나아갔다. 사정전 안으로

들어가자 임금의 명을 전하는 승전 환관 안중경이 대궐 안으로부터 나왔다. 그는 이미 "아이고! 아이고"라고 곡읍哭泣하면서 나오고 있었다. 그가 입을 열어 상황을 전했다.

"성상께서 훙하셨습니다."

느닷없는 부고였다. 적어도 표면적으로는 이날 아침까지 누구도 예종이 사망할 것이란 낌새를 찾을 수 없었다. 《예종실록》은 이 소식을 듣고 "모든 재상들도 실성하며 통곡하였다"라고 전하지만 그 후의 일처리를 보면 결코 실성한 것이 아니었다. 이날 누군가에 의해, 아니면 자의적으로 승정원에 모인 '여덟 명'의 행보는 의미심장하다. 느닷없이 국왕의 죽음을 통보받은 신하들의 행보는 아니었다. 예종이 죽었다는 이야기를 듣고 겸판서 신숙주가 도승지 권감權琛과 함께 예종이 승하한 자미당에 들어갔다가 나왔다. 입직한 도총관 노사신이 대궐문 안으로 들어오자 모든 재상들이 노사신과 의논해 위사를 풀어 궁성의 모든 문을 굳게 지키게 했다. 다음 순간 신숙주가 도승지 권감에게 일렀다.

"국가의 큰일이 이에 이르렀으니, 주상主喪은 불가불 일찍 결정해야 한다."

국상의 주상은 차기 임금이었다. 빨리 차기 임금을 결정해야 한다는 말이었다. 문종이 승하할 때 그랬던 것처럼 이때도 도승지 권감의 활약이 돋보인다. 권감은 정인지의 아들인 하성군河城君 정현조를 시켜 태비 정희왕후 윤씨에게 이 문제를 아뢰게 했다. 정현조는 세조의 딸 의숙공주懿淑公主와 혼인한 하성위로서 정희왕후의 사위였기 때문이다.

"주상자主喪者를 정해서 나라의 근본을 굳게 하기를 청합니다. 이것은 대사이므로 중사中使(내시)를 시켜 전달할 수 없으니 친히 아뢸 것을 청합니다."

《예종실록》은 이때 정희왕후의 사위 정현조가 들어가 직접 아뢴 다음 서너 번 왕복하면서 출납出納했다고 전한다. 여덟 명의 원상과 도승지 권감, 그리고 정현조가 예종 급서 후의 사태를 장악하고 있는 것이었다.

이윽고 태비 정희왕후 윤씨가 강녕전 동북쪽 편방便房에 나와서 원상과 도승지를 불러 들였다. 신숙주·한명회 등 여덟 명의 재상들이 들어오고, 승지 한계희·임원준 등은 예종의 시신이 모셔져 있는 자미당에서 편방으로 들어왔다.《예종실록》은 "태비가 슬피 울었다"고 기록하고 있으나 갑자기 아들이 세상을 떠난 어머니의 슬픔으로 여겨지는 대목은 아니다. 조금 지나자 신숙주가 정희왕후 앞에 처음으로 입을 열었다.

"신 등은 밖에서 다만 성상의 옥체가 미령未寧하다고 들었을 뿐이고, 이에 이를 줄은 생각도 못했습니다."

바로 이것이 문제였다. 밖에서는 아무도 예종이 이날 갑자기 죽을 것으로 예상하지 못했다. 그러나 이 자리에 모인 원상이나 도승지, 그리고 정희왕후나 정현조 등은 너무도 태연했다. 신숙주의 말을 들은 정희왕후가 상황을 설명했다.

"주상이 앓을 때에도 매일 내게 조근朝覲하였으므로, 내가 '병이 중하면 어찌 이렇게 하겠느냐?'라고 생각하며 크게 염려하지 않았는데, 이제 이에 이르렀으니 장차 어떻게 하겠느냐?"

자신에게 매일 문안하므로 예종의 병이 심하지 않은 줄 알았는데 갑자기 세상을 떠났다는 말이었다. 자신도 몰랐다는 말이다. 아들이 갑자기 급서했으면 혼절이라도 해야 하는데 정희왕후는 너무 침착했다. 그녀는 곧바로 사위 정현조와 도승지 권감을 시켜 여러 재상에게 두루 물었다.

"누가 주상자로서 좋겠느냐?"

아들이 죽은 슬픔은 어느덧 가신 듯한 말이었다. 누가 임금으로 좋겠느냐는 말이었다. 그녀의 관심은 이미 죽은 아들이 아니라 누가 후사가 되느냐는 것이었다. 신하들이 답할 문제가 아니었다. 또한 사전 조정 작업이 있지 않고서 신하들에게 물을 질문도 아니었다.

"신 등이 감히 의논하거나 비교할 바가 아니니, 원컨대 전교를 듣고자 합니다."

정상적인 절차라면 둘 중 한 명이 되어야 했다. 한 명은 예종의 장자인 제안대군齊安大君이었다. 그러나 그는 불과 네 살이었다. 나이 때문에 제안대군이 될 수 없다면 당연히 고故 의경세자의 장남이자 세조의 장손인 월산군 이정李婷이 되어야 했다. 단종 2년(1454) 태어난 월산대군은 이때 열여섯 살이었다. 제안대군이 될 수 없다면 "원자가 어리므로 세조의 장손인 월산군을 후사로 삼고자 한다"라고 말해야 했다. 그러나 정희왕후는 망설이는 기색도 없이 사위 정현조를 통해 놀라운 전교를 전했다.

"이제 원자가 바야흐로 어리고, 또 월산군은 어려서부터 병에 걸렸으며, 자을산군者乙山君이 비록 어리기는 하나 세조께서 일찍이 그 기국과 도량을 칭찬하여 태조에 비했으니 그를 주상으로 삼는 것이 어떠한가?"

제안대군과 월산군을 모두 배제하는 것이었다. 자산군(자을산군)은 세조 3년(1457)에 태어났으니 이제 열세 살이었다. 열여섯 살의 장손인 월산대군을 제치고 열세 살의 차손次孫을 왕으로 선정한 것이었다.

정상적인 상황이라면 여기저기에서 비명이나 신음소리가 터져 나와야 했다. 그러나 마치 그럴 줄 알았다는 듯 한결같이 입을 열어 대답했다.

"진실로 마땅합니다[允當]."

더 이상한 것은 신숙주의 태도였다. 자을산군을 후사로 결정한 정희왕후가 슬피 울자 "슬픔을 조금 누르시라"고 권하더니 의외의 주청을 한다.

"외간外間은 보고 듣는 것이 번거로우니, 사정전 뒤뜰로 나가서 일을 의논하고자 합니다."

이 자리에서 보고 들을 사람은 사관밖에는 없었다. 이는 사관의 눈과 귀가 두려우니 사관이 없는 사정전 뒤뜰로 나가서 의논하겠다는 말이었다. 이날 갑자기 예종이 죽고, 정희왕후가 자산군을 차기 왕으로 정하고, 기다렸다는 듯이 원상들이 이를 받아들이더니, 그 후속 조치를 논하는 것은 사관들의 눈을 피해 뒤뜰에서 하겠다는 말이었다. 기록으로 남으면 안 되는 말임에는 틀림없었다.

정희왕후 윤씨는 자을산군이 주상이 되어야 하는 이유를 두 가지로 들었다. 첫째는 월산군이 어려서부터 병에 걸렸다는 것이다. 둘째는 세조가 자을산군을 태조와 비교할 정도로 높이 칭찬했다는 것이다. 세조가 월산군보다 자을산군을 더 사랑했다는 이야기다.

먼저 월산군이 어려서부터 병에 걸렸다는 이야기를 검토해 보자. 어느 기록에도 월산군이 아파서 어의의 치료를 받았다는 내용은 없다. 반면 세조가 재위 10년(1464) 월산군을 자을산군과 함께 사장射場(활터)에 데려가 활을 쏘았다는 기록은 있다. 이때 월산군의 나이 열한 살이었다. 예종도 세자 시절인 세조 12년(1466) 8월 동교東郊에서 매를 풀어놓

고 사냥하면서 월산군을 데려갔다. 이때 월산군은 열세 살이었고, 자을
산군은 데려가지 않았다. 동교의 매사냥까지 따라갔다는 것은 어려서
부터 병이 있었다는 정희왕후의 말이 거짓이란 뜻이다.

둘째로 태비 윤씨는 세조가 월산군보다 자을산군을 더 사랑했다고
말했다. 그러나 실록에서는 그런 증거를 전혀 찾을 수 없다. 거꾸로 월
산군을 자을산군보다 사랑한 기록은 다수 찾을 수 있다. 세조는 재위 7
년(1461) 8월 월산군이《병정兵政》을 다 읽었다는 이유로 월산군에게 학
문을 가르친 교관 두 명에게 옷 한 벌씩을 내려 주었다. 이때 월산군의
나이 여덟 살이었다.

월산군과 자을산군의 혼인 모습을 보면 세조가 누구를 더 사랑했는
지 확연히 알 수 있다. 세조는 재위 12년 8월 월산군이 병조참판 박중
선朴仲善의 딸과 혼인할 때 종친과 재상들에게 모두 시복時服(예복) 차림
으로 위요圍繞하게 했다. 혼인 때에 신랑이나 신부를 데리고 가는 사람
이 위요이다. 이때 세조는 사복시司僕寺 담 밑에 높은 비루飛樓를 만들어
정희왕후와 함께 장손의 혼인을 구경했다.

이듬해 자을산군이 영의정 한명회의 딸과 혼인할 때는 성이 같은 내
종친內宗親과 상정소詳定所 당상관에게만 위요하게 했다. 월산군 때는 전
종친과 재상들이 모두 위요로 가게 했는데, 자을산군의 혼인 때는 내종
친과 상정소 당상관만 위요로 가게 했으니 격이 한참 떨어진다. 세조
가 월산군보다 자을산군을 더 사랑했다는 정희왕후 윤씨의 말은 역시
거짓이었다. 세조가 자을산군은 태조와 비교했다는 말도 실록에는 전
혀 나오지 않는다. 다만 선조 때의 문신이었던 차천로車天輅의 야사집인
《오산설림초고伍山說林草藁》에 자을산군이 아홉 살 때의 일이라며 비슷

한 일이 전한다. 세조가 정희왕후와 함께 있을 때 자을산군이 왕손 한 사람(월산군)과 함께 모시고 있었다. 갑자기 우레 소리가 나더니 전殿의 기둥이 흔들리자 정희왕후와 왕손이 크게 놀랐으나 세조와 자을산군만 태연했다는 것이다. 그러자 세조가 정희왕후에게 경계하여 "훗날 나라 일은 이 아이에게 부탁함이 옳겠소. 내 말을 잊지 마시오"라고 말했다는 것이다.

자을산군이 아홉 살 때면 세조 11년(1465)이다. 예종이 왕세자로 책봉된 것은 세조 3년(1457)으로서 세조 11년이면 8년째 세자인 예종의 나이 열여섯이었다. 열여섯 살의 세자를 두고 아홉 살의 둘째 손자에게 나라를 맡긴다는 것은 애당초 논리가 성립되지 않는 말이다. 성종을 높게 평가하고자 했던 사대부들이 훗날 만들어 낸 말일 뿐이다.

월산군과 자을산군 형제!

둘의 가장 큰 차이는 바로 장인이 누구인가에 있었다. 월산군의 장인 박중선은 적개공신 1등인 신공신이었다. 한명회를 주축으로 하는 구공신 세력이 신공신 세력의 사위를 왕으로 삼을 수는 없었다.

정희왕후가 자을산군을 주상으로 지명한 후 구공신들이 사관의 눈과 귀를 피해 사정전 뒤뜰로 나간 이유가 여기에 있었다. 예종의 적자도 아니고, 세조의 장손도 아닌 예종의 둘째 조카이자 세조의 차손을 왕으로 삼았으니 명분이 없었다. 월산군이 탈락한 데 대한 내외의 의혹과 반발을 무마해야 했다. 이런 논의를 사관이 기록하게 할 수는 없으므로 뒤뜰로 나갔던 것이다. 이는 원상들이 정희왕후의 선택을 미리 알고 있었다는 뜻이 된다. 그 누구도 월산군에 대한 이야기를 꺼내지 않고 조용히 뒤뜰로 나가 사후 처리를 논의했기 때문이다.

누가 거대한 음모를 꾸몄는가?

예종의 병은 무엇일까? 족질足疾(발병)인데, 실록에는 예종이 죽기 열흘 전인 재위 1년 11월 18일 처음 기록된다.

"내가 족질 때문에 오랫동안 정사를 보지 못하였는데, 지체된 일이 없느냐? 내가 무사는 활쏘기를 시험하고, 문사는 문예文藝을 시험하되, 한漢나라와 당唐나라 이래의 고사故事를 가지고 책문策文하려고 하는데, 경 등은 어떻게 생각하느냐?"

승지 등이 대답했다.

"진실로 마땅합니다."

그러나 이는 앞뒤 기록을 비교 검토하면 누군가 의도적으로 끼워 넣었다는 느낌을 지울 수 없는 기록이다. 《예종실록》은 불과 이틀 전인 11월 16일에도 예종이 충순당忠順堂에 나가서 입직한 군사들을 후원에 모아서 직접 열병했다고 전한다. 열병식 때는 국왕도 군복을 입는 것이 관례였고, 또 긴 과정이었다. 국왕이 병석에 누운 채 열병식을 거행할 수는 없었다. 이틀 전에 열병식을 거행한 국왕이 이틀 후에 "내가 족질 때문에 오랫동안 정사를 보지 못했다"라고 말할 수는 없었다. 《예종실록》은 신숙주와 한명회가 영관사領館事, 최항崔恒이 감관사監館事로 편찬을 총지휘한 책이다. 이 세 명은 모두 예종이 죽던 날 승정원에 모였던 8인회의 구성원들이었고 성종의 즉위에 공이 있다는 이유로 좌리佐理 1등 공신이 되는 인물들이었다.

족질로 정사를 오래 보지 못했다고 말한 다음 날인 19일에는 교태전

交泰殿으로 돌아왔고, 20일에는 기인其人 제도에 대해서 한명회·신숙주와 의견을 나누었다. 21일에는 도승지 권감이 속미면粟未麪을 올리자 음식을 내려 주었고, 22일에도 엄생嚴生의 아내 삼월三月과 간통하고 엄생을 죽인 정금鄭金을 사형시키는 정사를 시행했다. 24일에는 호조에서 경기도 양주 고을의 미곡이 부족하다며 채워 주기를 청하자 그대로 따랐다. 25일에는 예조에서 누각漏刻(물시계)을 제조해 관상감에 내려 달라고 청하자 그대로 따랐다. 예종은 정사를 놓은 적이 한 번도 없었다.

예종이 와병 중이란 기사는 11월 26일, 사망하기 이틀 전에야 실록에 처음 등장한다.

임금이 불예不豫하니(편찮으니), 새벽에 서평군西平君 한계희와 좌참찬 임원준 등을 불러 입시하게 했다.

한계희와 임원준은 의학에 정통한 문신이다. 다시 말하면 26일에야 예종의 병이 처음으로 신하들에게 공개되었다는 뜻이다.

이때 처음으로 예종이 아픈 줄 알았다는 듯 조정은 분주하게 움직인다. 승지 등이 문안하고, 의정부의 당상관 및 전·현 정승들과 정희왕후의 족친族親들이 와서 문안했다. 그리고 행향사行香使를 보내서 종묘·사직과 명산대천에 기도하게 했다. 27일에는 승지 등이 직숙直宿하겠다고 청한다. 임금이 와병 중이므로 승정원에서 숙직하겠다는 말이다. 예종은 그대로 따랐다.

그리고 운명의 날인 28일.

이날의 실록 기사를 시간 순서대로 읽으면 중요한 사실을 알 수 있다. ①~④번까지는 앞서 설명한 내용이다.

① 임금의 병이 위급하므로, 한계순과 정효상을 내불당에 보내어서
기도하게 하다.

② 승지 및 증경曾經(전직) 정승과 의정부·육조의 당상이 문안하다.

③ 죄인을 방면하고, 또 여러 도의 명산대천에 기도하다.

❹ 진시辰時(오전 7시~9시)에 임금이 자미당에서 훙하다.

⑤ 승정원에서 상례의 모든 일에 반드시 우리나라에서 구하기 쉬운
물품을 쓰게 하다.

❻ 권감이 여러 재상과 의논하여 당일에 즉위하고 교서를 반포할 것
을 의논하다.

⑦ 미시未時(오후 1시~3시)에 거애擧哀(발상發喪)하다.

❽ 신시申時(오후 3~5시)에 임금이 면복을 입고 근정문에서 즉위하고
교서를 반포하다.

여기에서 중요한 것은 ❹,❻,❽번이다.

임금이 아무런 유언도 없이 갑자기 세상을 떠났는데 그 후속 처리는
마치 오래 전부터 예정된 것처럼 전광석화처럼, 그리고 한 치의 착오도
없이 착착 진행되었다. 진시에 예종이 아무런 유언도 없이 세상을 떠났
으므로 조정은 발칵 뒤집혀야 했다. 누구를 후사로 삼을 것인지를 논의
해야 했다. 그러나 조정은 정해진 일정표가 있는 것처럼 한 치의 착오
도 없이 당일 신시에 성종을 즉위시켰다. 예종이 죽는 순간까지도 국왕
이 되리라고는 꿈도 꾸지 못했을 자을산군은 예종이 죽은 지 몇 시간 만

에 즉위식까지 치렀다. 거대한 힘에 의해 짜여진 각본이 있었던 것이다.
❻번 기사를 보면 거대한 힘의 실체가 짐작된다.

권감이 여러 재상과 의논하여 말했다.

"대저 제복除服하고 널[柩] 앞에서 즉위하는 것이 전례지만 지금은 이런 전
례를 따를 수 없으니 마땅히 당일 즉위하고 교서를 반포하여 백성에게 알리
는 것이 좋겠다."

여러 대신과 의논하고, 계달하여 결정하였다.

－《예종실록》1년 11월 28일

국왕의 즉위는 왕조 국가의 가장 중요한 의식 절차였다. 제복은 원래
상복을 갈아입는 것을 뜻하므로 국왕의 대상에는 3년 후에 탈복脫服해
야 했다. 그러나 여기에서는 잠시 면복으로 갈아입고 즉위식을 거행하
는 것을 뜻한다. 권감이 말한 '전례'를 살펴보면 이들의 행보가 얼마나
무리인가가 잘 드러난다.

세종이 승하한 것은 재위 32년(1450) 2월 17일. 후사 문종이 면복 차
림으로 널 앞에서 즉위한 것은 6일 후인 23일이었다. 문종이 재위 2년
(1452) 5월 14일 세상을 떠나자 단종이 즉위한 것은 나흘 후인 5월 18
일이었다. 세조처럼 세상을 떠나기 하루 전에 왕위를 양위한 경우가 아
니라면 나흘에서 엿새 정도 후에 널 앞에서 하는 것이 관례였다.

그러나 자을산군은 이런 전례를 무시하고 당일 즉위식을 치렀다. 위
의 기록에서 "권감이 여러 재상과 의논하여 말했다"는 것은 원상들과
논의하여 결정했다는 뜻이다. 사관이 없는 사정전 뜰에서 논의할 수밖

167

에 없는 이유가 여기에 있었다. 국왕이 될 수 없는 인물을 즉위시키려니 사관이 없는 데서 논의해야 했던 것이다. 다음의 두 기록도 이 거대한 음모를 꾸민 배후 세력을 짐작할 수 있게 한다.

① 신숙주 등이 의논하여 장차 한명회와 권감 등을 시켜 위사 20여 인을 거느리고 자을산군의 본저本邸에 가서 맞아오려고 하였는데, 미처 계달하기 전에 자을산군이 이미 입궐하였다가 부름을 받고 안으로 들어갔다.
　　　　　　　　　　　　　　　-《예종실록》1년 11월 28일

② 위사를 보내어 자산군을 맞이하려고 했는데, 미처 아뢰기 전에 자산군이 이미 부름을 받고서 대궐 안에 들어왔다.
　　　　　　　　　　　　　　　-《성종실록》즉위년 11월 28일

궁 밖의 사람을 국왕으로 모실 경우 잠저로 많은 군사를 보내 삼엄한 위의威儀가 펼쳐진 가운데 옹위해 와야 했다. 그러나 이때 신숙주와 한명회 · 권감 등이 자을산군의 본저로 보내려 한 위사는 겨우 20여 인이었다. 그나마 자을산군은 위사의 호위를 기다리지 않고 제 발로 궁궐에 와 있었다. "이미 부름을 받고서 대궐 안에 들어왔다"는《성종실록》의 기록은 자신이 국왕으로 결정될 것을 알고 있었다는 이야기다.

궁중 세력의 대표인 정희왕후와 공신 세력의 대표인 한명회 사이에 사전 합의된 계획이 아니면 있을 수 없는 일이다. 정희왕후와 한명회가 한명회의 사위 자산군을 세우기로 합의한 후 다른 공신들을 선택적으로 끌어들여 예종이 죽는 날 아침 승정원에 모이게 했고 도승지 권감과 정희왕후의 사위 정현조가 대비와 공신 사이의 연락을 맡아 일을 처리한 것이다.

이는 성종 2년(1471) 성종의 즉위를 도왔다는 좌리공신의 면면을 보면 알 수 있다. 성종은 재위 2년(1471) 3월 26일 느닷없이 신숙주·한명회와 정인지의 아들이자 정희왕후의 사위인 정현조에게 차비문差備門 밖에서 좌리공신을 의논해 정하라고 명했다. 그러자 바로 다음 날 기다렸다는 듯이 1등 9명, 2등 12명, 3등 18명, 4등 36명 등 도합 75명으로 역대 공신 중 가장 수가 많은 좌리공신이 책봉된다. 성종은 이 느닷없는 공신 책봉에 대해 이렇게 말했다.

"우리 자성慈聖(대왕대비)께서 세조 대왕을 추념하시고 나 소자를 돌아보시고 이에 큰 책명策命을 정하시니, 내가 들어와 큰 왕업을 잇게 되었다."

정희왕후와 공신들이 자신을 왕으로 만들었기 때문에 공신을 책봉한다는 뜻이다. 그러나 이때의 공신 책봉은 여러 모로 무리였다. 공신이 책봉된 날 사헌부 지평 김수손金首孫과 사간원 헌납獻納 유문통柳文通이 반대하고 나섰다.

"금번의 좌리공신은 무슨 공이 있습니까? 태평한 시대에 공을 논하는 것은 마땅치 않습니다."

성종의 답변은 궁색했다.

"오늘 공신을 책봉한 것은 부득이한 형편일 뿐이다."

대간에서 다시 반대했다.

"만약 태조·태종 때라면 공신이 있는 것이 마땅합니다. 세종의 태평한 조정에서는 공신이 없었는데, 지금 무슨 까닭으로 공을 보답하려고 하십니까? 청컨대 봉하지 마소서."

성종의 답변은 궁색했지만 솔직했다.

"대역복大歷服(왕위)을 이어서 지금의 아름다움에 이르렀으니, 어찌 그 공이 없겠는가?"

자신을 임금으로 만들어 준 보답이란 뜻이었다. 공신이 책봉되자 사간원의 행대사간으로 있던 김수녕金壽寧이 곤란해졌다. 그 자신도 4등 공신에 끼어 있었기 때문이다. 그래서 3월 28일 그는 대간의 말을 따라 달라고 요청했다.

"어제 대간에서 좌리공신 책봉이 편치 않다고 논했는데, 대간의 말이 매우 옳습니다. 신도 또한 무슨 공으로 여기에 참여할 수가 있었겠습니까? 청컨대 대간의 말을 따르소서."

"나의 뜻은 다 전지한 데에 있으니, 그것을 다시 말하지 말라."

같은 날《성종실록》은 종친·재상으로서 공신 반열에 참여하지 못한 자가 39인이었는데, 스스로 공로를 서술해서 녹훈을 청했다고 전한다. 39명의 공신과 재상이 자신들도 공이 있다며 좌리공신에 참여하게 해 달라고 요구했다는 것이다. 그러나 성종은 여기 회답하지 않는 것으로 거부했다. 이는 좌리공신 책봉이 외부적으로는 무리한 것이지만 내부적으로는 뚜렷한 기준이 있었음을 뜻한다. 그 기준이 무엇일까?

좌리 1등 공신을 분석해 보면 알 수 있다. 신숙주·한명회·최항·홍윤성·조석문·정현조·윤자운·김국광·권감 등 9명이 1등 공신이다. 예종이 사망한 날 승정원에 모였던 명단 그대로였다. 다만 구치관만 2등 공신으로 내려갔을 뿐이다. 구치관은 세조 즉위 때 3등 공신에 책봉된 인물인데 공신들 중 특이하게 청백리淸白吏에 선정된 인물이다. 아마 구치관은 승정원에 모이는 명단에 없었는데, 승정원에 가는 대열과 우연히 만나 합류한 것인지도 모른다. 한계희는 2등 공신, 임원준은 3등 공신에 책봉되는데 모두 예종이 사망하기 전날 의약을 안다는 이유로 새벽에 불려 들어간 인물들이다.

좌리공신 책봉 명단을 분석해 보면 한명회·신숙주·정인지 세 집안이 보인다. 세 집안을 위한 공신 책봉이라고 볼 수 있다. 한명회는 1등 공신, 같은 청주 한씨 친척인 한계미韓繼美·한계희는 2등 공신, 한계순은 3등 공신, 한명회의 아들 한보韓堡와 한계미의 아들 한의韓嶬는 4등 공신으로서 무려 6명이 포진했다. 신숙주도 자신과 아들 신정申瀞·신준申浚이 4등 공신이 되었고, 정현조가 1등 공신이고 정인지가 2등 공신이 되었다. 정인지는 직접 나서기보다 아들을 내세워 일을 추진했다는 뜻이다.

아마도 남이가 살아 있었다면 한명회나 신숙주의 의도대로 일이 흘러가지 않았을 가능성이 높았다. 자을산군은 누가 보더라도 한명회와 신숙주의 선택이었다. 남이가 살아 있었다면 월산군 문제를 제기했을 가능성이 높았다. 아니면 월산군을 추대하면서 간신 한명회를 제거하자고 나왔을 가능성도 높다. 결국 남이의 옥사는 자을산군을 추대하기 위한 사전 정비 작업의 성격을 띠게 된다. 예종은 구공신의 음모에 빠져 자신의 가장 큰 우익 세력일 수 있었던 신공신 세력을 초토화시킨 것이다.

의혹을 더해 가는 독살설

성종 즉위년(1469) 12월 1일 신숙주 · 한명회 · 홍윤성 등 9명의 원상들과 승지 등이 빈청에서 대왕대비에게 놀라운 사실을 주청한다.

"어제 염습할 때 대행왕大行王(예종)의 옥체가 이미 변색된 것을 보았습니다. 서거한 지 겨우 이틀인데도 이와 같은 것은 반드시 병환이 오래되었는데도 외인外人은 미처 알지 못했던 것입니다. 만약 이를 알았다면 투약하고 기도하는 일 등을 심력을 다해서 실시했을 것이니, 이렇게 하고도 대고에 이르렀다면 그만이지만 지금은 그렇게 하지 못했으니 신들의 통한을 이루 말할 수 있겠습니까?(《성종실록》 즉위년 12월 1일)"

사망한 지 이틀 만에 시신이 변색되었다는 것이다. 시신의 변색은 약물에 중독되었을 때 생기는 전형적인 현상이다. 더구나 음력 11월 말에서 12월 초는 1년 중 가장 추울 때로서 시신이 변색될 때가 아니었다. 국왕의 염습에는 재상들뿐만 아니라 국왕의 친척이나 외척들도 참석하는 법이었다. 너무나 많은 사람들이 변색된 시신을 봤기에 그냥 덮어둘 수는 없었던 것이다.

"군상의 병세는 외인은 비록 알지 못하였더라도, 대비전에서도 알지 못해서는 안 되는데 아뢰지 않은 것이 옳겠습니까? 내의와 내시를 국문하여 처벌하게 하소서."

국왕의 증세를 외인, 즉 신하들은 모를지라도 대비전에서는 알아야 하는데 대비전에서도 모르게 처리했으니 내의와 내시를 국문해야 한다는 뜻이었다. 놀라운 것은 정희왕후의 태도였다. 급서한 아들의 시신이 이틀 만에 변색되었다는데도 정희왕후는 놀라지 않았다.

"대행왕이 일찍이 발병을 앓았는데, 병이 나았을 때는 반드시 내게 매일 세 번씩 조회했고, 병이 발생했을 때도 사람을 시켜 문안하기를 그치지 않았으니, 내가 어찌 이 지경에 이르게 될 줄을 생각했겠는가? 세조께서 일찍이 '작은 질병은 외인에게 알게 해서는 안 된다'고 말씀하셨기에 때로 작은 질병을 만나면 외인에게 알지 못하게 한 것이 여러 번이었다."

족질은 예종의 고질병이었다. 재위 1년(1469) 1월 6일에도 족질 때문에 목멱산과 백악산 등에 기도한 적이 있었다. 그때 이 소식을 듣고 한명회와 신숙주가 문안했었다.

"지난번에 '족질 때문에 인견하지 못한다'고 하셨는데 지금 기도를 드리니, 놀라고 두려워 어찌할 바를 모르겠습니다."

이때 예종이 자신의 족질에 대해 설명했다.

"내가 어릴 적부터 발에 작은 상처가 있었는데 추위가 심해지면서부터 아프기 시작했으나 지금은 이미 차도가 있다."

10개월 전만 해도 족질이 조금 심하면 명산에 기도하게 했기 때문에 사람들이 와병 중임을 알 수 있었다. 그러나 이번에는 죽기 이틀 전까지 사람들은 예종의 병환에 대해서 알지 못했다. 그 이유에 대해 정희왕후는 "세조가 작은 병은 밖에다 알리지 말라"고 했기 때문에 알리지 않았다는 것이다. 정희왕후는 또 예종에게 책임을 돌렸다.

"또 대행왕은 술만 들고 음식을 들지 않았다."

정희왕후는 예종의 급서가 술만 마시고 음식은 들지 않은 예종의 탓인 것처럼 말하고 있다. 그러나 세조가 술을 마셨다는 실록 기록은 무수히 많지만 예종이 술을 마셨다는 실록 기록은 찾아보기 어렵다.

"전일의 수십 일 사이에는 내가 병이 발생했다는 말을 듣고 마음속으로 작은 병이라 여겼지 어찌 갑자기 대고에 이를 줄 알았겠는가?"

작은 병인 줄 알았는데 갑자기 죽었다면 더 의심해야 하건만 정희왕후는 거꾸로 말하는 것이었다. 죽은 지 이틀 만에 시신이 변색되었다는데도.

"또 내의 등은 일찍이 내게 병세를 아뢰었으니 어찌 처벌할 수가 있겠는가?"

정희왕후는 예종의 병세를 알고 있었다는 뜻이다. 내의와 정희왕후, 그리고 정희왕후와 예종의 사후 처리에 대해서 논의한 사람은 예종의 병세를 알고 있었던 것이다.

그럼 예종을 치료한 어의는 누구일까?

신숙주 등의 원상과 승지들이 처벌을 요구한 어의가 있었다.

"세조께서는 의술에 능통하여 약을 쓸 때 의원이 필요 없었는데도 병환이 위독할 때에는 대신에게 들어와 숙직하게 했으니 뜻한 바가 있었기 때문입니다. 권찬權攢 등이 내전에 입시할 때 대행왕의 병세가 위독한 것을 알았으면 마땅히 대비전에 알리고, 또 신 등에게도 알게 해서 경험 있는 노의老醫를 입시하게 했다면 치료한 효과가 있었을 것인데, 그렇지 않았으니, 권찬 등의 죄는 다스리지 않을 수가 없습니다."

예종의 병을 치료한 어의는 권찬과 김상진金尙珍이었다. 실제 치료를 주도한 사람은 권찬이었다. 권찬은 세조가 총애하던 후궁 소훈 윤씨의 오촌 당숙인데 의술에 능하다는 이유로 세조 12년(1466) 사헌부 감찰로 임명된 인물이다. 세조는 재위 13년(1467)에는 왕손의 병을 치료했다는 이유로 권찬에게 두 계급을 뛰어 의학교수醫學敎授로 승진시켰다. 실록은 "권찬은 의술로써 세조에게 지우知遇(인격이나 재능을 알고 잘 대우함)를 받아 은혜와 사랑이 보통과 달랐다"고 전할 정도로 세조에게 능력을 인정받았다. 예종 때도 마찬가지로 임영대군 이구가 병이 나자 예종은 권찬에게 치료를 맡기고, 남이 등에게서 빼앗은 처첩과 재산을 나누어 주었다.

그러나 권찬은 예종의 치료를 담당했을 때 이해할 수 없는 행동으로 일관했다. 더 의아한 것은 정희왕후가 시종 권찬을 옹호하는 점이었다.

"대행왕의 발병은 뜸으로써 치료해야 하는데도 이를 꺼려했으니 권찬이 비록 시좌侍坐했더라도 진맥을 할 수 없었는데 어찌 병의 증상을 알았겠는가? 내가 이미 상심하고 있는데 또 허물이 없는 사람에게 죄를 받게 한다면 하늘이 나를 어떻게 여기겠는가?"

어의로써 만약에 발생할지도 모를 책임을 회피하는 방법은 국왕의 병세를 대신들에게 공개하고 함께 치료하는 것이었다. 의학 지식이 있는 대신들과 함께 약을 논의해 올렸다가 잘못되면 공동 책임이 되지만 병세를 숨겼다가 잘못되면 혼자 뒤집어쓰게 되어 있었다. 지금 권찬의 경우가 그랬다.

그러나 정희왕후는 모든 책임을 죽은 예종에게 돌리고 있었다. 권찬이 뜸을 떠야 한다고 했는데 듣지 않았다는 것이다. 예종이 치료를 거부할 경우 권찬은 대신들에게 병세를 알리고 도움을 청해야 했지만 그렇게 하지 않았다. 이럴 경우 졸지에 아들을 잃은 정희왕후는 의금부에 내려 철저한 수사를 통해 진상을 밝혀야 했다. 그러나 대비는 "하늘이 나를 어떻게 여기겠는가?"라는 추상적인 말로 거부했다. 아들의 사인

거대한 음모의 희생자

을 조사하자는데 이해할 수 없는 논리로 극력 변호하고 있는 것이다.

이후 신숙주 등의 원상은 다시는 권찬 등을 처벌하자는 말을 하지 않았다. 면피용 언급이었던 셈이다. 대신 사헌부에서 계속 문제를 제기했다. 이틀 후인 12월 3일 사헌부 장령 박숭질朴崇質이 다시 어의 권찬과 김상진의 처벌을 요청했다. 정희왕후는 역시 예종에게 모든 책임을 돌리고 있었다.

"대행왕이 일찍이 발병을 앓고 있어서 뜸질로써 치료하려고 의원이 '두 발을 함께 뜸질을 해야 합니다'라고 했으나 대행왕은 '병나지 않은 발까지 함께 뜸질할 필요가 있겠는가?'라고 말했다. 의원이 또 약을 드시라고 청했으나 대행왕이 군이 거절한 것이니, 권찬 등은 실상 죄가 없다.(《성종실록》즉위년 12월 3일)"

사헌부에서 12월 4일과 5일 거듭 권찬 등의 처벌을 요구했으나 정희왕후는 들어주지 않았다. 더 놀라운 것은 불과 두 달 후인 성종 1년 (1470) 2월 7일 권찬을 가선대부嘉善大夫 현복군玄福君으로 승진시켰다는 사실이다. 이때는 성종이 미성년이라는 이유로 정희왕후가 섭정하면서 한명회 등 원상들과 상의해 정사를 처리하던 때였다. 처벌을 요구받던 당사자를 종2품 고위직으로 승진시킨 것이다.

권찬은 왜 승진되었을까? 예종과 정희왕후 사이에는 무슨 일이 있었던 것일까? 국왕과 대비의 만남은 사관이 없는 내전에서 이루어지기 때문에 어떤 일이 있었는지 알기가 쉽지 않다.

그 단초를 알 수 있는 사건이 하나 있다. 예종 1년 7월 평양부의 관비官
婢 대비大非가 평양 부윤府尹 이덕량李德良을 사헌부에 고소한 사건이다.
부윤 이덕량은 평양으로 부임하면서 자신의 수종인 박종직朴從直을 데
려갔다. 박종직은 기생 망옥경望玉京과 정을 통하고 관비 소서시笑西施를
또 범하려 하자 소서시가 거부했다. 일개 관비가 자신의 수종인을 거
부했다는 말을 들은 이덕량은 소서시와 동기인 관노 막달莫達 · 말동未
同과 그 어머니 내은이內隱伊에게 심한 곤장을 때렸다. 내은이는 세상을
떠나고 소서시와 남자 형제들은 중태에 빠졌다. 소서시와 자매인 대비
大非가 고소하려 했으나 부윤과 관비의 다툼이었으므로 고소장을 써 주
는 사람이 없었다. 대비는 천신만고 끝에 사헌부에 고소할 수 있었다.

사헌부로부터 보고를 들은 예종은 즉시 의금부 진무鎭撫 한척韓陟을
보내 이덕량과 박종직을 체포해 오게 하고 승정원에 전지했다.

"일개 아녀자인 대비가 멀리서 와서 억울함을 호소했는데, 쌀, 베, 소
금, 간장 등의 물건을 내려 주어 서울에 머무는 비용으로 쓰게 하라."

의금부는 이덕량 등을 국문한 결과 처벌 규정을 아뢰었다.

"이덕량은 관비에게 함부로 형을 가해 죽게 했으니 죄가 참형에 해
당합니다."

목을 베서 죽이는 것이 법이란 뜻이었다. 그러자 예종이 한 발 물러
섰다.

"이덕량은 대신인데 너무 지나치지 않은가?"

거대한 음모의 희생자

원상 김질과 도승지 권감 등이 나섰다.

"이덕량의 죄는 죽어야 마땅하나 공신이며 독자獨子이니, 오로지 성상께서 처분하시기에 달려 있습니다."

예종은 박종직은 장 100대에 전 가족을 먼 변방으로 유배 보냈으나 이덕량은 "척속戚屬(외척)으로서 선왕께 시종하여 공신이 되었으므로 특별히 용서한다"고 판시하고 벼슬 임명장만을 거두었다. 이덕량은 정희왕후의 조카사위였던 것이다.

그러자 사헌부에서 반발했다.

"그 죄가 매우 무거운데도 고신만을 거두면 어떻게 악을 징계하겠습니까? 법률에 의해 결단하소서."

그러자 예종이 대비를 끌어대었다.

"이덕량은 내가 법에 따라 죄를 결단하고자 하나, 대비께서 족친이라 하여 특별히 용서하여 면제하라고 하시니, 내가 어찌 감히 따르지 않겠는가?"

자신은 이덕량을 법에 따라 처리하고 싶지만 정희왕후의 청이 있어 어쩔 수 없이 고신만을 거둔다는 것이었다. 정희왕후로서는 아녀자가 정사에 관여한다는 비난을 살 수 밖에 없었다. 예종 1년 2월에는 정희왕후의 이모의 남편 경주 부윤 이염의李念義가 경직京職(중앙 관직)으로 바꾸어 달라고 정희왕후에게 서신을 보냈다. 대비의 요청을 받은 예종은 이염의를 중앙 관직으로 바꾸어 주었다.

같은 해 윤2월에는 임금을 속여 죄가 사형에 해당하는 이중량李仲良을 살려 달라고 요청했는데 예종은 "이중령의 죄는 죽여야 마땅하나, 태비太妃께서 죽이지 말도록 명하였으니, 곤장 100대를 때려서 제주 관노로 붙이는 것이 좋겠다"라고 청을 들어주었다. 3월에는 예종이 연좌 죄인 조충손趙衷孫을 풀어 주고 고신을 돌려주라고 명하자 사헌부에서 반대했다. 이때도 예종은 또 대비를 끌어대었다.

"조충손은 태비의 친족이라 태비께서 일찍이 사면하기를 청하므로 이미 그 뜻을 따랐다."

이런 일이 벌어질 때마다 예종은 꼬박꼬박 정희왕후의 청이 있었음을 신하들에게 밝혔다. 대비가 자주 부당하게 정사에 관여한다는 비난을 살 일이었다. 정희왕후로서는 공개적으로 거듭 망신을 당한 셈이었다. 조용히 처리해도 될 일을 꼭 자신이 청탁했음을 밝히는 아들이 곱게 보이지는 않았을 것이다.

정희왕후는 아들의 죽음을 슬퍼하지 않았다. 기대승奇大升의 문집인 《고봉집高峯集》에는 선조 2년(1569) 아침 경연에서 기대승이 선조에게 삼년상에 대해서 설명하는 대목이 있는데, 그 중 예종 사망에 대한 정희왕후와 공신들의 속마음을 알 수 있는 구절이 눈에 띈다.

"성종께서 어린 나이로 즉위하시고 정희왕후가 수렴청정을 하였는데 당시 대신 중에는 세조조의 공신이 많았습니다. 예종의 소상小祥(사망 후 1년 뒤에 지내는 제사)이 겨우 지나자, 대비전에서 진풍정進豊呈(대궐 잔치)을 거행하면서 대신들에게 대궐의 뜰에서 잔치를 베풀어 주었습니다. 이때 전교하기를 '취하도록 마시라' 하였으므로 신하들이 종일토록 대취했는데, 한명회와 정인지 등은 일어나서 춤을 추기까지 하였답니다."

국왕의 상사는 3년상이었으므로 그 기간에 술을 마시거나 춤을 추면 불경죄에 해당되었다. 그러나 정희왕후나 한명회는 예종의 죽음이 기쁜 일이라도 되는 듯 춤을 추었다.

그만큼 예종은 정희왕후와 공신들에게 미움을 받았다. 정희왕후와 구공신은 세조가 그랬듯이 동지 관계였다. 숱한 난관을 함께 극복해 온 누이와 오빠, 동생 같은 사이였던 것이다. 선조 때의 문신 이기의 《송와잡설》에는 정희왕후와 공신과의 관계를 유추할 수 있는 사례가 전한다. 정희왕후와 공신 홍윤성에 관한 일이다.

세종의 4남 임영대군의 아들인 오산군烏山君 이주李澍가 비가 와서 길이 수렁인 날 종각 모퉁이 돌다리 남쪽에 짚자리를 깔고 서서 홍윤성을 기다렸다. 홍윤성이 수레를 몰고 달려오다가 오산군이 있는 것을 보고 할 수 없이 내려서 절을 하고 걸어갔는데, 진흙 수렁에 가죽신이 빠지고 옷이 더러워졌다. 보는 사람들이 다 통쾌하게 여겼는데, 대궐 문에서 옷을 갈아입고 들어간 홍윤성이 정희왕후에게 오산군이 자신을 모욕했다고 보고하자 정희왕후가 크게 노해서 오산군을 불러 꾸짖었다. 오산군이 "홍윤성의 호소는 믿을 것이 못 됩니다"라고 하자 정희왕후는 사람을 시켜 오산군을 끌어내게 했다는 이야기이다. 홍윤성과도 이 정도이니 동지이자 겹사돈인 한명회는 한 집안 식구나 마찬가지였다. 한명회와 정희왕후의 이해관계가 일치한다면 어떤 일도 할 수 있었다.

정희왕후는 성종 즉위년 12월 1일 중요한 전교를 내린다.

"세조 때에는 여러 조의 겸판서를 특별히 두었으나 대행왕은 자신이 모두 장악하려고 이를 없애 버렸는데, 지금 사왕의 나이가 어리니 겸판서는 없앨 수가 없다. 한명회를 병조 겸판서로 삼고, 한계미를 이조 겸판서로 삼게 하라."

한명회 집안에게 군사권과 문무 인사권을 다 준 것이다. 나아가 정희왕후는 병조에서 이조의 인사도 함께 의논해 시행하라고 명했다. 병조가 문관의 인사에 관여하는 것은 개국 이래 전례가 없는 것이었다. 그래서 사헌부 장령 박숭질이 반대의 뜻을 표했다.

"병조는 병권과 인사권이 있는데 또 이조의 제수에 참여시킨다면, 권한이 너무 무거울 뿐 아니라 옛날에도 이런 예는 없었습니다."

그러나 정희왕후는 사헌부의 요청을 거부했다.

"이 법은 영구히 행하려고 한 것은 아니고 잠정적으로 시험해 볼 뿐이다."

병조 겸판서 한명회가 이조의 인사에도 참여하는 것이니 그가 사실상 문관과 무관의 인사를 모두 장악하는 셈이었다. 이렇게 예종이 급서한 후 한명회는 정희왕후의 후원으로 모든 권력을 장악했다.

신숙주 등 원상 등이 더 이상 언급하지 않고 사헌부도 정희왕후가 거듭 권찬을 옹호하자 잠잠해졌다. 사망한 지 이틀 만에 시신이 변색된 예종의 사인은 그대로 묻히고 있었다. 남이 세력이 초토화된 마당에 나설 세력이 없었다.

그러나 문제가 남아 있었다. 세조의 장손도, 선왕의 적자도 아닌 자을산군이 왜 왕위를 이었는지를 명나라에 설명해야 했던 것이다. 선왕의 친아들이 아닌 조카, 그것도 세조의 장손인 큰 조카를 두고 둘째 조카가 뒤를 이었는지 납득할 만한 설명이 들어가야 했다. 그래서 이들은 예종의 유서가 있었던 것처럼 위조하기로 했다. 명나라 예부에 자을산군의 왕위 계승 승인을 요구하는 글을 보냈는데, 위조된 예종의 유교遺敎였다.

"내가 용렬한 자질로써 외람되이 황상皇上(명 황제)의 큰 명령을 받들

경기도 고양시 용두동에 있는 예종의 창릉昌陵

서오릉西五陵 가운데 하나로 가장 먼저 조성된 능이다. 상석床石을 받치고 있는 고석鼓石의 무늬가 독특한데, 귀면을 조각하지 않고 문고리를 새겨 넣어서 생김새가 진짜 북과 같다.

어 조종의 왕업을 지켜 오면서 늘 큰 짐을 견디지 못할 것을 두려워하고 있었는데 지금 병을 얻어 날로 파리해져 약이 효험이 없으니 아마 장차 일어나지 못할 듯하다.(《성종실록》 즉위년 12월 11일)"

마치 예종이 살아서 유교를 내린 듯한 목소리다. 예종의 목소리는 계속된다.

"생각건대, 나의 한 아들은 겨우 4세인데다 또 풍질風疾(풍사風邪를 받아 생기는 병을 통틀어 이르는 말)을 앓고 있으니, 후일을 감당할 수 없다. 선부先父 혜장왕惠莊王(세조)의 적자는 다만 내 형제 두 사람뿐이었는데 세자 이장李暲(의경세자)은 불행히 일찍이 세상을 떠났다. 그 아들도 두 사람뿐인데, 장자인 월산군 이정李婷은 병이 많고 기질도 허약하다. 그 아우 자산군 이혈李娎은 기개와 도량이 숙성하고 효도하고 우애하며 학문을 좋아하여 후사를 부탁할 만하다. 사유를 갖추어 나의 모비母妃(정희왕후)에게 여쭈고 고하여 허락을 받았으니 그로 하여금 권서 국무權署 國務(왕호王號가 없는 동안 나라를 다스리는 것)를 하도록 하라."

명나라에 보내는 의정부의 국서에는 이런 예종의 유교와 함께 "신 등은 삼가 유교를 받들어 자산군 이혈을 권서 군국 구당權署軍國句當(권서 국무를 맡은 사람)으로 삼았으니, 도리상 마땅히 거듭 아룁니다"라고 덧붙였다. 이 역시 예종의 유교에 따라서 자을산군을 왕으로 받들었다는 것이었다. 예종의 유교를 창작하지 않으면 수많은 논란이 될 수 밖에 없는 왕위 계승이었다. 예종의 유교를 위조해 명나라에 올린 그 행위가 예종이 누구에 의해 죽어 갔는지를 말해 주고 있었다. 그렇게 예종은 1년 2개월의 짧은 재위 끝에 진상도 불분명한 채 저세상으로 가야 했던 것이다.

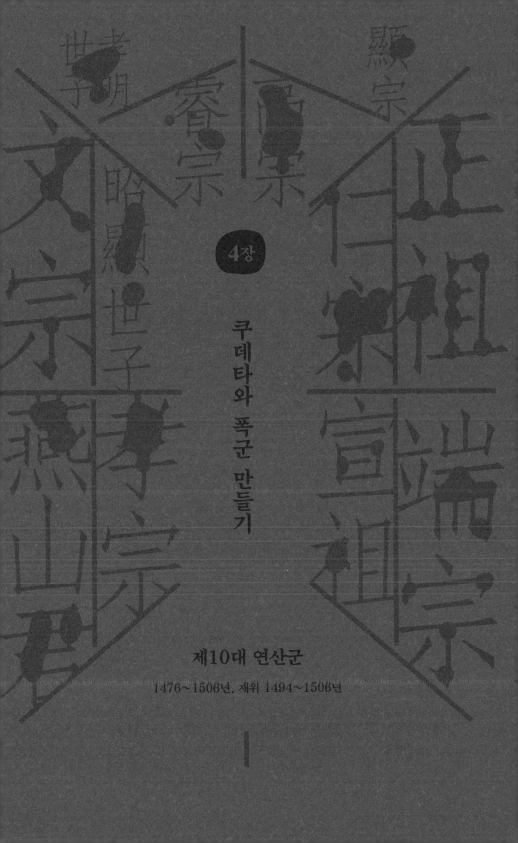

4장

쿠데타와 폭군 만들기

제10대 연산군

1476~1506년, 재위 1494~1506년

《중종실록》1년 12월 11일

(연산군을)당초에 이미 폐위한 것으로 고하지 못하고 선위한 것으로 고했으니……
어찌 후세의 의심이 없겠는가?

중종 1년(1506) 9월 27일.

　연산군이 쫓겨난 지 스무닷새가 지난 날. 반정 세력은 이제 정권 인
수의 마지막 작업을 해야 했다. 명나라 조정에 연산군이 쫓겨난 사실과
새 왕이 등극한 사실을 알리는 국서를 보내야 했다. 명나라가 조선의
왕위 교체에 간섭한 전례는 없지만 이번의 경우는 달랐다. 자칫 잘못하
면 내정 간섭의 빌미를 줄 수도 있었다. 국서의 핵심은 둘이 되어야 했
다. 하나는 국왕이 쫓겨났다는 사실이고 다른 하나는 새 왕을 옹립했다
는 사실이었다.

　"신하들이 국왕을 쫓아내고, 새 왕을 옹립했습니다."

　이렇게 써야 했지만 반정 세력은 그렇게 하지 않았다. 그들은 두 종
류의 국서를 만들었다. 하나는 연산군이 왕위에서 물러났음을 알리는
국서로서 지중추부사知中樞府事 김응기金應箕를 사신으로 삼아 주어 보냈

다. 중종이 즉위했음을 알리는 국서는 동지중추부사同知中樞府事 임유겸 任由謙에게 주어 보냈다. 그런데 연산군이 물러났음을 알리는 김응기가 가져간 국서는 뜻밖에도 연산군 명의로 된 것이었다.

조선 국왕 이융李㦕(연산군)은 왕위를 사양하는 일로 말합니다. 저는 어려서 부터 풍현증風眩症(풍질)으로 어지럽고 가슴이 답답하며 정신이 혼미해지는 것이 있어서 무시로 발작했는데, 정덕正德 원년(1506) 5월 세자 이황李頤이 질병에 걸려 갑자기 요절하는 바람에 너무 슬퍼해서 숙질宿疾(오래된 병)이 재발해 군국 서무를 재결하지 못하게 되었습니다.

그해 5월에 세자가 요절해 너무 슬퍼하는 바람에 풍현증이 심해져 왕위를 내놓았다는 이야기다. 물론 사실과는 전혀 다른 이야기였다. 이 국서는 연산군이 쓴 것도 아니었다. 또한 세자가 5월에 질병으로 사망 했다는 것도 거짓이었다. 그해 5월에 세자는 아주 건강했다. 반정 세력 들은 그해 9월 2일 연산군을 내쫓은 사흘 후 세자를 강원도 정선으로 유배 보냈다. 동생 창녕대군昌寧大君 이성李誠은 충청도 제천, 양평군陽平 君 이인李仁은 황해도 수안으로 각각 쫓겨 가야 했다. 세자의 나이 불과 열 살, 다른 동생들은 더 어렸다.

연산군 명의의 국서는 중종에 대한 칭찬으로 이어진다.

저의 친아우 진성군晉城君은 나이가 장성하고 또 어질어 일찍부터 착한 소 문이 있었습니다. 그에게 무거운 짐을 부탁하는 것이 진실로 여망에 맞으므 로, 이미 정덕 원년 9월 초2일에 어머니 강정왕비康靖王妃(성종의 계비 정현왕후貞顯王后)에게 아뢰어 진성군으로 하여금 군국의 모든 일을 임시로 이어받게 했습니다.

-《중종실록》 1년 9월 27일

진성대군은 연산군의 친동생이 아니라 정현왕후 윤씨가 낳은 이복동생이었다. 왜 아들이 아닌 이복동생에게 왕위를 넘기느냐고 물을까 봐 세자는 죽었고, 진성군은 친동생이라고 말한 것이다. 김응기가 국서를 가지고 떠난 날 임유겸은 중종 명의의 국서를 가지고 명나라로 떠났다.

조선국 권서국사權署國事 이역李懌(중종)은 왕위 계승을 청하는 일로 알립니다. 국왕 이융은 세자가 요절한 뒤부터 너무 슬퍼한 나머지 몸조리를 잘못하여 옛 질환인 풍현증이 더욱 심해졌으므로 군국 서무를 능히 재결할 수 없게 되었습니다. …… 저는 어리석고 감당하지 못하겠기에 두세 차례 사양했으나 끝내 사양할 수만은 없어서, 정덕 원년 9월 초2일에 임시로 나랏일을 승습했는데, 두려워서 몸 둘 바를 모르겠습니다.

-《중종실록》 1년 9월 27일

중종 명의의 국서도 왕위를 계승한 이유를 연산군이 세자의 죽음을 크게 슬퍼한 나머지 풍현증이 도졌기 때문이라고 쓰고 있다.

쿠데타와 폭군 만들기

살해되는 연산군의 아들들

연산군이 쫓겨나기 6개월 전인 그해 3월 명나라 사신 서목徐穆과 길시 吉時가 조선으로 왔다. 전해 5월 명 효종孝宗이 죽고 무종武宗이 즉위한 사실을 알리기 위해서였다. 연산군은 명 사신들을 접대하고 3월 12일 에는 모화관慕華館에서 전별식을 열어 주었다. 그때만 해도 명나라 사신 들은 연산군의 아들이 아프다는 사실을 전혀 몰랐다. 그래서 세자는 사 산이 간 지 두 달 후인 그해 5월 "갑자기 요절했다"고 썼던 것이다. 그 래야 "왜 연산군의 아들이 아니라 동생이 계승했는가?"라고 물을 수 없게 될 것이었다. 세자가 죽었다면 왜 둘째 아들인 창녕대군 이성이 잇지 않고 동생 진성군이 후사가 되었느냐고 물을 수가 있었다.

반정공신들은 이런 질문 자체를 봉쇄하기 위해서 사전 조치를 취했 다. 왕위 계승을 요구하는 사신이 떠나기 사흘 전인 9월 24일 1품 이상 의 고위 대신들이 빈청에 모였다. 영의정 유순柳洵 · 좌의정 김수동金壽 童 · 우의정 박원종朴元宗과 유순정柳順汀 · 유자광 · 구수영具壽永 등이었 다. 이들이 한 목소리로 주청하는 것은 연산군의 아들들을 처리해야 한 다는 것이었다.

"폐세자 이황과 창녕대군 이성 · 양평군 이인 및 이돈수李敦壽 등을 오래 두어서는 안 되니 일찍 처단하소서."

세자와 창녕대군은 왕비 신씨 소생이고, 양평군과 이돈수는 후궁 조 씨 소생인데 이 네 명의 왕자를 모두 죽이라는 주청이었다. 중종은 일 단 망설이는 듯한 모습을 보였다.

"이황 등은 나이가 모두 어리고 연약하니, 차마 처단하지 못하겠다."

네 명의 아이들은 모두 조카들이었다. 특히 세자 이황은 장조카였다. 대신들이 다시 재촉했다.

"전하께서 이황 등에 대한 일을 측은한 마음으로 차마 결단하지 못하고 계시지만 그 형세가 오래 보존되지 못할 것입니다. 혹 뜻밖의 일이 있어서 재앙이 죄 없는 이에게까지 미치면 참으로 작은 일이 아닙니다. …… 모름지기 대의로써 결단하여 뭇사람의 마음에 응답하소서."

"혹 뜻밖의 일이 있어서 재앙이 죄 없는 사람에게까지 미치면"이라는 말은 혹 이 아이들이 왕위에 올라 '죄 없는' 자신들에게 칼을 들이댈 수도 있다는 이야기였다. 중종도 마음속에서는 이미 결론을 내려 놓고 있었다. 그는 마지못해 좇는다는 듯이 말했다.

"이황 등의 일은 차마 처단하지 못하겠으나, 정승이 종사에 관계되는 일이라 하므로 과감히 좇겠다."

그렇게 네 형제는 9월 24일 당일로 약사발을 들이켜야 했다. 열 살짜리 큰형 아래 갓난아기를 갓 벗어났을 세 동생이 영문도 모른 채 강제로 약사발을 마셔야 했다. 기록에는 남아 있지 않지만 참혹한 광경이었을 것이다.

사흘 후 연산군 명의의 국서를 명나라로 보내야 했으므로 그 아들들에게 미리 조치를 취한 것이었다. 이제 명나라에서 뭐라고 하던 왕위를 이을 연산군의 핏줄은 없었다. 이날 중종에게 연산군의 어린 아들들을 죽여야 한다고 주청한 영의정 유순과 좌의정 김수동은 연산군이 쫓겨나던 날까지 각각 영의정과 우의정으로 있었다. 유자광과 구수영도 연산군이 쫓겨나는 날까지 충성을 다 바쳤던 인물들이었다. 연산군이 쫓

겨나던 날의 《연산군일기》는 구수영에 대해 특별히 비판하는 기록을
남기고 있다.

구수영은 영응대군永膺大君(세종의 아들)의 사위인데, 그 아들이 또 왕(연산
군)의 딸 휘순공주徽順公主에게 장가들어, 간사한 아첨으로 왕의 총애를 받
았는데, 그가 미녀를 사방에서 구해 바치자 왕이 혹하여 구수영을 팔도도관
찰사八道都觀察使로 삼으니 권세가 중외를 기울였다.

구수영의 아들 구문경具文璟이 연산군의 장녀 휘순공주의 남편이었
다. 구수영은 연산군의 사돈으로서 연산군에게 미녀를 사방에서 구해
바쳐 총애를 받았다는 것이다. 연산군이 쫓겨나는 날까지 이런 행각을
계속했다. 마지막까지 연산군을 임금으로 섬겼으니 연산군의 학정을
비판할 자격도, 네 아들을 죽이라고 주청할 자격도 없는 사람들이었다.

반정인가, 쿠데타인가?

중종반정을 주도해 반정 3대장이라고 불리는 인물이 박원종朴元宗 · 성
희안成希顔 · 유순정이었다. 그러나 이들의 이력을 따져 보면 별반 다를
것은 없었다. 박원종은 그 누구보다도 연산군의 사랑을 많이 받은 인물
이었다. 박원종은 성종 즉위를 도운 좌리 3등 공신이자 이시애의 난을
평정한 적개 1등 공신인 박중선의 아들이었다. 박중선의 큰 이모가 세

종 비 소헌왕후인데다 누이가 월산대군의 부인이었으므로 왕실의 지친 대접을 받았다. 그래서 박원종은 당초 음보로 벼슬에 나와 호군護軍이 되었다가 성종 17년(1486) 선전관宣傳官에 올랐다. 같은 해 무과에 급제했는데, 성종이 공신의 자식이란 이유로 승지로 특배特拜하자 언관들이 불가하다고 크게 논박했다. 사간원 대사간 안호安瑚 등은 "박원종은 문자도 해득하지 못하는 어리고 무식한 사람으로 사류士類(사대부)에 끼이지도 못한다"고 반대하는 등 반발이 잇따랐다. 성종이 계속 고집하자 대간에서는 "바깥 사람들은 모두 박원종을 발탁하여 쓴 것을 가지고 월산대군 부인 때문이라고 합니다"라고까지 말했으나 성종은 요지부동이었다. 삼사三司(사헌부, 사간원, 홍문관)에서 수십 차례나 간쟁했으나 성종은 뜻을 꺾지 않다가 영의정 윤필상尹弼商과 좌의정 노사신까지 가세하자 "대신이 또한 말하니, 마땅히 뜻을 굽혀서 따르겠다"라고 물러선 적이 있었다.

연산군은 재위 4년(1498) 박원종을 이조참의吏曹參議로 삼았는데, 무과 출신을 문신의 인사권이 있는 이조참의로 삼은 것은 전례가 없었으므로 대간에서 간쟁했으나 연산군은 "다시 말하지 말라"고 입을 막았다. 박원종은 연산군 때 고속 출세의 길을 걸었다. 무오사화가 일어나는 연산군 4년 서른두 살의 나이로 이조참의·병조참의를 역임하고 같은 해 동부승지로 임명됐으며, 연산군 6년에는 서른넷의 나이로 종2품 평안도 병마절도사兵馬節度使가 되었다. 그러나 그때 변방에 여진족이 준동하고 있었으므로 박원종이 부친의 연로와 모친의 병을 핑계로 부임을 사양하자 그대로 들어주었다. 이때 사헌부에서 사직 청을 들어주는 것이 불가하다고 간쟁하자 연산군은 "이르기를 '임금을 섬기는 날은 길고, 어버이를 섬기는 날은 짧다'하였으니 어찌 들어주지 않을 수 있겠는가?"라며 종2품 동지중추부사로 임명해 서울에 머물러 있게 했다. 같은 해 연산군은 박원종을 지금의 서울 부시장에 해당하는 관직인 한성부 우윤右尹으로 삼았다. 대간에서 "한성부는 송사를 판결하는 임무가 지극히 무거우므로" 박원종이 우윤의 직함을 맡을 수 없다고 거듭 간쟁했으나 연산군은 뜻을 꺾지 않았다. 연산군 8년(1502) 1월 박원종이 "지난 여름부터 현기증이 있는데 부서簿書(서류)가 책상에 많이 쌓여 있으므로 시력이 더욱 피곤합니다"라며 우윤에서 해면시켜 달라고 요청하자 "다른 관사官司(관직)에 바꾸어 임명하라"고 말하면서 강원도 관찰사로 삼았다. 이때 사헌부 지평 정환鄭渙과 사간원 정언正言 윤경尹耕이 반대하고 나섰다.

"박원종은 마음 씀이 바르지 못하여 전일에 승지로 있다가 갈려 평안도 절도사가 되었는데, 그때 평안도에 적의 변란이 있었는데도 원종은 어미의 병을 핑계하여 사직하였습니다. 그런데 지금은 강원 감사가 되어 사직하지 않으니, 전일에 어미 병이라고 말한 것이 사실이 아니라면 이는 임금을 속인 것이요, 지금은 어미 병을 말하지 않는다면 이는 어버이를 버린 것입니다. 사람의 큰 일이 충성과 효도에 벗어나지 않는데, 충성하지 못하고 효도하지 못한다면 이는 큰 절개가 없는 것이니, 모름지기 개정하시기 바랍니다.(《연산군일기》8년 6월 18일)"

그러나 연산군은 들어주지 않았고 박원종은 그해 6월 29일 강원도로 떠났다. 그런데 박원종은 두 달 만인 9월 1일 서울로 오겠다며 휴가를 요청했고, 대간에서 다시 논박했으나 연산군은 휴가를 허락했다. 연산군은 박원종에 대해서는 대간이 아무리 논박해도 한 번도 들어주지 않을 정도로 편애했다. 연산군 9년(1503)에 박원종은 서울에 올라왔다가 어전에서 하직하고 곧바로 부임지로 가는 대신 성 밖에 머물러 창기와 잤는데, 이때도 대신과 대간의 심한 논박을 받았으나 연산군은 "창녀와 간음한 것은 박원종만이 아니니, 광패狂悖하다 할 것 없고, 문 밖에서 머물러 자는 것은 무방하다"라고 보호했다. 박원종에 대한 연산군의 총애는 광적이었다. 연산군이 재위 9년(1503) 12월 박원종을 의금부 동지사同知事로 임명했을 때도 "박원종이 법을 다루는 부서에 근무하는 것은 불가하다"고 대간에서 논쟁했으나 역시 들어주지 않았다.

흔히 박원종은 누이인 월산대군 부인 박씨가 연산군에게 강간을 당해 죽었기 때문에 반정을 결심했다고 알려지고 있다. 《연산군일기》가 그렇게 서술했기 때문이다. 연산군이 박씨를 간통한 것으로 서술한 《연산군일기》의 두 기록을 보자.

① 사신은 논한다. …… 왕이 박씨(월산대군 부인)에게 그 집에서 세자를 봉양하게 하다가 세자가 장성하여 경복궁으로 거처를 옮기자 박씨에게 특별히 세자를 입시入侍하게 명하고, 드디어 간통을 한 다음 은으로 승평부昇平府 대부인이란 도서圖書를 만들어 주었다. 어느 날 밤 왕이 박씨와 함께 자다가 꿈에 이정李婷(월산대군)을 보고는 밉게 여겨 내관內官으로 하여금 한 길이나 되는 철장鐵杖을 만들어 이정의 묘에 꽂게 하였는데 우레와 같은 소리가 들렸다.

－《연산군일기》12년 6월 9일

② 월산대군 이정의 처 승평부 부인 박씨가 죽었다. 사람들이 왕에게 종애

경기도 남양주시에 있는 박원종의 무덤

박원종은 누이가 연산군에게 간음당하여 죽자 분노하여 반정을 일으킨 것으로 알려져 있으나 사실은 연산군의 총애를 입어 승승장구한 인물이었다.

를 받아 잉태하자 약을 먹고 죽었다고 말했다.

-《연산군일기》12년 7월 20일

①, ② 두 기록이 연산군이 백모(伯母)인 월산대군의 처 박씨와 간통했다고 믿게 만든 구절이었다. 두 기록의 공통점은 모두 사관이 직접 본 것이 아닌 전언(傳言)이란 점이다. 연산군은 사람을 많이 죽였으므로 적이 많았다. 그만큼 그에 대한 이야기도 과장될 소지가 많은 셈이다. 연산군은 쫓겨날 때 서른한 살이었다. 월산대군 부인 박씨의 정확한 나이는 알 수 없지만 월산대군은 그녀와 결혼한 세조 12년(1466)에 열세 살이었다. 당시 왕자의 부인들 대부분이 동갑 아니면 여성이 한 살 정도

많았는데 월산대군의 경우도 마찬가지였을 것이다. 동갑이라고 칠 경우 부인 박씨가 사망한 연산군 12년에 그녀는 쉰셋으로서 연산군과 스물두 살 차이였다. 지금처럼 의학이 발달하지 못한 그 시절에 쉰셋의 나이로서 아이를 잉태할 수는 없다는 점에서 ②번 기록은 악의적 날조였다. 연산군은 세자의 유모에게 정성을 다함으로써 왕실의 권위를 높이려 했던 것이다. 연산군은 쫓겨나는 해에도 박원종에게 특은을 베풀었다. 쫓겨나기 석 달 전에 특별히 한 품계를 더 올려 주었으며, 7월에는 누이 박씨가 위독하다는 이유로 북도절도사北道節度使로 있던 그를 서울로 부르고 경직을 주었다. 적어도 연산군은 박원종이 반정을 주도할 줄은 꿈에도 몰랐을 것이다.

성희안도 크게 다르지 않다. 그는 예조참의로 있던 연산군 10년 (1504) 3월 연산군 생모의 무덤인 회릉懷陵에 대한 제사를 종묘의 의식대로 해야 한다고 주청했고, 폐비 윤씨를 제헌왕후齊獻王后로 추숭追崇하는 것에 대해서도 적극 찬성했다. 연산군은 재위 10년 폐비 윤씨를 사사하는 데 관련된 인물들을 대거 사형시키는 갑자사화를 일으키는데, 성희안은 그 와중인 그해 윤4월 죄인들을 다스리는 형조참판으로 승진했고, 5월에는 이조참판으로 영전했다. 그러나 그해 10월 연산군이 아차산에서 사냥할 때 이조참판 겸 우상대장右廂大將으로 군사들을 지휘하다가 군사들의 보인保人(군에 직접 복무하지 않던 병역 의무자. 군사 한 명에 두 명에서 네 명 정도 배당했다)들이 금표 안에 들어오는 것을 단속하지 못했다는 이유로 문책을 받고 좌천되었다. 연산군이 폭군인지 여부를 떠나서 군사 지휘관으로서 금표 안에 보인들이 들락거리게 한 것은 명백한 지휘 잘못이었다.

유순정은 한 술 더 뜨는 인물이었다. 그는 연산군이 쫓겨나기 두 달 전인 재위 12년(1506) 7월 이조판서로 특진되었고, 그 달 주요 대신들이 연산군에게 충성을 다 바치겠다는 내용의 경서문敬書文을 옥으로 새기는데 거기에 이름이 올라간 인물이었다. 이 경서문에는 유순ㆍ김수동ㆍ유자광ㆍ구수영 등 연산군의 어린 네 아들을 죽여야 한다고 주청한 대신들이 모두 올라가 있었다.

　연산군은 철썩 같이 믿고 신임했던 인물들에게 쫓겨난 것이었다. 연산군이 쫓겨나던 날《연산군일기》는 연산군의 동태를 이렇게 전하고 있다.

승지 윤장尹璋·조계형曺繼衡·이우李墀가 변을 듣고 창황히 들어가 왕에게 사뢰니, 왕이 놀라 뛰어 나와 승지의 손을 잡고 턱이 떨려 말을 하지 못하였다.

　승지 윤장 등은 "바깥 동정을 살핀다고 핑계하고 차차 흩어져 모두 수챗구멍으로 달아났는데, 더러는 실족하여 뒷간에 빠지는 자도 있었다"라고 덧붙이고 있다. 반정 당일 연산군은 말을 하지 못할 정도로 크게 겁먹고 있었다는 것이다. 그러나《연려실기술》은 〈장빈호찬長貧胡撰〉이란 야사를 인용해 전혀 다른 모습을 전하고 있다.

변變이 일어나던 처음에 폐주廢主(연산군)는 급히 활과 화살을 가지고 오라 했는데, 측근들이 이미 밖으로 도망가 아무도 없었다.

　연산군은 반란을 진압하기 위해 활과 화살을 찾았다는 것이다. 그러나 자신 주위의 측근들이 모두 반정에 가담했으므로 진압할 수가 없었다.
　이날 왕으로 추대된 진성대군의 행적에 대해서도《연산군일기》와 《중종실록》이 전하는 내용에 차이가 있다.

① 윤형로尹衡老를 금상(중종)의 사저私邸에 보내어 그 사유를 아뢰고 그대로 머물러 모시게 하고, 이어서 운산군雲山君 이성李誠과 무사 수십 명을 보내어 시위하여 비상에 대비하게 하였다.

-《연산군일기》

② 먼저 구수영 · 운산군 · 덕진군德津君을 진성대군(중종)의 집에 보내 거사한 사유를 갖추어 아뢴 다음 군사를 거느리고 호위하게 하였다. 또 윤형로를 경복궁에 보내 대비게 아뢰게 한 다음, 드디어 용사勇士를 신수근愼守勤 · 신수영愼守英 · 임사홍任士洪 등의 집에 나누어 보내어, 위에서 부른다 핑계하고 끌어내어 쳐 죽었다.

-《중종실록》

진성대군을 맞으러 간 인물부터《연산군일기》는 윤형로라고 적고 있는 반면《중종실록》은 구수영 등이라고 달리 적고 있다.《연산군일기》에서 중종을 맞으러 갔다고 말한 윤형로를《중종실록》에서는 대비에게 반정을 전한 사람이라고 기록하고 있다. 반정에서 누구를 국왕으로 추대하는가 하는 점은 극히 중요하다. 그러나 중종반정 당시 중종은 반정이 일어난 사실 자체를 몰랐다. 그는 다만 성종과 정현왕후의 아들이기 때문에 왕이 된 것이었다. 임금으로 모시던 연산군은 쫓아냈지만 성종의 아들을 추대함으로써 성종의 정통성을 잇는다는 명분이 필요했던 것이다.

이날의 쿠데타는 연산군뿐만 아니라 대비 정현왕후 윤씨에게도 충격이었다. 쫓겨나기 몇 시간 전인 재위 12년 9월 1일《연산군일기》는 의미심장한 행사를 전해 주고 있다.

왕이 문소전文昭殿과 혜안전惠安殿에 직접 제사를 지내고 경복궁에 돌아와 대비에게 잔치를 올렸다.

연산군이 이날 태조 등을 모신 문소전과 폐모 윤씨를 모신 혜안전에 직접 제사를 지내고 정현왕후에게 잔치를 올렸던 것이다. 연산군이 올리는 잔치를 받던 대비는 불과 몇 시간 후에 연산군이 쫓겨날 것이라고는 꿈에도 예상하지 못했을 것이다. 연산군은 시종 진성대군의 생모 정현왕후 윤씨에게 극진하게 대했다. 정현왕후가 경복궁으로 거처를 옮기자 연산군은 경회루 연못에 공사公私의 배를 가져다가 가로로 연결하고 그 위에 판자를 깔아 평지처럼 만들고는 화려한 누각을 만들었다. 또한 연못에 비단으로 꽃을 만들어 심고 용주화함龍舟畫艦을 띄워 서로 휘황하게 비추게 했다. 계모를 위해 정성을 다하는 연산군에게 정현왕후가 불만을 가질 이유는 없었다.

경복궁에 있는 정현왕후에게 박원종 등 반정 세력들이 달려온 것은 9월 2일 날이 밝을 무렵이었다. 어제 저녁까지도 연산군에게 충성을 다하던 인물들이 새벽에 대거 경복궁으로 달려오는 것이 대비로서는 의외였을 것이다. 이들의 말은 더 충격적이었다.

"대소 신민이 진성대군에게 쏠린 지 이미 오래이므로, 이제 추대하여 종사의 계책을 삼고자 감히 대비의 분부를 여쭙니다."

자신의 친아들을 추대하겠다는 데 대한 정현왕후의 반응은 뜻밖이 있다.

"변변치 못한 어린 자식이 어찌 능히 중책을 감당하겠소? 세자는 나이가 장성하고 또 어지니 뒤를 이을 만하오."

진성대군이 아니라 세자 이황에게 왕위를 잇게 하라는 뜻이었다. 반정공신들에게 이는 자신들을 죽이겠다는 소리나 마찬가지였다. 영의정 유순 등이 다시 아뢰었다.

"여러 신하들이 계책을 협의하여 대계가 정해졌으니 고칠 수 없습니다."

정현왕후의 자지慈旨(대비의 명령)는 형식상 필요할 뿐이었다. 반정 세력들의 말대로 '대계'는 이미 정해진 것이었다. 자신의 아들을 세우는 '대계'였으므로 정현왕후는 더 이상 반대하지 않았다. 대비의 허락을 받은 반정 세력들은 비로소 진성대군의 사저로 달려갔다. 진성대군은 졸지에 떠밀려 국왕이 된 것이었다.

반정 세력들은 이렇게 대세를 장악했지만 아직 문제가 남아 있었다. 연산군에게 옥새를 받아 내야 하는 것이었다. 만약 연산군이 옥새 제출을 거부할 경우 큰 문제가 발생할 수 있었다. "역적을 토벌하라"는 전지에 옥새를 찍어 각 도 관찰사에게 보내면 내란이 발생할 것이었다. 영의정 유순 등은 연산군에게 옥새를 받기 위해 머리를 짜냈다.

"옛날부터 폐립할 때 죄를 추궁하지 않았던 경우는 오직 창읍왕昌邑王뿐이었다. 지금은 모름지기 잘 처리해야 한다. 마땅히 사람을 보내어, '인심이 모두 진성에게 돌아갔다. 사세가 이와 같으니, 정전正殿을 피하여 주고 옥새를 내놓으라'라고 고하면 반드시 좇을 것이다."

한漢 무제武帝의 손자 창읍왕은 서기전 74년 소제昭帝의 뒤를 이어 즉위했으나 27일 만에 곽광霍光에게 쫓겨난 인물이었다. 창읍왕의 뒤를 이어 효선제孝宣帝 중종中宗이 즉위했다. 그러나 창읍왕은 쫓겨나고도 서기전 63년까지 11년 이상 살아 있었으니 쫓겨난 황제로서는 진기록이었다. 유순 등은 승지 한순韓恂과 내관 서경생徐敬生을 창덕궁에 보내 창읍왕의 예를 들면서 회유했다. 목숨을 살려 주겠다는 회유였다. 쿠데타 당일까지 쿠데타가 발생하리라는 사실을 몰랐던 영의정 유순은 이렇게 어제의 군주를 협박, 회유하는 일을 자청해 신권력으로 말을 갈아타는 놀라운 생명력을 보이고 공신까지 되었다.

연산군은 모든 것을 포기한 상태였다. 《중종실록》은 연산군이 "내 죄가 중대하여 이렇게 될 줄 알았다. 좋을 대로 하라"고 말하면서 "시녀를 시켜 옥새를 상서원尙瑞院 관원에게 주게 했다"고 전한다. 연산군이 "내 죄가 중대하여"라고 말했을 리는 없지만 옥새를 내주지 않을 수는 없었다. 어제의 영의정·우의정이 오늘은 저쪽에 붙어 자신을 협박하는 상황에서 다른 방법이 없었다.

⚫   폭군의 이면에 감춰진 진실

중종 1년 9월 7일 연산군을 강화 교동에 안치하고 온 심순경沈順徑 등이 돌아와 보고했다.

"가는 길에 노인과 아이들이 모두 달려 나와 서로 손가락질하면서 통쾌히 여겼습니다."

심순경은 교동의 연산군 거처는 둘레에 높은 울타리를 쳐서 해가 보이지 않았다고 보고했다. 집 주위에 가시울타리를 친 위리안치圍籬安置

였던 것이다. 작은 문 하나로 음식을 들여야 했다.

"울타리 안에 들어가자 시녀들이 목 놓아 울었습니다. 제가 하직을 고하니, '나 때문에 먼 길을 고생했으니 고맙다'라고 치하했습니다."

심순경은 노인과 아이들까지 연산군이 쫓겨나는 것을 통쾌하게 여겼다고 전했다. 그러나 연산군에 대한 종합 평가인《연산군일기》〈총서〉는 "즉위하여서는 궁 안에서의 행실이 흔히 좋지 못했으나, 외정外庭에서는 오히려 몰랐다"라고 의외의 사실을 전한다. 연산군에 대한 비난 일색인《연산군일기》에서 연산군이 폭군인 것을 "외정에서는 오히려 몰랐다"고 말하고 있는 것이다. 그렇다면 노인과 아이들은 손가락질하며 통쾌하게 여기는 것이 아니라 임금이 하루아침에 쫓겨난 뜻밖의 변고에 대해서 크게 놀라야 했다.

중종 즉위일인 중종 1년(1506) 9월 2일자《중종실록》은 "사신은 논한다"라면서 연산군이 왜 폭군인지를 설명하고 있다.

"연산은 성품이 사납고 살피기를 좋아하여 가혹한 정치를 했다. 주색에 빠져 제사를 폐했으며, 쫓겨난 어미를 추숭하면서 대신을 많이 죽였으며, 간쟁하는 것을 듣기 싫어하여 언관을 죽이고 유배 보냈다. 서모庶母를 매를 쳐 죽이고 여러 아우들을 먼 변방으로 유배 보냈다."

사신이 바라보는 연산군의 가혹한 정치는 '제사를 폐지하고, 대신을 죽이고, 언관과 서모, 이복형제들을 죽이거나 유배 보냈다'는 것이다. 이는 모두 왕실이나 조정 관료들과 관련된 문제들이었다.

"연산은 스스로 그 잘못을 알고 말하는 이가 있을까 두려워서, 경연을 폐지하고 사간원·홍문관을 혁파했으며, 지평(사헌부 관리) 2원員을 감하였다. 무릇 상소·상언上言·격고擊鼓(신문고를 치는 것) 등의 일은 일체 모두 금지하였다."

이 역시 조정의 관료들에 대한 문제였다. 이 기록은 이어서 연산군의 형벌을 세세하게 적고 있다. 불에 달군 쇠로 몸을 지지는 낙신烙訊, 마디마디 잘라 죽이는 촌참寸斬, 죽은 사람의 시신을 관에서 꺼내 목을 베는 부관참시剖棺斬屍, 뼈를 빻아서 바람에 날리는 쇄골표풍碎骨飄風 등 온갖 형벌 방법이 총동원된다. 그런데 이런 형벌을 받은 사람들은 대부분 폐모 윤씨가 사약을 받고 죽는 데 관련된 조정 관료들이었다.

물론 이때의 사신이 연산군이 왕실과 관료들에게만 혹독한 정치를 했다고 비판하는 것은 아니다. 사신은 연산군이 일반 백성들에게도 폭군이었다고 비판하고 있다.

"사직북동社稷北洞 에서 흥인문興仁門(동대문)까지 인가를 모두 철거하여 표를 세우고, 인왕점仁王岾에서 동쪽으로 타락산駝駱山까지 백성을 많이 징발하여 높은 석성石城을 쌓았다. 광주廣州·양주楊州·고양高陽·양천陽川·파주坡州 등의 읍을 혁파하고 백성들을 모두 쫓아내어 내수사內需司의 노비가 살게 하고 …… 나그네들이 몹시 괴로워하고 땔나무를 하기도 또한 어려웠다.(《중종실록》1년 9월 2일)"

먼저 사직북동에서 흥인문까지 인가를 모두 철거했다는 기록을 살펴보자. 연산군은 실제로 재위 9년 11월 5일 승지들에게 궁궐 담장 근처의 인가 철거 문제에 대해 언급했다.

"궁궐 담장 아래 100척尺 내에 집을 짓는 것은 법에서 금하고 있으므로, 법을 어기고 집을 지은 것에 대해 해당 관사에서 보고해야 하는데 아뢰지 않는 것은 원래부터 위를 업신여기는 풍습이 있기 때문이다."

궁궐 담장 아래 100척 이내에는 집을 짓지 못하는 것이 조선의 국법이란 뜻이었다. 한 척은 약 30센티미터이니 100척은 약 30미터였다. 금지 구역 안의 건축을 단속하지 않으니까 많은 집이 들어섰다는 이야기다. 관에서 묵인한 불법 주택들이란 뜻이다. 연산군은 이 문제의 해결방안에 대해 승지들의 의견을 물었다.

"병조 · 공조와 한성부의 당상관이 집 주인들을 모아 철거의 뜻을 효유曉諭(깨달아 알아듣도록 타이름)하게 하는 방안이 승지들이 보기에는 어떠한가?"

연산군이 병조 · 공조 · 한성부를 철거 담당 부서로 지명한 것은 이유가 있었다. 대궐 담장에 민가가 붙어 있어서 발생하는 호위 문제는 병조가, 집을 짓고 철거하는 것은 공조와 한성부가 나서게 했던 것이다. 연산군은 불법 건축물이라는 이유로 무조건 철거시킨 것이 아니라 당상관을 보내 먼저 집 주인을 설득시키라고 명했다. 뿐만 아니라 연산군은 각 부서의 당상들을 불러 대책까지 제시했다.

"집 헐리는 사람들에게 비록 넉넉히 주지는 못하지만 무명을 조금씩 나누어 주어 나라의 뜻을 알게 하라."

불법 주택이지만 헐리는 사람들에게 당시 화폐이던 무명을 보상금으로 나누어 주라는 명령이었다. 연산군의 이 명령을 듣고 병조판서 강귀손姜龜孫이 보상 대책에 대해 보고했다. 먼저 그는 철거하는 주택을 큰 집〔大家〕 · 중간 집〔中家〕 · 작은 집〔小家〕 · 아주 작은 집〔小小家〕의 4등급으로 나누었다.

"큰 집에는 무명 50필, 중간 집에는 30필, 작은 집에는 15필, 아주 작은 집에는 10필씩 주시기 바랍니다."

연산군은 불법 주택에도 소정의 보상금을 지급했던 것이다. 문제는 겨울이라는 점이었다. 그래서 연산군은 다시 전교를 내렸다.

"지금 한창 춥고 얼어서 집을 헐기가 어려우니 우선은 집을 비우고 인구를 수색해 내어 출입을 금하였다가 오는 봄을 기다려 곧 헐게 하라."

겨울에 철거하기 어렵기 때문에 우선 집은 비우게 하되 철거는 봄에 하라는 명령이었다. 집에서 쫓겨난 사람들은 어디로 가야 했을까? 연산군은 이 부분에도 신경을 썼다. 11월 6일 병조 · 공조 · 한성부에 다시 전교를 내렸다.

"집을 비운 백성들이 편하게 거주할 곳(安接處)를 마련해 아뢰어라."

한 겨울에 백성들을 그냥 내쫓은 것이 아니었다. 백성들이 편안하게 거주할 곳을 마련해 보고하라고 명하자 한성 판윤判尹(시장) 박숭질 등이 아뢰었다.

"도성 안의 경저京邸나 빈 집을 원하는 대로 빌려 거주하게 하려는데, 만일 빌리려고 하지 않으면 관에서 독려하는 것이 어떻겠습니까?"

경저란 지방의 경저리京邸吏인 이서吏胥가 머물면서 일하던 일종의 출장소였다. 이런 경저나 빈 집을 원하는 대로 빌려 거주하게 하자는 방안이었다. 그러나 주택 철거 문제는 쉽지 않았다. 대간에서 반대했기 때문이다. 11월 6일 사헌부 장령 이맥李陌이 반대하고 나섰다.

"대궐을 내려다보는 집은 마땅히 철거해야 하지만 그 중 오래된 집들도 함께 철거하는 것은 합당하지 못합니다."

연산군이 철거하려는 집은 대궐을 내려다보는 위치에 있는 불법 주택들이었다. 오래된 집들은 그냥 두자는 대간의 반대를 연산군은 일축했다.

"궁궐 담 밖의 집 건축은 법으로 금하고 있는데 백성늘이 법을 놓아

보지 않고 집을 지었으니 마땅히 법으로 논하여야 할 것이지만 지금 도리어 빈 땅을 떼어 주었다. 또 심한 추위에 의지할 곳이 없다 해서 봄까지 기다려 철거하게 했으니 역시 혜택을 많이 받은 것이다."

연산군은 일정 액수의 보상금을 주고 새로 집을 지을 수 있는 빈 땅을 떼어 주고 봄까지 철거를 연기한 것이다. 그러나 이 문제는 그리 쉽게 정리되지 않았다. 11월 9일 사헌부 집의 이계맹李繼孟이 다시 문제를 제기했다.

"금지하는 지역 안에 집을 지은 것은 그르지만 조부祖父 이래 전하여 온 지가 벌써 오래되었으니, 하루아침에 철거함은 마땅하지 않습니다."

그러면서 이계맹은 송宋나라 조빈曹彬이 자제들이 퇴락한 집을 수리하자고 청하자 "추울 때는 담장과 벽 사이에 온갖 벌레가 움츠리고 있으니 헐 수 없다"고 반대한 고사를 인용했다.

"조빈이 움츠린 벌레 때문에 집을 수리하지 않은 것이 임금으로서 생각해야 할 일입니다."

그러자 연산군이 반문했다.

"집을 헐리고 원망하며 근심하는 심정을 내가 모르는 것이 아니다. 그러나 사리를 아는 조사朝士(벼슬아치)들도 법을 범하면서 집을 지은 자가 많으니 헌부憲府(사헌부)에서 당연히 죄주기를 청하여야 할 것인데, 지금 도리어 말을 하는 것이냐?"

궁궐 근처에 집을 지은 자 중에는 벼슬아치들도 많이 있었다. 사헌부가 백성들을 빙자하지만 속으로는 벼슬아치들의 이해를 대변하는 것이 아니냐는 반문이었다.

일부 벼슬아치의 집이 포함되어 있다고 해도 백성들이 사는 집을 철거하는 것은 비난받을 소지가 있었다. 이때 연산군이 철거하려 한 집들은 창덕궁 후원 동쪽 인가들과 자수궁慈壽宮과 수성궁壽成宮 인근 민가, 그리고 경복궁을 내려다보는 집들이었다. 자수궁은 연산의 생모 윤씨가 거처하던 곳이었다가 수성궁과 함께 성종의 후궁들이 살고 있었다. 선왕의 후궁들이 거처하는 곳 근처에 민가가 있으면 문제가 있다고 판단한 것이었다. 또한 창덕궁 후원 동쪽 인가들과 경복궁을 내려다보는 민가들은 왕실의 보호를 위한 것이었다. 이런 집들을 철거하면서 대체 토지와 임시 거주지를 마련해 주고 보상비까지 준 것을 가지고 폭군의 증거라고 보기는 어렵다.

광주廣州 등 다섯 읍을 혁파했다는 이야기도 마찬가지다.《연산군일기》10년(1504) 4월 지언池彦 · 이오을李吳乙 · 미장수未長守 등이 '위에 관계되는 불경한 말'을 했던 사건이 있었다. 이때 다섯 고을을 혁파한 것으로 기록되어 있지만 1년 후인 재위 11년 7월 광주 판관判官 최인수崔仁壽를 파직하라는 명령이 있는 것을 보면 광주는 계속 존재했던 것을 알 수 있다. 다섯 고을 혁파는 엄포였거나 혁파했어도 곧 원상태로 돌아갔다는 뜻이다.

다섯 읍 혁파는 이궁離宮, 즉 행궁行宮 설치 문제가 과장되게 전해진 것이다. 연산군은 재위 11년 7월 1일 승정원에 전교를 내렸다.

"장의문藏義門 밖이 산과 물이 다 좋아 한 조각 절경이므로, 금표禁標를 세우고 이궁 수십 칸을 지어 잠시 쉬는 곳으로 삼고자 하니, 의정부와 의논하여 지형을 그려서 바치라."

영의정 유순 등이 즉각 답했다.

"상의 분부가 참으로 마땅하십니다."

그러나 사관은 영의정 유순 등이 찬성한 이 조치에 대해서 강하게 비판하고 있다.

"이로부터 동북으로 광주 · 양주 · 포천 · 영평에서, 서남으로는 파주 · 고양 · 양천 · 금천 · 과천 · 통진 · 김포 등에 이르는 땅에서 주민 500여 호를 모두 내보내고, 내수사의 노자奴子(사내종)를 옮겨서 채우고, 네 모퉁이에 금표를 세우고, 함부로 들어가는 자는 기시棄市(죽여서 시신을 구경시킴)를 하니, 나무꾼 · 목동의 길이 끊겼다."

그런데 동북으로 광주 등 네 고을, 서남으로 파주 등 일곱 고을의 이주시킨 민가의 숫자가 500여 호에 불과했다는 사실은 다섯 고을을 혁파했다는 사신의 주장이 과장임을 말해 준다. 영조 때 편찬한《여지도서輿地圖書》에 따르면 양주의 호수는 1만 1,300여 호에 인구는 5만 2,000여 명이었다.

함부로 들어가는 자는 기시했다는 것도 사관의 과장이다. 그해 7월 22일 연산군은 추석을 앞두고 이런 명령을 내린다.

"이제부터 모든 속절俗節에는, 금표 안에 무덤이 있는 자에게 2일을 한하여 제사 지내러 들어가는 것을 허가하되, 마구 다니지는 못하게 하라."

속절俗節, 곧 명절에는 2일 동안 금표지에 들어가도록 허락했다는 뜻이다. 이궁 건축 예정지 안에 있는 민가를 철거하는 것은 과거에도 있었던 일이었다. 대궐 담 근처의 불법 가옥들에게도 보상해 주고 대체 토지를 마련해 주었으므로 이때도 마찬가지 조치를 취했을 것이다. 이때 이궁의 규모는 어느 정도였을까? 연산군은 1년 전인 재위 10년 7월 조에 이미 승정원에 이궁 건축과 관련된 명령을 내렸다.

"큰 집 50칸을 지을 재목을 미리 장만하라. 창경궁과 같이 이궁을 지을 것이니, 그 재목도 미리 장만하라."

99칸짜리 민간 부호가 드물지 않은 상황에서 이궁 50칸은 그리 큰 궁궐이 아니었다. 연산군은 왜 이궁을 지으려고 했을까? 같은 달 28일 연산군은 여러 재상 및 승정원에 이궁 건축에 대해서 물었다.

"임금에게는 한두 이궁이 없어서는 안 된다. 궐내에 온역瘟疫(전염병)이라도 발생하면 옮겨 거처할 곳이 있어야 하고 또 사대부일지라도 집 몇 채를 가졌거늘 하물며 한 나라의 임금이 어찌 별궁을 만들 수 없겠는가? 가까운 일로 보건대, 무신년(성종 29)에 대비께서 편찮으셔서 부득이 인가로 피어避御하셨으니, 어찌 국가의 체모에 합당하겠는가? 비록 창경궁이 있으나 제도가 좁으니 따로 이궁을 꾸밈이 어떠한가? 경궁요대瓊宮瑤臺(구슬 등을 박은 화려한 궁궐)를 만든다면 옳지 않으나, 이는 부득이한 바이니, 일꾼이 모자라면 외방의 승군僧軍을 부려야 하리라.(《연산군일기》 10년 7월 28일)"

모든 대신들이 한 목소리로 말했다.

"상의 분부가 참으로 마땅하십니다."

"사대부일지라도 집 몇 채를 가졌거늘"이라는 연산군의 말은 현실을 정확하게 집은 것이었다. 그대들 대부분 몇 채씩의 집을 가졌지 않느냐는 반문이었다. 또한 겨우 50칸짜리 이궁을 짓겠다는 데 반대할 수도 없었다. 그러나 50칸짜리 이궁 건축도 계속 지연되다가 1년 후에야 겨우 장소를 마련할 수 있었다. 연산군은 재위 11년 6월에 이궁 건축 장소에 대한 명령을 내렸다.

"장의사藏義寺 터에 이궁을 따로 꾸며서 피어하는 곳으로 삼으라."

장의사 터는 지금의 종로구 신영동 세검정초등학교가 있던 자리이

다. 세검정에 이궁을 짓고 도
성에 전염병이 돌면 잠시 피하
거나 휴식하는 곳으로 삼으려
했던 것이다. 이 구절을 전하
면서 사관은 동북 4개 현, 서남
7개 현의 500여 호를 내보내
고 들어가면 기시했다고 비판
했던 것이다. 그러나 끝내 50

칸짜리 이궁도 짓지 못했다는 점에서 이 역시 연산군을 백성들을 괴롭
히는 폭군으로 몰기 위한 사관의 과장임을 알 수 있다.

연산군은 왜 쫓겨났는가?

성종 16년(1485) 12월 9일 형조판서 성준成俊이 세자 이융의 학문 습득
순서에 대해서 성종에게 보고했다.

"세자가 지금 이미 《소학小學》·《대학大學》·《중용中庸》·《논어論語》 등

의 책을 읽었으니 서연書筵에 청하여 앞으로는 뜻까지 해석하게 하소서."

서연書筵은 사부師傅나 빈객賓客 같은 세자의 스승들이 공부를 가르치는 자리를 뜻했다. 이때 연산군의 나이 열 살인데,《대학》·《중용》·《논어》 같은 경서를 읽었으니 그리 떨어진다고 볼 수는 없었다. 다만 아직 그 뜻을 해득하지는 못했다는 의미이다. 열 살짜리가《대학》·《논어》의 깊은 뜻을 알기에는 무리였다.

약 1년 후인 이듬해 11월 세자의 학습을 담당하는 서연관이 다시 성종에게 보고했다.

"세자가《논어》를 다 읽었습니다."

"이제부터《맹자孟子》를 읽히도록 하라"

1년 전에도 읽었다는《논어》를 이제 다 읽었다는 보고는 세자에게 공자 이야기가 그리 와 닿지 않았음을 짐작하게 해 준다. 세자가 17세 때인 성종 23년(1492) 1월에는 성종이 승정원에 직접 전교를 내려 세자의 학문 수준에 우려를 표명한다.

"세자의 학문은 여러 유생들이 동료 학생들과 함께 글을 강론하며 갈고 닦은 것과 같지 않고, 단지 서연관으로부터 구두句讀의 가르침만을 받았을 뿐이다."

세자는 동료 유생들과 토론하면서 배우지 못하고 서연관으로부터 구두의 가르침만 받았기 때문에 학문 수준이 높지 못하다는 뜻이다. 구두란 문장을 나누는 방법을 뜻한다. 이 말은 세자가 문장을 나누어 읽을 줄은 알지만 역시 문장의 깊은 뜻은 알지 못함을 의미한다. 그 뜻은 체화하지 못했다는 이야기다. 그래서 성종은 세자 학습 방법을 변경하기로 했다.

"고금의 일의 변천과 홍망과 치란治亂의 자취를 알지 않을 수 없다. 세자 나이 지금 17세지만 문리文理를 해득하지 못해서 내가 심히 근심하고 있다."

17세에 이르기까지 문리를 해득하지 못했다는 것은 큰 문제였다. 조선의 학습 순서는《논어》·《맹자》같은 유학 경서를 읽은 후《춘추》·《사기史記》같은 역사서로 넘어가는 것이었다. 성종이 "고금의 일의 변천과 홍망과 치란의 자취"에 대해서 언급한 것은 경서를 다 떼지 못했을지라도 역사서 학습으로 넘어가자는 뜻을 갖고 있었다. 같은 달 29일 좌승지 권경희權景禧는 성종이 암시한 방법론을 지지하고 나선다.

"세자께서 오로지 경서經書만을 읽으시기 때문에 금년에 이미 17세인데도 아직도 문리를 해득하지 못하십니다. 더욱이 세자께서 고금의 치란의 자취를 몰라서는 더욱 안 될 것이니, 모름지기 먼저 사서史書를 읽으셔야 합니다. 그러면 문리도 또한 쉽게 통할 것입니다."

성종이나 권경희는 경서가 세자에게 잘 맞지 않는다고 생각하고 있었다. 그래서 앞으로는 구체적인 사례가 담겨 있는 역사서를 읽혀서 문리를 통하게 하자는 말이었다. 사상서인 경서보다는 구체적인 사례들이 담겨 있는 역사서가 더 쉽지 않겠느냐는 뜻이었다. 또한 다양한 역사 사건과 사례는 나라를 다스리는 데 반드시 필요한 학문이기도 했다. 이것은 성종의 생각과도 같은 것이어서 성종도 동의했다.

"그렇다. 영의정이 일찍이 '《춘추》를 읽히는 것이 옳다'고 하였고, 나도 또한《춘추》는 선악을 포폄褒貶(옳고 그름을 판단함)한 책이며 치란과 득실이 담겨져 있으니, 이 또한 역사라고 생각한다. 그러므로 세자가《시경》을 다 읽기를 기다려서《춘추》를 읽히겠다."

세자에게는 유교 이념이 와 닿지 않았다. 《성종실록》은 연산군 때 만들어졌고, 그 편찬 과정에서 무오사화가 발생해 사관 김일손金馹孫과 권경유權景裕 등이 사형까지 당했기 때문에 일부러 세자에게 불리한 내용을 실을 수는 없었다. 《성종실록》은 반정 후 연산군 악인 만들기가 시작되기 이전에 쓴 것으로서 세자에 관한 기술에는 신빙성이 높다. 연산군이 쫓겨나던 날의 《연산군일기》는 어린 시절 공부에 대해 서술하고 있다.

"왕(연산군)이 오랫동안 스승 곁에 있었고 나이 또한 장성했는데도 문리를 통하지 못했다. 하루는 성종이 시험 삼아 서무를 재결시켜 보았으나 혼암昏闇(어리석어 사리에 어두움)하여 분간하지 못했다."

《연산군일기》는 성종이 꾸짖은 내용을 전한다.

"생각해 보라. 네가 어떤 몸인가? 어찌 다른 왕자들과 같이 노는 데만 힘을 쓰고 학문에는 뜻이 없어 이같이 어리석고 어둡느냐?"

사신은 연산군이 이 꾸중을 듣고 부왕 뵙기를 꺼려 불러도 아프다는 핑계로 가지 않은 적이 많았다고 비판하고 있다. 《연산군일기》〈총서〉도 "어렸을 때 학문을 좋아하지 않아서 세자시강원의 관리가 공부하기를 권계勸戒(타일러 주의시킴)하면 매우 못마땅하게 여겼다"라고 전하고 있다. 《연산군일기》는 연산군에 대한 악감정으로 서술한 기록이지만 앞의 《성종실록》과 비교해도 세자 시절 연산군은 17세 때까지 문리를 통하지 못했던 것은 사실로 보인다.

그러나 연산군이 모든 학문에 뒤처진 것은 아니었다. 그는 시에는 능한 반면 유교 경전과는 잘 맞지 않았다. 왜 나라를 유교 이념으로 다스려야 하는지 이해할 수 없었던 것이다. 연산군은 유교 성지에 대한 확고한 신념을 갖지 못한 채, 아니, 왜 유교 이념으로 나라를 다스려야 하는지를 이해하지 못한 채 19세의 나이로 즉위했던 것이다.

연산군이 즉위 후에도 유교 이념을 별로 중시하지 않은 것은 그의 성향으로 볼 때 당연했다. 즉위 직후 연산군이 유학을 한 신하들과 처음으로 충돌한 것은 수륙재水陸齋 때문이었다. 불가에서 물·뭍의 여러 귀신에게 음식을 차려 주며 경을 읽는 법회가 수륙재인데 성종의 영혼을 위한 일종의 천도재였다. 유교 정치의 수호자들인 대간에서 반대한 것은 당연했다.

"대행대왕이 불도를 본디 믿지 않으셨는데, 이제 칠칠일에 수륙재를 지낸다면 효자가 어버이를 받드는 뜻이 아니오니, 지내지 마소서."

이 문제로 연산군은 갈팡질팡했다. 수륙재를 강행하려다가 대간과 홍문관·승정원까지 반대하자 지내지 않기로 후퇴했다가 잠시 후 다시 말을 바꿔 강행하겠다고 하는 등 일관된 원칙을 지니지 못하고 있었다. 이는 연산군이 철학이 아니라 힘의 논리에 따라 정치를 하고 있음을 보여주는 것이었다. 연산군은 힘이 아니라 유교 이념이 자신과 조선을 지배하는 것에 큰 불만을 갖고 있었다. 그래서 갑자사화로 왕권이 극도로 강해지자 재위 10년 12월 유교 정치의 핵심 기관인 홍문관의 주요 관직들을 혁파했던 것이다.

"홍문관은 스스로 임금의 스승이라 하여 교만하고 방종하다. 또 이름을 정언이라 한 것은 말이 바른 것이고, 지평이라 한 것은 공평을 집으라는 것이고, 집의라 한 것은 의리를 잡으라는 것이다. 그 이름이 이와 같은 데도 정언이란 자는 말이 바르지 않고, 지평이란 자는 공평하지 못하니 모두 혁파하라.《연산군일기》 10년 12월 26일)"

이처럼 홍문관을 혁파한 연산군은 쫓겨나기 석 달 전에는 성균관의 7품 이하 관원까지 혁파했다. 한마디로 조선의 통치 이념이 유학이란 사실을 인정하지 않겠다는 뜻이었다. 유학 정치 체제보다 국왕 중심의 정치 체제를 만들겠다는 뜻이고 국왕의 뜻이 유교 이념보다 더 상위의 개념이라는 뜻이었다. 이는 유학으로 무장한 선비들이 나라를 다스리는 것이라고 생각했던 사대부들의 반발을 살 수밖에 없었다. 유교 정치 이념을 부인함으로써 연산군은 조선 사대부들의 극복 대상으로 전락했던 것이다.

신하들의 가산을 빼앗다

연산군 3년(1497) 8월 천문습독관天文習讀官 오세형嗚世亨은 한밤중에 승정원으로 들어갔다. 그의 손에는 한 장의 봉서封書가 들려 있었다. 봉서의 내용은 자신의 상관 '모인某人 등이 반역을 모의한 역적'이라는 것이었다. 조선에서 남을 역적으로 고발하는 것은 잘하면 큰 보상이 따르지만 잘못하면 큰 위험을 감수해야 했다. 사실이 아닐 경우 무고죄로 걸리는데, 조선은 무고죄에 대해서는 반좌율反坐律로 다루었다. 타인을 절도라고 고발했는데 사실이 아닌 것으로 밝혀질 경우 그 자신이 절도죄로 처벌받는 것이 반좌율이었다. 남을 반역으로 고발했는데 무고로 밝혀지면 되레 반역죄로 죽게 되어 있었다. 조선의 형법은 "난언으로 윗사람을 범하고 그 정리情理가 괴악한 자는 베고 가산을 적몰하며 부고

한 자는 반좌한다"라고 규정하고 있다. 상관을 무고하면 반좌율을 적용해 사형시키고 가산을 빼앗는다는 뜻이다.

오세형의 고발 건은 조사 결과 무고로 밝혀졌다. 그러나 그는 무고라는 사실을 인정하지 않았다. 무고를 시인하면 오세형은 사형에 처해지고 가산은 적몰되는 것이었다. 오세형은 그럴 수는 없다고 생각했다. 그는 혹독한 형신을 참으면서 무고를 시인하지 않았다. 그는 끝내 혐의를 부인한 채 옥사하고 말았다. 의금부는 그가 재산을 보호하기 위해 일부러 죽음을 택했다고 판단해 보고했다.

"오세형은 무고한 것이 분명한데 끝내 불복하고 옥중에서 죽었으니, 반드시 이런 점을 계산하고서 불복한 것이오니,《대전大典》에 의해서 죄를 주어야 합니다."

의금부의 주청은《대전》의 규정대로 가산을 몰수해야 한다는 것이었다. 연산군이 이를 대신들의 의논에 부쳤다. 윤필상과 정문형 등은 의금부의 계청대로 "《대전》에 따라 가산을 몰수해야 한다"고 주장한 반면 연산군의 장인 신승선愼承善은 반대했다.

"불복을 하고 몸이 죽었는데 가산을 적몰한다는 것은 중도中道에 벗어나는 듯합니다."

어세겸魚世謙도 신승선의 주장을 지지했다.

"불복하고 죽었는데《대전》의 난언조亂言條를 전부 적용시켜 죄준다는 것은 온당치 못할까 여겨집니다."

신승선의 주청에 따라 연산군은 오세형의 재산을 몰수하지 않았고 가족들은 가산을 유지할 수 있었다. 재산 몰수 여부는 특히 중요했다. 자신은 비록 죽더라도 재산이 있으면 가족들은 살 수 있을 뿐만 아니라 재기할 수 있는 발판이 되기 때문이다. 때로 오세형처럼 재산 보호를 위해 끝까지 죄를 부인하고 장하杖下에서 맞아죽는 것을 택하는 경우가 있는 것도 이 때문이었다.

연산군도 즉위 초에는 가산 몰수에 신중했다. 무오사화 때 대역으로 능지처참당한 김일손 · 권오복權伍福 · 권경유 등과 난언으로 참형당한 이목李穆 · 허반許磐, 그리고 난언으로 유배 간 강겸姜謙 등의 가산을 적몰한 것 외에는 재산 몰수까지 뒤따르지는 않았다. 재위 9년(1503) 홍길동을 도와준 전 동래 현령 엄귀손嚴貴孫의 재산을 적몰한 것 정도가 예외였다.

그러나 재위 10년(1504)의 갑자사화 때부터는 달랐다. 이때는 재산 몰수가 일반적인 법처럼 뒤따랐다. 성종의 유모였던 봉보부인奉保夫人 백어니白於尼는 연산의 모후 윤씨의 폐출에 관련되었다는 혐의를 받았다. 이때 백씨는 이미 사망했지만 그 남편 강선姜善은 살아 있었다. 연산군은 4월 23일 강선에 대해 전교를 내렸다.

"봉보부인 백씨는 부관참시하며, 그 지아비 강선은 장 100대를 때려 먼 지방에 보내어 종을 삼고 가산을 적몰하라."

강선과 그 아들은 이미 죽은 부인 때문에 종으로 전락하고 가산까지 빼앗긴 것이었다. 국왕의 유모를 뜻하는 봉보부인은 종1품의 고위직이었다. 당연히 재산도 많았다. 그러나 연산군은 이것으로 만족하지 않았다. 그해 8월 13일 강선 부자를 처형하겠다면서 능지처참과 교형 중에서 무엇이 좋은지 정승들에게 의논하게 했다. 영의정 유순과 허침 · 박숭질 등이 아뢰었다.

"율에 '낭모한 자는 모두 능지처사한다' 했으니 어니의 남편 강선이 그 모의를 몰랐다고 할 수 없으므로 마땅히 능지처사하고, 그 아들도 율에 의하여 교형에 처해야 합니다."

백어니가 집에서 남편에게 이야기했을 것이므로 사지를 찢어 죽이고 그 아들도 목 졸라 죽여야 한다는 말이었다. 연산군은 한발 더 나아가 강선은 사지를 찢어 죽이고 그 아들은 목을 베어 죽이라고 명했다.

연산군은 총애하던 여인 장녹수의 연적이던 궁인 전향田香 · 수근비水斤非를 죽이고 가산을 적몰했다. 뿐만 아니라 전향과 연좌되어 죽은 수많은 관련자의 재산도 모두 빼앗았다. 성종의 후궁이던 숙의淑儀 권씨와 귀인貴人 엄씨 · 정씨의 가산도 적몰했다. 정금이鄭金伊, 즉 귀인 정씨의 아들인 이항李㤚과 이봉李崶도 귀양 보낸 후 재산을 빼앗았다. 윤필상은 연산군 9년까지 영의정 · 부원군으로서 조정의 최고 실세였으나 갑자사화에 연루되어 사약을 마셔야 했다. 윤필상은 좌익 원종공신과 적개공신, 좌리공신이었으므로 재산이 막대했으나 몰수당했는데 호조에서 그 재산 처리 문제를 보고했다.

"윤필상은 집이 다섯 채인데, 재물이 매우 많으니, 한성부와 의논하여 몰수해 들이고, 또 역군役軍 20명을 정하여 옮기게 하소서."

"추쇄도감推刷都監과 함께 의논하여 거두어들이되, 역군은 30명을 정하라."

추쇄도감은 도망간 노비 색출을 담당하는 부서로서 한성부보다 노비나 재산을 찾는 데 발군의 실력이 있었다. 연산군은 윤필상의 자식들 재산까지 모두 몰수했다. 모친 윤씨에게 사약을 가지고 간 이세좌와 그 숙부인 좌의정 이극균李克均을 죽이고 그 부모, 형제, 자식의 재산도 모두 몰수했다.

5월에는 이미 죽은 전 영의정 한치형韓致亨을 관을 깨서 시신의 사지를 찢는 부관능지剖棺凌遲에 처하고 역시 재산을 몰수했다. 같은 달 한명회도 부관참시를 당했으므로 역시 재산을 빼앗겼을 것이다. 정창손을 비롯해서 모친 윤씨가 사사당할 때 조정에 있던 대신들은 대부분 같은 형벌에 처해졌다. 모두 가산을 빼앗겼던 것이다.

5월 30일에는 사림을 지지하던 종친 이총李摠과 전 좌승지 홍식洪湜을 죽이고 재산을 몰수했다. 6월에는 이미 죽은 전 호조판서 이승건李承健과 김종직金宗直의 문인 홍한洪澣과 이주李冑를 부관참시하고 재산을 몰수했으며, 신수근의 처남 한훈韓訓도 부관능지하고 재산을 빼앗았으며 전 홍문관 수찬 박은朴誾도 목을 베고 가산을 적몰했다. 8월 10일에는 전 사헌부 지평 김인령金引齡을 부관참시하고 가산을 몰수했다.

9월 27일에는 효령대군의 증손으로서 성종 때부터 사림파를 옹호했던 이심원李深源과 두 아들을 사형시키고 그 재산을 몰수했으며, 10월 5일에는 전 사헌부 장령 강형姜詗 부자를 처형하고 재산을 적몰했다. 같은 날에는 제안대군의 전 장인이었던 김수말金壽末의 여종을 음률을 안다는 이유로 관비로 삼았는데, 이에 대해 사관은 의미심장한 논평을 덧붙였다.

"이때 사대부 집 종으로서 조금이라도 음률을 아는 자는 곧 빼앗고, 그 주인으로 하여금 그들의 의복을 대도록 하니 가난한 자는 지탱할 수가 없었다."

종을 빼앗기고도 의복까지 대야 했던 사대부들은 원한이 치솟게 되어 있었다. 재산 몰수에 대한 연산군의 집착은 병적이었다. 남편이 처형당하기 전에 이혼한 부인 명의의 재산은 보호받는 것이 원칙이지만 연산군은 달랐다. 연산군은 능지처참한 임희재任熙載의 이혼한 부인의 재산을 빼앗았다.

"임희재의 처를 전일에 이혼시키도록 명한 것은 법에 부당하니, 즉시 관청에 천역賤役(여종)으로 정하고, 그 가산을 적몰하라."

임희재는 임사홍의 아들이자 세종의 아들 영응대군永膺大君 이염李琰의 외손자 사위였다. 영응대군의 부인 송씨는 임희재를 특별히 사랑했다.《연산군일기》의 사관이 부인 송씨가 임희재에게 "노비와 토지로 상준 것이 전후에 헤아릴 수 없었다"고 기록할 정도로 재산을 많이 받았는데, 그것을 다 빼앗고도 부족해 이혼한 부인의 재산까지 빼앗은 것이다. 11월 13일에는 생육신이자 《육신전》의 저자인 남효온을 부관능지하고 가산을 몰수했으며 그 아들은 참형에 처했다. 그해 12월 30일에는 김부金夫를 능지처참하고 역시 재산을 빼앗았다. 해를 넘겨 재위 11년 4월에는 이미 죽은 내관 김처선金處善의 재산을 빼앗았다.

"내관 김처선이 술에 몹시 취해서 임금을 꾸짖었으니, 가산을 모두 빼앗고 그 집을 파서 연못으로 만들고 그 본관인 전의全義를 혁파하라."

11년 6월에는 권주權柱의 가산을 빼앗았다. 권주는 폐비 윤씨가 사사당할 때 승정원 주서注書로서 사약을 받들고 갔으나 승지의 지휘에 따랐을 뿐이라는 옹호론이 받아들여져 귀양에 처해졌었다. 그러나 연산군은 끝내 권주를 사형시키고 재산을 빼앗았다. 마치 재산을 빼앗기 위해 처형시켰다는 인상까지 줄 수 있었다.

연산군은 재위 10년 9월 26일에 가산 몰수를 명문화하는 전교를 내렸다.

"능지처참한 자는 모두 효수하고 가산을 몰수하며, 능지한 자를 전시傳屍하도록 하라."

능지처참한 자는 모두 가산을 몰수하라는 명이었으니《연산군일기》
에 특별히 재산을 적몰하라는 기록이 없는 경우도 부관능지, 부관참시,
능지처사나 참형, 교형, 사사 등을 당했으면 대부분 재산을 빼앗긴 것
으로 해석할 수 있다.

연산군 11년 7월 18일자에 이런 사정을 짐작할 수 있는 기록이 있다.
연산군이 좌참찬 정미수鄭眉壽에게 양마良馬 1필을 내렸다는 기록인데,
훗날 정국靖國공신 3등에 책봉된 정미수에 대해 사관은 이렇게 비판하
고 있다.

"정미수는 염치가 적은 성품이어서 성준成俊이 죽임을 당하고 적몰될
때 그 집에서 보내온 뇌물을 많이 받고 성준의 집을 매우 힘써 감쌌다."

영의정으로 있던 성준도 갑자사화 와중에 사형당했는데《연산군일
기》에 따로 성준의 재산을 적몰했다는 기록은 없다. 그러나 정미수 관
련 기록은 성준의 재산을 몰수했음을 말해 준다.

쫓겨나던 재위 12년에도 재산 뺏기는 계속되었다. 재위 12년 5월에
는 파진군破陳軍 오의鳴義가 자신의 명을 전하는 내시를 범했다는 이유
로 능지처참하고 재산을 빼앗았고, 쫓겨나기 석 달 전인 6월에는 이미
사형시킨 이총의 부친과 형제들의 가산을 몰수했다. 때로는 대역죄가
아닌 인물들도 사형시키고 재산을 빼앗았다. 쫓겨나기 두 달 전인 재위
12년 7월 연산군은 영의정 유순 등에게 물었다.

"엄회嚴誨 · 엄계嚴誡 · 정시鄭試 · 정성鄭誠 등은 비록 난신은 아니나 사
건이 중하고 죄가 크니, 도문都門 밖에서 효수하고 죄상을 쓴 찌를 매달
고, 성경온成景溫의 예에 따라 가산을 적몰하는 것이 어떻겠는가?"

유순은 연산군의 말에 반대하는 예가 없었다.

"성상의 하교가 지당하십니다."

유순뿐만 아니라 이 무렵 연산군이 무슨 결정을 하든 반대하는 인물은 아무도 없었다. 엄회와 정시 등은 모두 성종의 후궁 귀인 엄씨와 귀인 정씨의 형제들이었다. 성경온은 사형당한 영의정 성준의 아들이었으니 성준뿐만 아니라 그 아들들의 재산까지 다 빼앗은 것이다. 이제 연산군은 폐비 윤씨 사건과 직접 관련이 없는 사람들의 재산도 다 빼앗았다. 마치 재산을 빼앗기 위해 죽이는 듯한 느낌이 들 정도로 연산군의 형벌에는 반드시 가산 몰수가 상전常典(일반적인 법)처럼 뒤따랐다.

대의를 소리로 전락시킨 치명적 실수

더욱 중요한 것은 빼앗은 노비와 가산의 처리 문제였다. 세조나 예종은 정적들에게 빼앗은 노비와 가산을 공신들에게 나누어 주었다. 그러나 연산군은 달랐다. 연산군은 몰수 재산 처리에 대한 지침을 내렸다.

"전일 적몰한 노비를 3등분으로 나누어 2분은 내수사內需司에서 가려 차지하고, 1분은 각 관사에 나누어 주도록 하교했는데, 나머지 가산도 이 예에 의하여 먼저 내수사에서 가려 차지한 뒤에 각 관사에 나누어 주도록 하라.(《연산군일기》10년 5월 9일)"

내수사는 왕실 재산을 관리하는 관청이니 내수사에서 차지하는 것은 결국 연산군 자신이 차지하는 것이었다. 내수사에서 먼저 좋은 것으로 2/3를 차지하고 나머지를 각 관사에 나누어 주는 것이 연산군의 몰수 재산 분배 방식이었다. 내수사가 먼저 좋은 것으로 골라 차지한 다음에 나머지를 각 관사에 나누어 주었으니 연산군이 대다수를 차지한 셈이었다. 그러니 연산군이 신하들의 재산을 차지하기 위해 옥사를 확대한다는 의심을 사지 않을 수 없었다. 한명회나 정창손처럼 당사자가 이미 죽은 지 수십 년이 지났는데 느닷없이 부관참시당하고 전 재산을 몰수당한 가족들의 원한이 하늘을 찌를 것은 당연지사였다. 더구나 그 막대한 재산은 연산군이 대부분 차지했던 것이다.

내수사는 유학자들이 당초부터 폐지해야 한다고 주장했던 관서였다. 성종 9년(1478) 4월 남효온은 상소를 올려 내수사의 혁파를 주장했다.

"내수사를 없애야 합니다. 임금은 천하를 집으로 삼고 사해四海를 궁궐로 삼으니, 천하의 백성은 한 집 사람이며 임금의 적자라고 합니다. 이런 까닭에 옛 임금은 백성과 더불어 이익을 다투지 않았고 사사로운 재산을 갖지 않았습니다."

그러나 국왕의 개인 재산 관리 관청인 내수사를 없애고 싶지 않았던 성종은 일단 내수사의 이자 놀이인 장리長利를 혁파했다가 얼마 후 다시 허용했다.

이처럼 내수사는 유학자들이 폐지를 주장한 관청인데 연산군은 되레 처형한 사람들의 재산을 착복하는 수단으로 사용했다. 내수사 혁파를 주장했던 남효온이 부관참시당하고 그 아들이 참형당하는 것은 어찌 보면 당연했다. 재산에 대한 연산군의 욕심은 집요했다. 그는 재위 10년 6월에도 적몰 재산과 관련한 명을 내렸다.

"적몰 인가籍沒人家(빼앗은 집)를 내수사로 하여금 추쇄推刷하게 하라."

추쇄는 감춘 것을 샅샅이 찾아낸다는 뜻이니 재산 중 혹시 감춘 것을 샅샅이 찾아내라는 명령이었다. 새로 발각된 재산은 내수사의 것이 되니 내수사에서 기를 쓰고 찾았다. 그 여파는 작은 것이 아니었다. 내수사 관리들이 사형당한 사람의 가족들을 찾아가 혹시 죄인의 것이 아니냐고 추쇄하면 빼앗길 수밖에 없었다. 무시무시한 분위기 속에서 항변 한마디 제대로 할 수 없었다. 항변했다간 "위를 범했다"며 사형당하고 재산을 빼앗길 것이기 때문이다. 연산군은 재위 10년 6월 8일에도 몰수 재산에 관한 명령을 내렸다.

"적몰한 재산은 내수사로 나르되 중간에 간사하게 속이는 경우가 없지 않으니 검사하라. 또 윤필상 집의 포화布貨(화폐로 사용하던 베)도 내수사로 나르라."

중간에 재산을 감추거나 빼돌리는 것을 철저하게 검사하라는 뜻이었다. 7월 16일에도 같은 명령을 내렸다.

"적몰한 가산을 추쇄한 단자單子(문서)를 사사 문서[私書]로 생각함은 매우 옳지 못하다. 대소 인원 중에서 이처럼 관안官案을 사사로이 감춘 자를 모조리 찾아 들이고 죄주라."

재위 10년 11월 13일에는 빨리 재산을 내수사에 소속시키지 않는다고 전교를 내렸다.

"무릇 죄인의 노비와 재산을 적몰하는 고계考啓(고찰하여 보고함)를 지체함은 매우 부당한 일이다. 경기에 거주하는 노비는 모두 내수사에 소속시키라."

처형시킨 신하들의 재산을 내수사에 소속시키는 것은 모든 사대부들에게 공분을 샀다. 신하들의 재산을 빼앗기 위해 폐비 윤씨 사건을 이용하는 듯한 느낌이 들 정도로 연산군은 내수사의 재산 늘리기에 급급했다. 이런 조치에 분노한 것은 처형당한 사대부뿐만이 아니었다. 아직 처벌받지 않은 사대부들도 분노하고 두려워했다. 남의 일이 아니었다. 윤필상이나 성준 같은 인물은 갑자사화가 일어나기 직전까지 영의정이나 부원군으로 있던 인물들이었다. 이들도 사형당하고 재산을 빼앗겼으니 언제 자신들이 그런 일을 당할지 알 수 없었던 것이다.

폐비 윤씨 사건의 주범은 선왕 성종과 인수대비仁粹大妃였다. 다른 대신들은 성종과 대비의 뜻을 끝까지 거역하지 못했을 뿐이다. 그러나 연산군은 이런 사정을 무시하고 윤씨 사건에 조금이라도 관련되어 있으면 다 죽이고 재산까지 빼앗았다. 이는 사대부 사회의 근간을 무너뜨리는 일이었다. 조선은 국왕 혼자 다스리는 나라가 아니라 국왕과 사대부가 공동으로 다스리는 나라라는 것이 사대부들의 통치관이었다. 이런 나라에서 선왕과 대비가 주도한 일의 책임을 물어 신하들을 죽이고 재산을 빼앗는 것은 조선의 통치 체제 자체를 부인하는 것이었다. 조선은 노비도 재산을 가질 수 있는 나라였으니 공신들은 말할 것도 없었다. 조선의 법전인 《경국대전經國大典》 〈호전戶典〉은 "공신전은 자손들에게 물려준다"고 기록하면서 "물려받은 자손이 죄를 범하여 토지를 몰수당하게 된 경우에는 다른 자손에게 물려준다"라고 정하고 있다. 죄를 지어 토지를 몰수당해도 임금이 갖는 것이 아니라 다른 자손에게 주어 공신가 전체의 재산은 보존하게 되어 있었던 것이다. 그러나 연산군은 《경국대전》도 무시하고 적몰한 재산을 자신이 가로챘다.

연산군이 폐비 윤씨와 관련된 신하들은 죽이되 그 재산은 다른 신하들에게 주었다면 쫓겨나지 않았을 것이다. 이 경우 재산을 분배받은 신공신들은 국왕에게 충성을 바치게 되어 있었다. 그러나 연산군은 빼앗은 재산을 혼자 차지함으로써 스스로 고립을 자초했다. 중종반정 당일까지 영의정, 판서, 승지로 근무하던 벼슬아치들이 반정 세력에게 붙은 핵심적 원인은 이 때문이다.

사실 중종반정 주도 세력들의 면면은 대부분 개혁과 공의公議와는 거리가 먼 인물들이었다. 연산군 정권의 핵심 인물 중에 반정 당일 살해된 인물은 연산군의 처남인 신수근 일가와 임사홍 일가뿐이었다. 항상 "지당하옵니다"를 외쳤던 지당 정승 유순과 김수동은 처벌은커녕 유순은 영의정 자리를 유지했고, 김수동은 죽은 신수근의 자리인 좌의정으로 승진하면서 반정 직후 책봉한 정국靖國공신 반열에 올랐다. 유순·김수동과 신수근·임사홍의 차이는 아무 것도 없었다. 신수근과 유순·김수동은 반정 당일까지 정승으로 근무했다.

정국 1등 공신은 박원종·성희안·유순정의 반정 3대장과 유자광·신윤무辛允武·박영문朴永文·장정張珽·홍경주洪景舟 등 8명이었다. 이 중 연산군의 폭정에 반대한 상징적 인물은 아무도 없었다. 유자광은 연산군 폭정의 시작인 무오사화를 촉발시킨 장본인으로서 연산군 폭정의 책임을 물으면 임사홍보다 먼저 주륙해야 할 인물이었으나 1등 공신에 책봉되었다. 여타 1등 공신도 마찬가지였다. 무과 출신의 신윤무는 반정 한 달 전에도 도망간 가평현의 운평 송초월松梢月 등을 체포해 올릴 정도로 연산군의 명령 수행에 앞장섰는데 반정 당일 신수근 등을 격살했다는 이유로 1등 공신에 책봉되었다. 박영문은 연산군 9년 죄인들을 심문하는 핵심 자리인 형조정랑刑曹正郎으로 있었던 인물이고, 장정은 연산군 6년 창성 부사로 있을 때 의창義倉(곡식을 저장하여 두었다가 흉년이나 비상 때에 가난한 백성들에게 대여하던 기관)을 불에 타게 했으나 무예가 뛰어나다는 이유로 용서받았던 인물이다. 홍경주는 사헌부 지평이던 연산군 10년 김우한金佑漢 · 최윤손崔允孫이 만장輓章을 잘못 지었다고 처벌받을 때 같이 처벌받았던 인물이었다. 그는 훗날 중종에게 자신의 딸을 후궁으로 바쳤으며 중종 14년(1519) 조광조趙光祖 등을 죽이는 기묘사화를 주도했던 인물이다. 정국공신 1등의 면면은 연산군의 학정에 분노하기는커녕 오히려 가담했던 인물이 대다수였다. 연산군만 가해자이고 영의정 이하 모두는 피해자라는 논리 속에서 만든 공신 명단이었다. 연산군은 절대권력을 구가했으나 그만큼 모두로부터 고립되었다. 그런 상황에서 재위 12년 9월 1일 밤 박원종 등이 기치를 들자 모든 사대부들이 등을 돌리면서 맥없이 쫓겨나게 된 것이었다. 연산군이 쫓겨난 다음 날인 9월 3일 박원종 등을 비롯한 반정공신들은 중종에게 연산군이 빼앗은 재산 문제를 거론한다.

"갑자년(연산군 10) 이후 죄를 입는 사람으로 가산을 적몰당한 자는 모두 주인에게 돌려주게 하고, 죽은 사람으로 고신을 거두었던 자는 아울러 도로 주소서."

반정 세력에 업혀 국왕이 된 중종으로서 거절할 수 없는 문제였다. 이것 때문에 반정을 일으킨 것이었다. 연산군이 병적으로 빼앗은 막대한 가산은 연산군이 쫓겨난 다음 날 모두 본주인에게 다시 돌아갔다.

연산군이 윤씨 사건을 재조사하면서 계유정변 이후 왕권보다 거대해진 공신 집단을 무너뜨린 것은 획기적 사건이었다. 나아가 재산 몰수를 통해 공신들의 물적 기반을 해체시킨 것은 혁명적인 사건이었다. 그러나 연산군은 몰수 재산에 개인적 욕심을 냄으로써 스스로 대의를 소리小利로 추락시켰다. 연산군은 사림 같은 신진 정치 세력과 연합하고 몰수한 공신들의 재산 중 백성들에게 강탈한 것을 백성들에게 돌려주어야 했다. 그랬다면 그는 그토록 허무하게 쫓겨나지 않았을 것이다. 그러나 그는 사림에 대해서는 훈구파 이상의 반감을 갖고 있었고, 빼앗은 가산을 백성들에게 나누어 주지도 않았다. 그렇게 그는 모든 세력으로부터 스스로를 고립시켰다. 고립의 결과는 축출이었고, 어제의 신하들까지 대거 가담한 연산군 폭군 만들기였던 것이다. 어제의 신하들은 연산군에게 모든 책임을 돌리면서 공범 혐의에서 벗어났다.

조용히 죽어 줘야 했던 왕

모든 사대부가 가담했으므로 연산군은 저항할 힘을 잃어버렸다. 연산군이 쫓겨난 9월 2일 밤 2고鼓에 봉사奉事 안윤국安潤國이 와서 보고했다.

"폐주는 갓을 쓰고 붉은 옷을 입었는데, 띠를 묶지 않고 나와서 땅에 엎드렸다가 가마에 타면서, '내가 큰 죄가 있는데, 특별히 상의 덕을 입어 무사하게 간다'고 말했습니다."

평교자平轎子를 타고 선인문宣人門으로 빠져나간 연산군은 내내 갓 쓴 머리를 들지 못했다. 그제야 연산군은 조선이 국왕의 나라가 아니라 사대부의 나라라는 사실을 깨달았을지도 모른다. 그렇게 강화에 유숙하고 유배지인 교동喬洞에 당도하여 쓸쓸한 날을 맞이하였다.

연산군은 평일에 한 짓이 한없이 잔인·패려하여 사람 죽이기에 기탄이 없었으나 폐위되어 물러갈 적에 마땅히 형벌을 받을 줄로 알고 몹시 두려워하였다. 이날 큰 바람이 일어나 배가 거의 뒤집힐 뻔하다가 간신히 강화 교동에 당도하였다. 좌우로 호위하여 고을 뜰에 들어가니 장수와 군사들이 둘러섰다. 연산군이 땅에 엎드려 땀을 흘리면서 감히 쳐다보지도 못했다. 반정하던 때에는 세자와 왕자는 다 보전하지 못하는 것이므로 궁에서 나갈 적에 왕비 신씨는 반드시 죽음을 면치 못할 것이라고 여겼는데, 교동에 가서 별일 없다고 하니 신비愼妃는 이렇게 말했다.

"그때에 여러 대장에게 청해서 귀양 간 곳에 따라가지 못한 것이 한이다."

— 《소문쇄록》·《국조기사》

옥새를 순순히 내준 연산군은 목숨을 건졌으나 위리안치된 그의 목숨이 길 수는 없었다. 열 살짜리 세자와 두 왕자까지 죽여 버린 반정 정권이 연산군을 살려 둘 리가 없기 때문이다. 쫓겨난 지 두 달쯤 후인 중종 1년(1506) 11월 7일. 연산군을 지키는 교동 수직장守直將 김양필金良弼이 군관 윤귀서尹龜瑞와 함께 와서 아뢰었다.

"연산군이 역질疫疾(천연두)로 몹시 괴로워하는데 물도 마실 수 없을 뿐만 아니라, 눈도 뜨지 못합니다."

중종은 "구병할 만한 약을 내의원에 물어라"고 명하고 삼공三公(삼정승)에게 의논해서 의원을 보내 치료하게 했다고 《중종실록》은 전하고 있다. 그러나 그 다음 날인 11월 8일 교동 수직장 김양필과 군관 구세장具世璋이 다시 보고했다.

"초6일에 연산군이 역질로 인하여 죽었습니다. 죽을 때 다른 말은 없

었고 다만 신씨를 보고 싶다 하였습니다."(《중종실록》1년 11월 8일)

중종은 내관 박종생朴從生을 보내 수의를 내리고 장례를 감독하도록 했다. 표면적으로는 연산군이 병에 걸려 죽었고, 중종이 후하게 장례를 치러 준 것처럼 보인다. 그러나 연산군의 발병 보고와 죽은 날짜에 대한 보고는 연산군의 죽음이 예사롭지 않음을 말해 준다. 교동 수직장 김양필이 연산군이 역질이 걸렸다고 보고한 것은 10월 7일이었다. 그리고 다음 날 8일 김양필은 연산군이 10월 6일 죽었다고 보고했다. 연산군이 병에 걸렸다고 중종이 보고 받은 날짜가 10월 7일인데, 그 전날 연산군은 이미 죽었던 것이다. 강화도는 서울까지 파발을 사용하면 하루 안에 충분히 당도할 수 있는 거리였다. 그러나 중종은 연산군이 죽은 다음 날에야 병에 걸렸다는 보고를 받았다.

사인死因도 의문이었다. 연산군의 사인인 역질은 전염병이지만 함께 생활하던 나인들이나 유배지를 지키던 군졸들은 아무도 전염되지 않았다. 따라서 연산군의 사인은 역질이 아니었다. 한마디로 연산군은 '조용히 죽어 줘야' 했던 것이다. 만에 하나 중국에서 시비를 걸거나 뜻밖의 변고가 생겨 연산군이 복위라도 하면 그 피바람은 상상을 불허할 것이었다. 반정 당일 활을 가져오라고 소리쳤던 연산군은 귀양 간 지 두 달 만에 의문의 죽임을 당했다. 의문이 많았지만 아무도 의혹을 제기하지 않았다. 연산군은 모두를 위해 살아 있어서는 안 되는 인물이었다.

뜻밖에 물의가 일어난 것은 장례 문제였다. 공조참의 유숭조柳崇祖가 연산군의 장례를 국왕의 예로 할 것을 주장하고 나서 파란이 일어났던 것이다.

"전왕이 종사에 죄를 입었으니 진실로 종묘 소목昭穆(종묘에 신주를 모시는 차례의 순서)에 붙여 제사할 수는 없으되, 남의 신하로서 임금을 위하여 상장喪葬하는 예는 마땅히 이와 같이 하여서는 안 됩니다. 장례는 능의陵儀을 쓰고 따로 상주를 세워 제사하며, 명나라에 부고를 내서 시호를 청하여 왕으로 하면 정분이 지극하고 의리가 극진할 것입니다.(《중종실록》1년 12월 9일)"

연산군의 무덤을 능으로 하고 명나라에 왕호를 내려 달라고 청하자는 주장이었다. 유숭조는 특이한 이력의 사람이었다. 연산군 9년(1503) 사헌부 장령으로 있던 그에 대해 사관은 "성질이 까다롭고 자잘하여 남의 소소한 과실을 들추어내기를 좋아하였다"라고 쓸 정도로 대간의 직분에 충실했던 인물이다. 그러나 그 역시 연산군 10년에는 의금부에 갇혀 태 40대를 맞고 강원도 원주에 부처되었다. 중종반정 후 홍문관 부응교副應敎로 복직했다. 연산군 때 귀양 갔다 온 인물이 연산군을 국왕의 예로 장사를 치를 것을 주장했으니 파란이 일었던 것이다. 그러나 박원종과 유순 등이 모두 반대했다.

"폐왕이 임금의 도리를 잃었던 것은 고금에 없는 바로서, 스스로 하늘의 버림을 받았을 뿐만 아니라 종사에 죄를 얻었으니, 부고를 알리고 시호를 청하며 능을 두고 사당을 세울 수 없다는 것은 너무도 분명합니다."

그래서 연산군은 왕의 예로 장사를 치르지 않고 명나라에 부고도 하지 않는 것으로 결정 났다. 그러나《중종실록》1년(1506) 12월 11일자의 사신은 이 사실을 크게 통박하고 있다.

"사신은 논한다. 연산군이 비록 도리를 잃어 폐위되었으나, 조정에 있는 여러 신하는 북면北面(신하로서 임금을 섬김)하여 신하로 섬긴 지

서울 방학동에 있는 연산군과 부인 신씨의 묘

연산군은 조선의 통치 이데올로기인 유학을 정면 부정하면서 사대부들로부터 극복의 대상으로 전락하였다. 그의 죽음은 그 누구도 거론하기를 원치 않는 조용한 죽음이어야 했다.

12년이고 또 주상主上(중종)에게는 형이 되니, 마지막 보내는 일은 의리 상 마땅히 후하게 해야 할 것이다. 그러나 당초에 이미 폐위한 것으로 고하지 못하고 선위禪位한 것으로 고했으니, 이제 그 죽음에 있어 부고를 하지 않고 그대로 덮어 두는 것은 노산(단종)의 경우와도 같다. 명나라 조정에서 비록 법도 밖으로 대우하여 끝내 힐문함이 없다 하더라도 사책史策에 기록하는 바에 어찌 후세의 의심이 없겠는가? 옛 임금에게는 되도록 관대히 하고 새 임금에게는 충성하며 사랑할 것에 대해서는 생각하지 않고 조정 논의가 이와 같으니, 애석하다."

사관은 "사책에 기록하는 바에 어찌 후세의 의심이 없겠는가?"라고 말했으나 연산군의 죽음은 지금까지 별로 의심받지 않았다. 어제까지 신하였던 사람들이 모두 연산군 죽이기에 가담했기 때문에 의문을 제기할 세력 자체가 없었다. 신하들의 목숨뿐만 아니라 재산까지 다 빼앗았기 때문에 그의 죽음을 애석해하는 사람도 없었다. 물론 죽음의 진상이 모호하다며 진상을 밝히자고 주장하는 사람도 없었다. 그렇게 그는 혼자 폭군이란 오명을 쓴 채 역사 속으로 사라져 갔다.

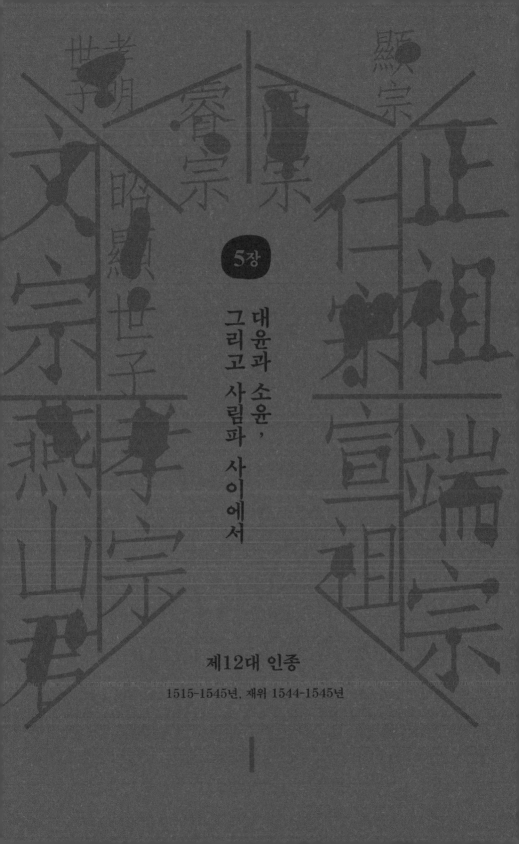

5장

대윤과 소윤,
그리고 사림파 사이에서

제12대 인종

1515-1545년, 재위 1544-1545년

《인종실록》1년 6월 17일 (사망 13일 전)

삼공이 주다례를 지낸 후에 대비전에 문안하려는 일을
중지하기를 청하나 듣지 않는다

야사는 어김없이 대비 문정왕후文定王后 윤씨의 인종 독살설을 전하고
있다. 야사가 전하는 내용은 이렇다. "언제 우리 모자를 죽일 거요?" 하
며 인종을 핍박하던 대비가 하루는 만면에 웃음을 띠면서 맞아 주더니
다과를 내놓았다. 인종은 계모 윤씨가 난생 처음 자신을 반겨 주는 것
에 감격해 맛있게 다과를 먹었는데, 그 후 앓기 시작하더니 숨을 거두
었다는 것이다. 인종이 죽은 후에는 문정왕후의 아들 명종이 즉위하였
고, 이어 곧바로 궁중 내 인종의 지지 세력들이 축출되고 죽어 갔다. 그
죽어 간 세력 중에는 인종의 인척뿐만 아니라 사화의 희생자인 사림파
도 있었다.

이 사실은 당시 사대부들이 인종 독살설을 널리 믿게 되는 구실이
되었다. 인종 독살설은 이렇듯 인종의 죽음과 함께 몰락하고 죽어 간
세력들이 제기한 의혹이었다. 그리고 여기에는 문정왕후가 조선의 국

가 이념인 성리학을 무시하며 불교를 숭상했다는 점도 영향을 미쳤다.

명종 때 편찬된《인종실록》은 물론 인종 독살설을 언급하지 않고 있
다.《인종실록》은 인종의 사인을 중종의 장례 때 지나치게 슬퍼하여 몸
이 상했기 때문이라고 주장하고 있다. 그러나《인종실록》의 기록을 세
밀히 검토해 보면 이 기록도 인종 독살설에서 완전히 자유롭지 못함을
발견할 수 있다. 인종은 정말 독살되었을까? 그 죽음의 상황에 접근해
보자.

폐비 신씨와 두 윤씨 왕후

인종의 아버지 중종은 맏아들이 아니었으므로 왕이 될 수 없었다. 중
종은 성종의 둘째 아들이었고, 성종의 맏아들은 폐주 연산군이었다.

연산군은 조선의 역대 임금 중 자기 마음대로 권력을 휘두른 유일한
임금이었다. 탁월한 시인이었던 연산군은 어머니 폐비 윤씨의 죽음에
충격을 받고, 조선의 지배 이념인 성리학 이데올로기를 거부했다. 그는
공자를 모신 성균관을 기생들의 유원지로 삼음으로써, 조선에서 그 누
구도 거부하지 못했던 공자마저 무시했다. 성균관에 모셨던 공자 이하
모든 선현의 위패는 고산암高山庵으로 내쳐졌다가 다시 음악을 맡아보
는 관청인 장악원掌樂院에 방치되었다.

이렇듯 사대부들이 목숨보다 소중히 여겼던 공자의 위패를 방치하
고 제사까지 폐지한 것은 큰 사건이었다. 이는 조선의 지배 이념에 대

한 정면 도전으로서 사대부들에게 큰 충격을 주었다. 그러나 연산군은 아랑곳하지 않고 국립 관료 양성소인 태학太學의 선비들을 쫓아내고 무당을 불러모아 굿판을 벌이기도 했다.

만약 연산군이 자신의 쾌락과 유흥을 위해서가 아니라 성리학을 대신하는 새로운 정치 이념을 실현하기 위해 이런 행위를 했다면 그는 오늘날 새로운 평가를 받았을 것이다. 그러나 연산군은 기존의 이념과 가치 체계를 우습게 여겼을 뿐, 그것을 대신할 새로운 정치 이념이나 가치 체계를 수립하는 일에는 무관심했다. 그것이 그의 한계였다.

연산군이 성균관과 태학을 폐하자 사대부들은 가만히 있지 않았다. 조선은 임금 개인의 나라가 아니라 전체 사대부의 나라라는 것이 이들의 생각이었다. 결국 사대부들은 1506년 쿠데타를 일으켜 연산군을 쫓아낸다. 이것이 중종반정이다. 조선 개국 이래 최초로 신하들이 임금을 끌어내린 이 사건은 중종의 이름을 따 '중종반정'이라고 불렸지만 정작 중종은 반정에서 별다른 역할을 하지 못했다.

반정 당일 반정군이 사저를 에워싸자 진성대군은 연산군이 자신을 죽이려는 것으로 오해해 자살하려 했다. 그러나 부인 신씨의 만류로 하인을 시켜 집 주변을 살펴보니 말머리가 집 밖으로 향해 있어, 자신을 죽이려는 군사가 아님을 알고 자살하지 않았다. 자신의 집을 에워싼 군사기 지신을 죽이려는 연산군의 군사인지 임금으로 추대하려는 반정군인지도 몰랐던 진성대군이 반정 초에 힘을 가질 수 없었음은 분명했다.

즉위 초에 중종이 어떤 처지였는지는 부인 신씨의 경우를 보면 알 수 있다. 중종의 장인은 연산군 때 좌의정 신수근이었는데, 그는 연산군의 처남이기도 했다. 즉 연산군의 부인 신씨가 신수근의 여동생이었던 것이다. 진성대군을 추대하기로 결정한 반정 세력에게 신수근은 어떻게든 처리해야 할 인물이었다. 그리하여 반정 세력의 핵심 인물인 박원종이 신수근을 찾아가 "누이와 딸 중 누가 더 소중합니까?"라고 물었다. 이는 곧 연산군을 선택하겠는가 아니면 진성대군을 선택하겠는가 하는 물음이었고, 동시에 누이를 포기하고 딸을 선택하라는 권고이기도 했다. 그러나 신수근은 연산군을 선택했다.

"임금은 포악하지만 세자가 총명하니 걱정하지 않아도 될 것이다."

신수근은 반정군의 제의를 거부해, 결국 반정 당일 반정 세력에게 처형되고 만다. 이렇게 되니 중종의 부인 신씨가 문제가 되었다. 반정 세력으로서는 자신들이 주살한 인물의 딸을 왕비로 받들 수 없었다. 중종은 박원종·성희안·유순정 등 반정 공신들이 신씨 폐출을 주청하자 조강지처를 버릴 수 없다고 주저했으나 이들은 강경했다.

"사사로운 정 때문에 종사의 대사를 거스를 수는 없습니다. 빨리 결단하십시오."

권력과 사랑 중에서 하나를 선택해야 했던 중종은 권력을 선택했다. 이렇게 해서 신씨는 아무 죄가 없음에도 반정 7일 만에 왕비의 자리에서 쫓겨나고 말았다. 그리고 다음 해 숙의로 있던 윤여필尹汝弼의 딸이 왕비로 책봉되니, 그녀가 바로 장경왕후章敬王后 윤씨였다. 윤씨는 중종 10년인 1515년 아들을 낳았지만 산후 조리를 잘못해 7일 만에 세상을 떠나고 만다. 이때 낳은 아들이 인종이다.

장경왕후 윤씨가 죽은 지 2년이 지나 새로운 왕비 책봉 문제가 대두되면서 조정은 소용돌이에 휩싸인다. 신진 정치 세력인 사림파가 새 왕비를 책봉하지 말고 반정 직후 사저로 쫓겨난 폐비 신씨를 복위시키자고 주장하고 나섰기 때문이다. 먼저 사림파인 순창 군수 김정金淨과 담양 부사 박상朴祥이 중종의 구언求言을 이용해 문제의 상소를 올렸다. "원자(인종)가 강보 속에 있는데 친아들 복성군福城君이 있는 숙의 박씨 같은 후궁을 왕비로 책봉하면 원자의 처지가 어려워질 것"이라는 주장이었다. 이들의 언사는 명분과 의리에 목숨을 거는 사림파답게 거침이 없었다.

"신씨를 폐한 것은 무슨 명분이 있습니까? 반정 때 박원종·유순정·성희안 등이 신수근을 죽이고 나서 훗날 환난이 미칠 것을 두려워해 보전책으로 폐비시킨 것이니, 이 일은 본래 무고하고 또 명분도 없는 일에 지나지 않습니다."

반정 공신들이 자신들의 이익을 위해 왕비를 폐비시켰다는 주장이었다.

이때는 반정 공신들이 세상을 떠난 뒤였으므로 이런 상소를 올릴 수 있었지만, 이는 반정의 정당성 자체를 부인하는 발언이었다. 상소 내용에 놀란 중종은 파문을 우려해 상소문을 승정원에 두어 공론화시키지 않으려 했다. 하지만 반정 이념 자체를 부인하는 엄청난 내용을 그냥 넘길 수는 없었다.

사실 신씨가 복위되어도 문제였다. 대사간 이행李荇이 대사헌 권민수權敏手에게 물은 내용은 이런 문제를 말해 준다.

"만약 신씨를 세웠다가 왕자가 태어나 순서를 따지게 되면 전하께서 잠저에 계실 때 혼인한 신씨가 먼저가 되니, 이 경우 원자의 처지는 어떻게 되겠습니까?"

신씨는 중종과 연산군 5년인 1499년에 가례嘉禮를 올렸고, 장경왕후

조광조 초상

비운의 임금 인종은 삶의 마지막 순간까지도 선왕(중종) 때 기묘사화로 사사되었던 조광조 등의 사림파 신원 문제를 잊지 못했다. 그는 임종 당시 유언으로나마 사림파를 신원해 주었다.

윤씨는 중종 2년인 1507년에 가례를 올렸으니, 신씨가 8년 먼저였다. 만약 신씨가 복위된 후 아들을 낳으면 신씨의 아들이 원자라는 주장이 나올 수 있었다. 이런 현실적인 문제 때문에 신씨 복위를 주장한 김정과 박상의 상소는 사론邪論으로 몰렸고, 중종도 비망기備忘記를 내려 이들을 질책했다. 반정 세력은 이들의 상소를 옥사로 확대시키려 했으나 사림파인 정언 조광조가 무마하는 바람에 귀양으로 일단락되었다.

사림파의 신씨 복위 주장은 결국 무위로 돌아갔고, 중종 재위 12년인 1517년 윤지임尹之任의 딸이 계비로 간택되었다. 당시 중종의 나이 서른 살이었으나 윤씨는 이팔청춘을 갓 지난 열일곱 살이었다. 이처럼 앳된 나이에 조선의 국모가 된 문정왕후 윤씨가 훗날 조선 사대부들의 표적이 될 줄은 가례 당시만 해도 아무도 몰랐을 것이다. 윤씨는 심지어 사대부들로부터 '여왕'이란 비난을 받았으며, 이보다 더한 소문, 즉 인종을 독살했다는 소문에 휩싸이게 된다.

서른다섯 증년 왕비의 출산

문정왕후가 왕비로 간택된 것과 관련해 재미있는 일화가 전해진다. 중종이 장경왕후 윤씨의 뒷자리를 이을 계비를 간택하려고 간택령을 내렸을 때, 윤지임의 딸 윤씨는 와병 중이었다. 그녀의 병세는 거의 가망이 없어 보였다.

그때 용하다는 시골 점쟁이 한 명이 서울에 와 있었는데, 그는 스스로 점을 쳐 보고는 이렇게 말했다.

"오늘은 귀한 손님이 맨 먼저 오겠구나."

첫새벽에 찾아온 인물은 윤지임이었다. 하인이 점쟁이에게 물었다.

"겨우 종 한 명만을 데리고 왔을 뿐인데 무슨 귀한 손님입니까?"

"아니다. 이분은 귀인이다."

윤지임은 점쟁이에게 사주를 내보였다. 위독한 딸 윤씨의 사주였다.

"병이 매우 위독하기에 살 수 있는지 보러 왔소."

"이 사주는 국모의 사주입니다. 나리는 임금의 장인이 될 것입니다."

과연 얼마 후 윤씨는 회복되었고, 그해에 왕비로 간택되었다.

열일곱 한창 나이의 윤씨가 왕비로 간택되자 궁중 한쪽에서는 우려가 일었다. 그녀가 왕자를 낳을 것에 대한 우려였다. 윤씨가 왕자를 낳을 경우 궁중의 역학 관계는 복잡해질 수밖에 없었다. 문정왕후 소생의 왕자가 장경왕후 소생의 원자 호皓(인종)를 대신해 중종의 뒤를 이을 수 있었기 때문이다.

그러나 다행인지 불행인지 문정왕후는 왕비로 책봉된 후 10년이 시나도록 왕자를 낳지 못했다. 그러던 윤씨가 비로소 꿈에도 바라던 아들을 낳은 것은 중종 29년(1534), 왕비로 책봉된 지 무려 17년 만의 일이었다. 그때 문정왕후 윤씨도 서른다섯의 중년이 되어 있었다. 윤씨 소생의 왕자는 태어나자마자 경원대군慶源大君에 봉해졌다.

경원대군이 태어났을 때 세자의 나이 이미 스무 살이었다. 강보에 싸인 아이와 왕권을 다툴 만큼 어린 나이는 아니었다. 중종이 세상을 떠나면 왕위를 이을 인물은 성년의 세자였다. 누가 보더라도 성인인 세자를 두고 다른 생각을 한다는 것은 불가능해 보였다.

그러나 집념이 강한 문정왕후는 포기하지 않았다. 그녀는 강보에 싸인 경원대군을 임금으로 만들겠다고 결심했다. 윤씨는 경원대군을 임금으로 만들기 위해 세력을 길렀다. 그리하여 경원대군이 열 살이 될 무렵 문정왕후는 자신을 지지하는 당을 만들 수 있었다. 이 당을 '소윤小尹'이라 하는데, 문정왕후의 동생 윤원형尹元衡이 당수였다.

이들을 소윤이라 칭한 것은 '윤尹' 자를 쓰는 또 다른 당, 즉 '대윤大尹'이라 불리던 당이 있었기 때문이다. 대윤의 영수는 세자 호를 낳다가 사망한 장경왕후의 오빠 윤임尹任이었다. 장경왕후 윤씨가 문정왕후 윤씨보다 먼저 왕비가 되었으므로 장경왕후 계열의 당을 대윤, 문정왕후 계열의 당을 소윤이라고 부른 것이다. 윤임은 장경왕후 소생의 왕자이자 자신의 외조카인 세자를 지지했다.

문정왕후의 후원을 받는 소윤이 차차 강성해지면서 대윤과 소윤 사이에 긴장이 조성되었다. 세자를 지지하는 대윤과 경원대군을 지지하는 소윤의 다툼은 차기 왕권을 둘러싼 당쟁이었다. 왕권을 둘러싼 두 외척 간의 당쟁은 중종이 참석한 경연에서 공공연히 논란을 일으킬 정도로 치열했다.

중종 38년(1543) 대사간 구수담具壽耼이 조강에서 이렇게 말했다.

"풍문에 의하면 간사한 의논이 비등하여 '윤임을 대윤이라 하고 윤원형을 소윤이라 하는데, 각각 당여를 세웠다'고 합니다. 사람이 세상을 사는 데 있어 어찌 붕우와 족류가 없겠습니까만 하필 왕실의 친척이라는 것을 지목하여 당여라는 의논이 비등하니 매우 음험한 사론입니다."

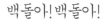

백돌아! 백돌아!

대윤과 소윤 간의 당쟁의 동기는 소윤에게 있었다. 소윤이 이미 책봉된 세자를 끌어내고 경원대군을 세우려 했던 것이 당쟁 발생의 시초였던 것이다.

한편 문정왕후가 무슨 수를 써서라도 세자를 갈아치우려 했기 때문에 세자는 위험한 지경에 처하게 되었다. 문정왕후가 세자를 불에 태워 죽이려 했다고 전하는 야사는 당시 세자가 당한 핍박의 강도를 말해주고 있다.

야사는 어느 날 밤 세자가 잠을 잘 때 갑자기 세자가 거처하는 동궁에서 불이 났다고 전하고 있다. 세자빈이 불길에 놀라 탈출하려 했으나 문이 밖에서 잠겨 있었다. 세자가 세자빈에게 말했다.

"내 전날에 죽음을 피한 것은 부모님에게 악한 소문이 돌아살까 누려워서였는데, 이제 밤중에 깊은 잠을 자다가 불에 타 죽었다면 그런 소문은 퍼지지 않을 것이니 나는 피하지 않겠소. 빈궁이나 피해 나가시오."

지아비가 불에 타 죽겠다는데 세자빈이 홀로 살겠다고 나갈 수는 없었다. 놀란 시종들이 피하라고 권해도 세자는 움직이지 않았다. 세자가 불길을 빠져나가려 하지 않자 시종들은 중종에게 달려가 고했다. 중종이 급히 달려와 보니 동궁이 불바다였다.

"백돌아! 백돌아!"

다급해진 중종은 세자의 아호를 불렀다. 세자는 그제야 아버지가 부르는데 나가지 않고 타 죽는 것 또한 불효라는 생각에 불길을 헤쳐 나왔다고 한다. 이 사건을 '작서灼鼠의 변變'이라고 한다. 문정왕후가 쥐꼬리에 불을 붙여 동궁에 들여보내 불이 났다는 뜻이다.

작서의 변은 이보다 훨씬 전인 중종 22(1527)년에도 있었다. 세자의 열두 번째 생일날 사지와 꼬리가 잘리고 입과 귀, 눈이 불로 지져진 쥐 한 마리가 동궁의 북쪽 정원 은행나무에 걸린 것이다. 이때는 문정왕후가 아직 아들을 낳기 전으로, 중종의 후궁 경빈敬嬪 박씨가 범인으로 지목되어 아들 복성군과 함께 서인으로 강등되어 쫓겨났다. 그러나 사건 발생 5년 후에 범인이 권신 김안로의 아들 김희金禧라는 사실이 밝혀졌다.

거듭되는 작서의 변은 어머니가 없는 세자의 지위가 얼마나 위태로웠는지를 잘 말해 준다.

불붙은 쥐를 동궁에 들여보낸 장본인이 문정왕후라는 소문이 파다하게 퍼졌던 것은, 세자 핍박의 한가운데 문정왕후가 있다는 증거였다. 하지만 중종은 세자를 사랑했으나 문정왕후도 총애했기 때문에, 문정왕후를 추궁하기보다는 감싸 안으려 했다. 동궁에 불이 났을 때도 중종은 이 불이 방화가 아니라 한 궁녀의 실화라고 주장해 파문을 가라앉히려 했다.

"전에 동궁에 불이 난 사건을 끝까지 추문推問하려 했으나 일이 분명하지 못해서 추문하지 않았다. 불이 처음 났을 때 내게 고한 자들이 수사비水賜婢(불과 물을 맡은 여종들)의 방에서 불이 났다고 하기에 내가 직접 가서 보니 과연 그러하였다. 세자가 불을 피해 앉아 있기에 데리고 대내大內로 왔는데, 그 불은 당초 밖에서 난 것이 아니었다. 환관들에게 들어보니 한 방 안에 네 명의 잡물雜物(자질구레한 물건)을 두었는데, 덕지라는 여종이 제 집의 목면木綿(무명)을 그 방에 보관해 두고는 밤에 살펴보다가 자기도 모르게 등불을 떨어뜨렸다고 한다. 그 여종이 열쇠를 쥐고 이리저리 뛰어다녔으나 문을 열 줄 몰랐다. 문을 바로 열지 못했으므로 불을 즉시 끄지 못하여 불길이 매우 치열해졌다고 한다. 따라서 그 불은 처음 잠긴 방에서부터 일어난 것이 분명하다."

중종은 문정왕후를 두고 떠도는 항간의 소문을 알고 있었던 것이 분명하다. 여기서 중종은 항간의 소문처럼 불이 밖에서 난 것이 아니라 안에서 났으며, 문이 밖에서 잠겨 있었던 것이 아니라 안에서 잠겨 있었다고 말했지만, 덕지가 문을 열 줄 몰랐다면 어떻게 잠긴 방으로 들어갈 수 있었을까 하는 기초적인 의문도 해명되지 않았다는 점에서 설득력이 없다.

중종마저 세자를 적극적으로 보호하지 않으니 세자의 지위는 점점 더 위태로워질 수밖에 없었다. 조정 신하들은 대윤과 소윤으로 갈려 차기 임금을 미는 불안한 게임에 자신들의 운명을 걸었다. 중종이 사망하기 두 달 전인 재위 39년(1544) 9월에도 이 문제가 다시 논란이 되었다.

영사領事 홍언필洪彦弼은 대윤·소윤에 대해 중종에게 이렇게 말했다.

"이른바 대윤 당이라는 것은 동궁(세자)을 부호扶護(도와서 보호함)하고, 소윤 당이라는 것은 대군(경원대군)에게 마음을 두었다 하는데, 위에 주상이 계신데도 사사로이 동궁을 부호하는 자는 간사한 꾀를 형용할 수 없는 소인일 것이고, 대군에게 마음을 두는 자라면 패역悖逆의 정상을 말로 다할 수 없을 것입니다. 무릇 이런 말이 도는 것은 동궁에게 후사가 없기 때문인데, 동궁에게 조만간 후사가 있게 되면 종사와 신민의 복이겠고, 불행히 후사가 없으면 종사의 만세를 위한 계책이 있어야 할 것입니다. 더구나 대군이 많지 않고 한 사람이 있을 뿐이므로 형제 사이에 조금도 의심이 없는데 어찌 다른 뜻이 있겠습니까?"

홍언필의 말처럼 문제는 세자에게 후사가 없다는 데 있었다. 당시 세자의 나이 이미 서른이었으나 불행히 후사가 없었다. 만약 세자에게 후사가 있었다면 소윤은 발호하지 못했을 것이며, 설혹 세자에게 이상이 있더라도 세손이 뒤를 이을 것이므로 세자를 흔들지 못했을 것이다.

그러나 세자는 정비 인성왕후仁聖王后 박씨와 후궁 귀인 정씨를 두었음에도 끝내 후손을 생산하지 못했고, 그 공백을 문정왕후와 소윤이 파고들었다. 세자만 없으면 홍언필의 말대로 "대군이 많지 않고 한 사람이 있을 뿐"이었으므로, 유일한 대군인 경원대군이 뒤를 이을 것이었다.

이즈음에는 중종도 훗날 두 당 사이에 살육전이 벌어질 것을 염려할 정도로 중종의 후사를 둘러싼 당쟁은 심각했다.

"소인이 군자를 해칠 때에는 반드시 붕당이라 지칭하여 일망타진하니 지극히 염려스럽다."

중종의 이 우려는 정확한 예언이었다. 그러나 당쟁에 대한 중종의 한계는 뚜렷했다. 중종은 과거 조광조 중심의 사림파는 명분도 신의도 저버린 채 과감하게 제거했으나, 세자의 지위를 흔드는 당파의 제거에는 소극적이었다. 그 소극성 때문에 세자는 혼란스런 조정을 고스란히 물려받게 되었다. 중종이 재위 39년(1544) 11월 사망함으로써 세자 인종이 즉위했으나, 그는 모든 백성의 충성을 받는 존재가 아니었고, 더욱이 소윤에게는 충성의 대상이 아니었다. 인종의 즉위로 소윤과 인종의 정면충돌은 불가피해졌다.

홀로된 첩과 약한 아들을 어찌 보존하겠소?

중종이 사망할 무렵 궐내에는 이상한 소문이 돌았다. 중종이 폐비 신씨를 궁에 들였다는 소문이었다. 중종의 병세가 악화되자 폐문 시간이 지났는데도 통화문을 열어 놓았던 것이 빌미가 되어, 중종이 폐비 신씨가 보고 싶어 입궐시켰다는 소문이 돈 것이다. 하지만 통화문을 열어 놓은 것은 사실이었으나, 이는 폐비 신씨를 들이기 위해서가 아니라 여승을 불러다 중종의 쾌유를 비는 불사를 올리기 위해서였다. 그런데도 이런 소문이 돈 것은 반정 세력의 압력에 밀려 신씨를 폐위시켰던 중종이 짊어질 수밖에 없는 업보였다.

중종이 소윤을 제거한 상태에서 인종에게 왕위를 물려주었다면 폐비 신씨 문제는 인종에게 득이 될 수도 있었다. 폐비 신씨의 신원伸寃을 낭본으로 내건 사림파의 요구를 들어줌으로써 그들과 굳진한 유대를 맺을 수도 있었기 때문이다.

갓 즉위한 인종은 하늘이 낸 대효大孝로 알려져 있을 만큼 효자였으며, 또한 선천적으로 학문을 좋아하고 선비를 자처한 호학애사好學愛士의 군주이기도 했다. 훗날 사림파는 인종의 호학에 관해 많은 이야기를 전했다. 그 한 이야기를 들어 보자.

서연 중에 세자의 안색이 갑자기 변하더니 궁관에게 독서를 그치게 하고 안으로 들어갔다. 그러고는 잠시 후 다시 나와 "벌이 소매 속에 들어가서 몹시 쏘기로 이제 겨우 잡아냈노라"고 말했다.

또한 인종이 즉위한 후에는 중국 사신이 접대하는 관원에게, "당신의 임금은 성인이오. 그런데 당신의 나라는 조그마한 나라라 성인과 맞지 않으니 오랫동안 당신네의 임금이 될 수 없을 것이오. 당신들은 복이 없소"라고 했다는 말이《아성잡기鵝城雜記》에 실려 있다. 여기서 성인이란 공자나 주자 같은 유학자를 뜻한다.

이런 인종에게 사림파는 많은 기대를 걸었다. 호학의 인종이 사림파를 지지한다는 사실은 여러 곳에서 감지되었다. 사림파의 가장 큰 현안은 기묘사화 때 화를 당한 조광조 등 사림파의 신원이었다. 인종은 조광조·김식 같은 기묘사화 피해자들이 훈구파에 의해 억울한 죽음을 당했다고 믿었고, 세자 때부터 즉위하면 때를 보아 사림파를 신원시키겠다고 마음먹었다. 말하자면 인종은 사림파와 같은 세계관·역사관을 공유한 정치가였다.

거듭된 사화에 시달리던 사림파는 인종의 즉위를 쌍수 들어 환호했다. 반면 훈구파는 인종의 역사관이 자신들과 다름을 알고 있었다. 인종을 지지한 사림파는 당연히 또 다른 인종의 지지 세력인 대윤과 가까워졌고, 그에 비례해 경원대군을 지지하는 문정왕후와 소윤과는 멀어졌다.

인종이 즉위하자 세를 얻은 것은 장경왕후의 오빠이자 대윤의 영수인 윤임이었다. 그러나 인종이 인자하기는 했으나 그리 만만한 군주는 아니어서 윤임이라고 자기 마음대로 할 수는 없었다. 인종 행차 때 있었던 한 사건이 이를 말해 준다.

인종이 거둥할 때 한 사람이 어가御駕 앞을 막아서며 원통함을 호소하자 인종이 억울한 사연을 적어 올리라고 명하였다. 그러자 판서 윤임이 말리고 나섰다.

"예로부터 송사訟事하는 사람에게 글을 지어 올리라고 한 예가 없습니다."

이에 인종은 "임금이 친히 글을 보고 그 원통함을 가리고자 하는데, 송사를 맡은 관원이 임금의 명을 어기고 드리지 않은 예는 있었던가?"라고 반문했다.

인종은 이처럼 온화하면서도 자기 주관이 뚜렷한 임금이었다. 만약 인종이 그처럼 일찍 죽지 않았더라면 조선의 그 어느 임금보다 화려한 문화 정치를 펼쳤을지도 모른다.

인종은 문정왕후가 세자 시절부터 자신을 박해하고 정적으로 대했음에도 그녀를 어머니로 깍듯이 모셨다. 그리하여 즉위하자마자 지아비 중종을 잃은 계모의 마음을 위로하기 위해 문정왕후의 동생인 윤원형을 공조참판으로 임명했다.

대간이 즉각 이를 반박하고 나선 것은 윤원형의 참판 임명이 얼마나 파격적인 조치인가를 말해 준다.

"윤원형은 사신을 따라가며 장사꾼을 데리고 가 중국에서 모욕을 받았으니 너무 비루합니다. 척리戚里(임금의 친척)는 어질고 재능이 있어도 특별히 제수해서는 안 되는데, 더구나 적격자가 아닌 사람이겠습니까?"

이런 논박에도 인종은 윤원형의 관직을 보장해 주었다. 그러나 문정왕후는 인종의 이런 특은에도 감격해하지 않았다. 그녀가 원하는 것은 오직 하나, 아들 경원대군을 즉위시키는 것이었다. 인종이 동생을 참판으로 임명했음에도 문정왕후는 인종을 압박했다. 문정왕후는 문안 온 인종을 위협했다.

"홀로 된 첩과 약한 아들을 어찌 보전하겠소?"

홀로 된 첩이란 대비 자신을 가리키며, 약한 아들은 경원대군을 가리키는 말이다. 인종은 이 말을 듣고 미안함을 이기지 못하여, 아침부터 더운 햇볕이 쪼이는 땅바닥에 오랫동안 엎드려 있었다. 임금이 석고대죄하는 셈이었다.

문제의 '주다례'

이런 일들은 부왕 중종의 장례를 치르느라 몸이 쇠약해진 인종의 건강을 더욱 악화시켰다. 인종의 병세가 실록에 처음 등장하는 것은 승하하기 한 달 전쯤인 재위 1년(1545) 6월 4일인데, 이날 인종은 최초로 약방제조藥房提調들의 문안을 받는다. 그때 인종의 대답은 심상했다.

"더위 증세가 조금 있을 뿐이니 문안하지 말라."

그리고 첫 문안 이틀 후인 6월 6일 약방제조들이 문안했을 때 인종의 답은 한층 환해진다.

"이제는 기후氣候(몸과 마음의 형편)가 덜하니 문안하지 말라. 이렇게 몹시 더운데 문안하니 도리어 미안하다."

이후 약 보름 동안 《인종실록》에는 약방의 문안 기록은 보이지 않고 정상적으로 집무를 본 기사만 나온다. 그러다 6월 17일 문제의 '주다례畫茶禮' 기록이 나타난다. 이것이 바로 인종이 문정왕후가 내놓은 다과를 먹고 독살당했다는 야사를 뒷받침해 주는 기록이다.

6월 17일 영의정 등 삼공이 인종에게 이렇게 아뢰었다.

"내일 경사전敬思殿의 주다례를 지낸 뒤에 대비전에 문안하시겠다고 전교하셨습니다. 지금 전하의 옥체가 강녕하시지 못한데다 날씨는 매우 덥습니다. 이런 때에 노동하시면 혹시 중병이 생길까 염려되오니 멈추소서."

"내 기후가 이제 매우 좋아졌으니, 무더위를 당했더라도 편안히 앉아서 오래도록 제례를 그만둘 수 없다."

이렇듯 삼공이 주다례와 대비전 문안을 그칠 것을 아뢰는 판국에도 대비 문정왕후는 이에 관해 아무런 말도 없었다. 이는 곧 주다례와 문안을 강행하라는 뜻이었다. 다음 날 인종은 예정대로 주다례를 지내고 대비에게 문안하였다.

이날 대비는 어가를 따른 시종과 제장諸將에게 술을 먹이고, 또 시종에게 호초胡椒(후추)를 넣은 흰 주머니를 내리는 등 일행을 극히 환대했다. 그동안 인종은 대비전의 내전에서 문정왕후와 다과를 나누었다.

그로부터 사흘 후 인종은 갑자기 약방에 명하여 약을 지어 들이게

대윤과 소윤 그리고 사림파 사이에서

하였다. 인종의 병은 이질, 즉 심한 설사였다. 주다례 직후부터 설사가 나더니 그 이틀 후인 20일 무렵부터 증세가 심해져 약방의 입진을 받은 것이다.

"이질 증세가 잇달아 일어나서 음식을 먹지 못하니, 권제權制(임시방편으로 만든 제도. 여기서는 국상 절차를 축소하는 것)를 따르는 것이 무슨 보탬이 있겠는가? 의원은 별다른 증세가 없다 한다."

닷새 후인 6월 25일 승지 박한종朴漢宗은 인종이 "설사를 많이 하기 때문에 기운이 매우 지쳐 있고 구역 증세도 있어서 그저께부터 통 수라를 들지 못한다"고 말했다.

그리고 다음 날부터 인종의 증세가 갑자기 위급해졌다. 눈동자가 술취한 사람처럼 흐릿해지고 손바닥이 매우 더워졌다. 그러다가 기운이 가라앉아 잠이 들었는데, 이번에는 갑자기 헛소리하는 증세가 나타났다. 인종의 병이 위급해지자 의원들은 별각別閣의 고요한 곳으로 옮겨 조리해야 한다고 주장했다. 이에 따라 인종은 경복궁 안 한복판에 있는 아미산峨嵋山 동쪽의 청연루淸燕樓로 옮겨졌는데, 이 조치가 조금 효험이 있었는지 스스로 일어날 정도로 기운을 점점 회복했으며 열도 잠시 내려 미음을 들기도 했다.

그런데 바로 이때 문정왕후가 소동을 일으킨다. 갑자기 궁을 나가 의혜공주懿惠公主의 집에 머물러 쉬면서 청연루로 가 인종의 병세를 살펴보겠다고 나선 것이다. "미안해서 못 견디겠다"는 명분이었다. 인종의 증세에 온통 신경을 곤두세우고 있던 가주서假注書 안명세安名世 · 검열檢閱 윤결尹潔 등은 한결같이 문정왕후의 이 의외의 거조를 만류하고 나섰다.

"상의 옥체가 위급하시더라도 대비께서 친히 문안하는 것이 무슨 도움이 되겠습니까? 다만 경동驚動(놀람)만 더할 뿐입니다. 인심이 의구疑懼하고 경동하여 위 아래가 황급하면 변고가 일어나는 것도 염려하지 않을 수 없습니다."

문정왕후가 벌인 거동 소동은 의혜공주의 집이 궐 밖 여염에 있다는 점에서 매우 심각하다. 평소에도 대비는 밖에 나갈 수 없었다. 한 번 왕비가 되면 죽을 때까지 궐 밖 구경을 할 수 없었는데, 심지어 과부인 대비가 궐 밖에 나간다는 것은 있을 수 없는 일이었다. 그것도 인종이 병환 중인 상황에서는 상상노 할 수 없는 일이었다.

신하들의 만류로 일단 주저앉은 문정왕후는 다음 날 다시 의혜공주의 집으로 거동하겠다며 소동을 일으켰다. 이는 분명 의도적인 것이었다. 왕비가 된 날부터 인종을 핍박했던 그녀가 인종의 병세를 걱정해 소동을 일으킬 리는 만무했다.

문정왕후가 이런 소동을 벌이는 이유는 분명했다. 모든 백성에게 인종이 와병 중임을 알리려는 것이었다. 사실 대궐 밖의 일반 백성은 구중궁궐에서 일어나는 사실들을 잘 알 수 없었다. 인종은 세자 시절부터 인자하다고 소문이 자자했으므로, 그가 즉위한 지 1년도 채 안 돼 급서할 경우 그 죽음을 둘러싸고 의혹이 일 것은 분명했다.

문정왕후가 이런 소동을 벌이는 동안 임금의 병석을 지킨 사람은 인종의 외숙인 대윤 영수 윤임이었다. 윤임은 병석에 있는 인종을 둘러싸고 어떤 일이 벌어질지 예측할 수 없었으므로 그 곁을 떠나지 않고 있었다. 그런데 당시 아무도 말은 하지 않았지만, 지각 있는 사람이라면 누구나 18일 주다례 후 대비전을 문안했을 때의 일을 의심하고 있었다.

인종이 다과를 들고 며칠 만에 벌어진 일이었기 때문에, 대비전에서 마련한 다과에 의혹의 눈길이 쏠리는 것은 당연했다. 그러나 이제 와서 증거도 없는 그 일을 문제 삼을 수는 없었다.

인종이 사망하기 이틀 전인 6월 28일 어의 박세거朴世擧는 드디어 소생할 가능성이 희박하다고 말한다.

"애통하여 수척한 것이 극도에 이르렀기 때문에 장부臟腑가 매우 손상되어 병이 뿌리가 있는 듯합니다."

손상된 장기는 비위였다. 그러나 부왕의 사망에 지나치게 애를 태워 비위가 손상되었다는 말은 이치에 맞지 않는다. 비장과 위는 음식물과 밀접한 관계가 있는 장기로, 음식물에 의해 손상되는 장기지 슬픔 때문에 손상되는 장기는 아니다. 또한 비위는 독극물이 투입되었을 경우 가장 먼저 반응을 일으키는 장기이기도 하다.

내외의 이런 의혹에도 아랑곳하지 않고 문정왕후는 세 번째 거동 소동을 일으킨다. 인종이 사망하기 하루 전이었다. 거동 장소는 여전히 딸인 의혜공주의 집이었다. 대비의 소동은 병구완에 정신이 없는 대신들을 당혹스럽게 만들었다.

영의정 윤인경尹仁鏡이 만류하며 타협안을 제시했다.

"공주의 집은 여염에 있으므로 결코 옮겨서는 안 되니, 마지못하면 승정원으로 옮기시는 것이 어떻겠습니까?"

승정원은 경복궁에 있으므로, 임금이 투병하는 청연루와 가까웠다. 그러나 승정원이 비록 궐내에 있다고 해서 문제가 없을 수는 없었다. 대비가 승정원을 차지하고 있으면 승정원이 집무를 볼 수 없음은 말할 것도 없었다. 간단하게 말해 문정왕후가 인종을 도와주는 거조는 그냥 대비전에 가만히 있는 것이었다.

양사와 홍문관에서 대비의 승정원 이어移御를 반대했고, 문정왕후도 승정원은 "불편"하다며 의혜공주의 집으로 거동하겠다고 계속 고집하다가, 대신과 대간에서 거듭 만류하자 겨우 소동을 멈추었다.

문정왕후는 이런 식으로 인종의 병 치료에 바쁜 신료들을 끊임없이 흔들었다. 이런 소동 속에서 인종은 어의 박세거가 올린 소시호탕小柴胡湯을 들기를 거부하고 나선다.

"내 병이 어찌 이 약을 마시고 곧 낫겠는가?"

인종은 생에 대한 미련을 포기한 듯 윤임 등을 돌아보며 말했다.

"조광조의 복직과 현량과賢良科의 복설復設은 내가 늘 마음속으로 잊지 않았으나 미처 용기 있게 결단하지 못하였으니, 참으로 평생의 큰

조광조 적려유허비謫廬遺墟碑
글씨는 송시열의 것이다. 전남 화순군 능주의 조광조 유배지에 세워져 있다.

한이다."

윤임이 만류했다.

"상감께서는 어찌하여 잡언을 많이 하십니까? 병환만 빨리 나으면 무엇이든지 어찌 수행하지 못하겠습니까?"

인종은 혀를 차면서 탄식할 뿐이었다. 죽음을 앞둔 인종에게 가장 큰 한은 조광조 같은 사림파를 신원하지 못한 것이었다. 죽음을 피할 수 없다고 느낀 인종은 대신들에게 유교를 내린다.

"조광조 등의 일은 내가 마음속으로 늘 잊지 않았으나 선왕先王(중종) 께서 전에 허락하지 않으셨으므로 내가 감히 가벼이 고칠 수 없어 천 천히 하려 하였다. 이제는 내 병이 위독하여 다시 살아날 가망이 전혀 없으므로 비로소 유언하여 민심을 위로하려 한다. 조광조 등의 벼슬을 일체 전일처럼 회복할 수 있으면 다행이겠다. 현량과도 전에 아뢴 대로 회복하여 인재를 등용하도록 하라."

그러고는 이어 전위 교서를 내렸다.

"경원대군 이환李峘에게 전위한다. 경들은 더욱 힘쓰고 도와서 내 뜻 에 부응하라."

결국 인종은 투병하던 청연루 아래 소침小寢에서 세상을 떠나고 말았 다. 7월 1일, 재위에 있은 지 불과 여덟 달 만이었다.

그날 밤 서울에서는 큰 소동이 있었다. 서울 사람들이 스스로 놀라 움직이며 뭇사람이 요사한 말을 퍼뜨리기를 "괴물이 밤에 다니는데, 지나가는 곳에는 검은 기운이 캄캄하고 뭇 수레가 지나는 듯한 소리가 난다"고 하였다.

서로 이런 소문을 전해 미친 듯이 현혹되어 떼를 지어 모여 함께 떠

이곳에서 인종은 문정왕후의 아들 경원대군(훗날의 명종)에게 전위 교서를 내리고 숨을 거둔다. 경복궁 자경전에 있다.

들고, 궐하闕下로부터 네거리까지 징을 치며 쫓으니, 소리는 성안을 진동하고 인마人馬가 놀라 피해 다니는데도 순졸巡卒이 막을 수 없었다. 이런 소동이 사나흘 계속된 후에야 그쳤다.

1년을 넘기지 못한 임금의 장례식

문정왕후의 아들인 경원대군이 명종으로 즉위했을 때의 나이는 열두 살이었다. 아직 미성년이었으므로 성종 때의 고사에 따라 대비가 섭정을 해야 했다. 당시 섭정할 수 있는 사람은 중종 비인 대왕대비 문정왕후와 인종 비인 왕대비 인성왕후 두 명이었다. 그러나 대비가 스스로 섭정하겠다고 나설 수는 없었고, 대신들이 결정해 주청해야 했으므로 조정은 회의를 열었다.

영의정 윤인경이 누가 섭정해야 하는가를 물었으나 아무도 입을 열지 않았다. 이때 소신을 밝히고 나선 인물이 사림파 이언적李彦迪이었다.

"송나라 철종哲宗 때 태황태후太皇太后가 정치를 대리한 전례가 있습니다. 어떻게 형수와 시숙이 함께 궁전에 나앉을 수 있겠소?"

다른 사람도 아닌 사림파 이언적이 문정왕후의 대리를 주청하고 나섰으므로 아무도 반대하지 않았다. 문정왕후는 이처럼 모순되게도 사림파 이언적의 지지를 받아 대리청정하게 되었다. 훗날 율곡 이이李珥는《석담일기石潭日記》에서 이언적이 을사사화 때 사림파의 기개를 지키지 못했다며 비판했는데, 율곡의 속마음은 사림파의 기개를 지키지 못한 데 있다기보다는 문정왕후의 섭정을 주장함으로써 사림파의 집권이 그만큼 늦어진 데 대한 비판인지도 모른다. 사림파 이언적의 이 순진한 주청은 입술의 침이 채 마르기도 전에 사림파에 대한 탄압으로 돌아왔다.

인종이 위독할 때 "미안해서 못 견디겠다"며 소동을 벌였던 문정왕후는 정권을 잡자마자 속마음을 드러냈다. 그녀의 속마음은 인종의 장례 절차에서 먼저 드러난다. 윤원형과 함께 소윤을 이끌던 이기李芑가 인종의 장례 절차에 대해 색다른 주장을 했다.

"인종은 1년을 넘기지 못한 임금이니 대왕의 예를 쓰는 것은 옳지 못합니다."

하루를 모셔도 임금은 임금이건만, 인종은 임금이 아니니 대왕의 예에 따라 장례를 치를 수 없다고 주장하고 나선 것이다. 정상적인 상황 같으면 대역죄로 몰릴 주청이었다. 그러나 결국 인종의 장례는 임시로 빨리 치르는 약식 장례인 갈장渴葬으로 치르게 되었다. 그리하여 인종의 장례일이 승하한 지 다섯 달이 채 못 되는 10월 27일로 정해졌는데, 문정왕후와 소윤은 여기서 20여 일을 다시 앞당긴 10월 15일로 장례일을 수정했다. 홍문관 부제학副提學 나숙羅淑이 부당하다고 상소한 것은 당연했다.

"대행대왕의 장례일을 10월 27일로 정한 것도 이미 5개월의 상기喪期에 어긋나 미안하게 생각하고 있는데, 지금 또 15일로 당기니 놀라고 의혹됨을 금할 수 없습니다. 예에 따라 장례일을 늘려 잡으소서."

교리 정황丁熿도 갈장은 안 된다고 상소하고, 사헌부에서도 그 부당함을 아뢰었으나 문정왕후는 허락하지 않았다.

야사인 《영남야언》에는 윤원형이 불공을 올려 임금의 수명을 짧게 해 달라고 기도하였다고 적혀 있다. 윤원형이 깊은 밤 남산에서 등불과 초를 켜 놓은 채 손수 향을 피우고 차마 들을 수 없는 말을 하였으며, 궁중에서는 나무로 만든 사람을 묻어 인종을 저주했다는 것이다.

상복을 입는 날, 윤원로尹元老 · 윤원형 · 이기 등 소윤이 갓을 털고 서로 하례하며 의기양양해하는 것을 보고 정황이 분노했다.

"이 역적 놈들의 기색을 보니 원통함이 더욱 심하다."

곤장이 다리보다 더 굵으니

사림파를 신원하려던 인종의 시신이 궐내에 있던 그해 8월, 사림파들은 '을사사화'로 대거 화를 입게 된다.

대비 윤씨는 인종이 죽은 다음 달 윤원형에게 밀지를 내려, 윤원형의 형 윤원로를 공박해 귀양 보낸 대윤 영수 윤임과 유관柳灌 등을 치죄하라고 명령했다. 이에 윤원형은 병조판서 이기 · 호조판서 임백령林百齡 등을 배후에서 움직여 윤임과 유관 등을 공격하게 하였다.

윤원형은 대윤을 제거하기 위해 윤임이 인종 비 인성왕후에게 보내는 편지를 위조해 실수인 척 대궐에 떨어뜨렸다.

"근래에 나랏일이 점점 수상해지니 언제 죽음을 당할지 몰라서 밤낮으로 울고 있습니다. 판서 유인숙柳仁淑 · 정승 유관과 함께 왕위를 봉성군鳳城君에게 옮기려고 합니다. 전번 윤원로를 귀양 보낼 때 원형마저 치죄했다면 이렇게까지 되지는 않았을 것입니다."

윤임이 인성왕후와 모의해 왕위를 중종의 여섯째 아들 봉성군에게 옮기려 했다는 조작이었다. 이 사건으로 봉성군은 귀양을 가고, 윤임과 유인숙 · 유관은 모두 귀양, 파직, 체차遞差(관리를 다른 사람으로 바꿈) 등을 당하게 된다. 인종의 시신이 싸늘해지기도 전에 대윤이 몰락하고 만 것이다.

이 사건이 완전한 조작이라는 것은 이들을 처벌하는 전지에 죄명을 명시하지 못한 데서 드러난다. 적시할 죄명이 없었던 것이다. 문정왕후가 "전지에 사연을 언급하지 않으면 아무 까닭 없이 죄준 것 같을 것이니, 윤임은 종묘사직과 크게 관련된 말을 만들어 냈고, 유관과 유인숙은 권간權奸과 결탁했다고 적으면 어떻겠는가?"라고 제의했으나, 인심이 동요할 것이라며 반대하자 죄목도 없이 치죄했던 것이다. 결국 윤임은 "마음이 안정되어 있지 않다"는 이유로, 그리고 유관과 유인숙은 "무슨 행적이 있다"는 이유로 치죄되었으니, 이는 이들이 무죄임을 말해 주는 좋은 증거라 하겠다.

이런 과정을 거쳐 정권을 장악한 소윤은 자신들에게 불만을 가진 사림파들을 마저 제거하려 하였다. 그리하여 사화가 다시 발생하게 되었는데, 이를 을사년에 벌어졌다 하여 을사사화라고 부른다.

소윤은 홍문관과 대간 등에 자리 잡은 사림파가 윤임 등의 치죄에 반대하자 이들마저 윤임과 유관 일파로 몰아 공격했다. 이 일로 수찬修撰 이휘李輝·장령 정희등鄭希登·박광우朴光佑 등 젊은 사림파 관료가 잡혀와 혹심한 고문을 받았다. 장형을 받던 박광우가 울부짖었다.

"이런 원통한 일이 어디 있는가? 곤장이 다리보다 더 굵으니 어찌 감당하란 말이냐?"

정희등은 울부짖는 박광우를 타일렀다.

"죽고 사는 것은 이미 정해져 있으니 곤장의 굵고 얇은 것을 비교해 무슨 소용이 있겠는가? 돌아가신 임금의 관이 가까운 곳에 있으니, 고통 소리가 안에 들리지 않게나 하세."

이들은 심문받을 적마다 인종의 관이 있는 곳을 향해 부복해, 형을 집행하던 사령들도 감동해 눈물을 흘렸다. 그러나 이기는 눈을 부릅뜨며 꾸짖었다.

"그렇게 하면 구제를 받을 듯하여 쓸데없이 애를 쓰느냐?"

이처럼 인종이 세상을 떠나자마자 인종을 지지했던 대윤과 사림파는 급전직하 몰락했다. 윤임·유관·유인숙·이휘 등은 참형에 처해졌고, 많은 사림파가 귀양 또는 파직당했다.

하지만 이것이 끝은 아니었다. 을사사화 2년 후인 명종 2년(1547)에 양재역 벽서 사건이 일어나 다시 옥사가 벌어졌다. 양재역 객사에 "여왕이 위에서 정권을 잡고, 간신 이기 등이 아래서 권력을 농락하니 나라가 망할 것을 기다리는 격이다"는 내용의 벽서가 붙은 것이다. 이로 인해 봉성군과 송인수宋麟壽·이약해李若海 등이 사형에 처해지고, "형수와 시숙이 한 궁전에 나앉을 수 없다"며 문정왕후의 섭정을 제안한 이언적도 먼 변방으로 쫓겨나 위리안치당했다.

그러나 문정왕후와 소윤의 공세는 이것으로 끝나지 않았다. 양재역 벽서 사건 다음 해인 1548년 무신년에는 전 사관 안명세의 사초史草 사건이 발생하였다. 사관 안명세가 사초에 윤임 등을 옹호하고 이기가 사건을 조작했다고 비난하면서, "중종의 소상小祥(죽은 지 1년 만에 지내는 제사)도 지나지 않았고, 인종의 발인도 하지 않았는데, 임금의 빈전 옆에서 대신 세 사람을 죽였다"고 개탄했던 것이다. 춘추 필법을 지향한 안명세는 혹독한 고문 끝에 "부디 자식들에게는 글을 가르치지 마시오"라는 유언을 남긴 채 사형당했다.

그 후 명종 4년(1549)에는 이홍윤李洪胤 사건이 일어나 또 한 차례 피

비린내가 일었다. 양재역 벽서 사건으로 사형당한 이약빙李若氷의 아들 이자 윤임의 사위였던 이홍윤이 "연산군도 사람을 많이 죽이더니 중종 반정을 당했는데, 지금 임금인들 사람을 많이 죽이니 어찌 오래도록 그 자리를 지키겠느냐?"고 불평하곤 했는데, 그 아우 이홍남李洪男이 조정 에 고발함으로써 옥사가 재연된 것이다. 이 사건은 충주 지역에 사는 이 약빙의 문인들을 초토화시켜 무려 300여 명 이상의 목숨을 앗아갔다.

또한 명종이 쫓겨날 것이라는 이홍윤의 발언에 분노한 문정왕후는 충청도의 도명을 청홍도淸洪道로 바꾸어버렸다. 원래 대읍인 충주와 청 주의 첫 음을 따서 충청도의 도명으로 삼았는데, 사건 발생지인 충주 대신 지금의 홍성인 홍주洪州를 넣은 것이다.

문정왕후를 다시 보겠구나

이처럼 문정왕후 섭정 기간은 옥사의 연속이었다. 게다가 문정왕후는 성리학 사회 조선에서 보우普愚라는 승려를 중용하고 불교를 중흥시키 는 등 사대부들과는 정치적으로뿐만 아니라 사상적으로도 첨예하게 대립했다. 그런 이유로 문정왕후는 양재역에 붙은 벽서의 내용처럼 '여 왕' 노릇을 한 조선의 유일한 여인이었으나, 사망한 후 두고두고 조선 사대부들의 표적이 되었다.

훗날 숙종의 모후 명성왕후明聖王后가 국정에 관여해 논란이 되었을 때 윤휴尹鑴가 "문성왕후를 다시 보겠구나"라고 비난한 것은, 문정왕후

경기도 양주의 회암사지

보우가 주지로 있던 이 절에서 문정왕후는 명종의 득남을 비는 무차대회無遮大會를 열려다 사망했다.

에 대한 사대부들의 감정이 어떠했는지를 잘 보여주는 대목이다. 문정왕후는 이렇듯 유림들에게는 극도의 저주를 받았으나 불자들에게는 정반대의 평가를 받았다. 김영태는《한국불교사 하下》에서 이렇게 썼다.

"성종·연산·중종 때 불교는 다시 말할 수 없는 박해를 받다가 명종이 즉위한 후 그 모후 문정왕후 윤씨가 섭정을 하면서부터 다시 부흥의 기운을 보게 되었다. …… 문정왕후는 중흥불사의 대임을 맡을 수 있는 고승을 물색하여 설악산 백담사의 보우를 맞아들였다. …… 이처럼 문정왕후가 보우와 같이 불교를 중흥시키려고 함에, 조금이라도 불승佛僧을 우대하는 기색이 보이기만 하면 들고일어나는 조정 대신들과 유생들이 가만히 있을 리가 없었다."

이처럼 문정왕후가 사림파의 이념인 성리학이 아니라 불교를 중흥시키려 하자 사대부들은 격하게 반발했다. 게다가 그녀는 집권 후 동생 윤원형으로 하여금 사림파를 탄압하게 했다. 당시의 시대적 과제는 세조의 집권 이래 계속되어온 훈구파의 비정秕政(악정)을 청산하는 것이었는데, 문정왕후의 섭정은 오히려 훈구파의 집권 연장으로 이어졌다는 점에서 뜻있는 식자들의 비판거리가 되었다.

이런 점에서 문정왕후의 섭정 기간은 사림파들에게는 암흑의 나날이었다. 그리고 그 어두운 세월 동안 "인종이 독살당했다"는 은밀한 소문은 계속 횡행하였다.

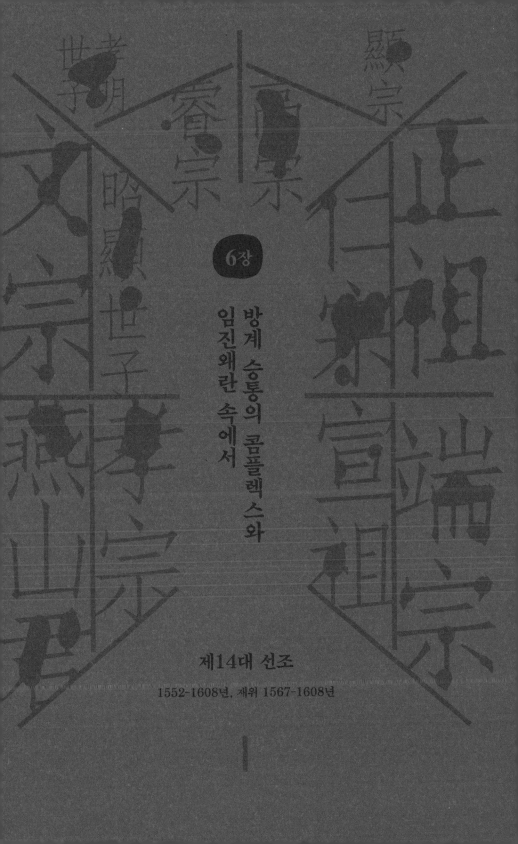

6장

방계 승통의 콤플렉스와
임진왜란 속에서

제14대 선조

1552-1608년, 재위 1567-1608년

《선조실록》 41년 2월 1일

이날 미시(오후 1~3시)에 임금의 몸 상태가 갑자기 위급해지니
승정원과 사관이 어찌할 바를 모르고 허둥지둥 차비문 안으로 들어왔다

조선조 전체를 통틀어 선조만큼 다사다난했던 임금도 찾아보기 힘들 것이다. 선왕의 적장자가 아니면서 왕위에 오른 방계傍系(직계에서 갈라져 나온 친계親系) 승통부터가 비상備嘗(여러 가지 어려움을 두루 겪음)한 재위 기간을 암시하는 것이다. 선조 때 있었던 동서 분당과 임진왜란은 조선이 이미 이전의 방식으로는 통치할 수 없는 단계에 이르렀음을 의미하였다. 서울을 버리고 북으로 도망간 임금, 명나라로 도망가려다 압록강가에서 겨우 멈춘 치욕의 군주가 바로 선조였다. 뿐만 아니라 선조는 무려 40년 이상 재위에 있었으면서도 죽은 뒤 독살설에까지 휘말리게 된다.

선조는 과연 독살당했을까? 선조 독살설은 인조반정 이후 조선이 망할 때까지 끈질기게 떠돌았고, 심지어 현대에 와서도 그의 독살을 다룬 책이 나올 정도로 많은 사람이 관심을 갖는 주제다. 독살 여부를 알아보기 위해서는 그의 죽음의 현장으로 가보는 것이 진실에 가까이 다가서는 지름길일 것이다. 먼저 선조 독살의 혐의를 받고 있는 광해군과 북인 측의 기록인《선조실록》을 살펴보자.

그에 따르면 재위 40년 가을 선조는 병세가 위독해져 기氣가 막히면서 갑자기 넘어졌다. 의식을 잃고 쓰러진 선조는 기후가 조금 안정되자 "이 어찌된 일인가?" 하며 불안한 소리를 지르기도 했다. 어의는 추운 아침에 일찍 기동하여 한기가 밖에서 엄습한 탓이라며 인삼순기산人蔘順氣散을 권했다. 그러나 며칠 후 다시 호흡이 가빠지며 가래가 끓었다. 의약청에서는 풍기, 즉 중풍에 가까운 증세라고 진단했다.

그러던 선조의 병이 조금 차도를 보였다. 병세가 차도를 보이자 선조는 또다시 세자 광해군을 꾸짖기 시작했다. 하지만 광해군에 대한 감정이 극도로 악화되었을 때 선조의 병은 다시 위독해진다. 세상을 떠나는 해인 재위 41년(1608) 1월부터 선조는 병세가 다시 심해져 약방藥房(내의원)의 입진을 받았다. 그해 2월 1일 약방의 문안을 받고 "어젯밤엔 편히 잠을 잤다"고 말했던 선조는 그날 오후부터 갑자기 병세가 악화되었다. 약방에서 강즙薑汁, 죽력竹瀝, 도담탕導痰湯, 용뇌소합원龍腦蘇合元, 개관산開關散 등을 들였으나 효력이 없었다. 세자가 어의에게 진찰하게 하자 어의가 말했다.

"일이 이미 어쩔 수 없게 되었으니 어찌할 바를 모르겠습니다."

그날 인목왕후가 선조의 병상을 지키고 있었는데 유영경 등 여러 대신이 "고례古禮에 부인의 손에서 임종하지 않는다"며 왕비에게 밖으로 나와 달라고 요청하는 와중에, 안에서 곡성이 들려 비로소 선조가 세상을 떠난 것을 알고 모두 통곡하였다.

중국 단동에서 바라본 압록강
건너편이 선조가 몽진 왔던 의주다.

이처럼 《선조실록》은 선조가 병으로 죽었으며 마지막 임종을 지킨 여인이 부인 인목대비라고 기록하고 있다.

그런데 서인 측의 기록인 《광해군일기》에는 선조 독살설에 대한 서인 측의 유일한 근거이기도 한 찹쌀밥에 관한 기록이 나온다. 선조가 승하하는 당일 "미시未時(오후 1~3시)에 찹쌀밥을 올렸는데 상이 갑자기 기가 막히는 병이 발생하여 위급한 상태가 되었다"는 것이다.

이긍익李肯翊은 《연려실기술》에서 《남계집南溪集》을 인용해 선조 독살설을 간접적으로 전하는데, 그에 따르면 입시했던 선비 의원 성협成浹이 "임금의 몸이 이상하게 검푸르니 바깥 소문이 헛말이 아니다"고 말했다는 것이고, 이 말을 들은 조익趙翼과 권득기權得己는 광해군 때 벼슬을 거부했다는 내용이다.

과연 선조는 북인 측의 기록처럼 병사한 것일까, 서인 측의 기록처럼 독살당한 것일까?

을축년에 하교받은 하성군

문정왕후는 인종 독살설을 무릅쓰고 아들을 명종으로 즉위시키는 데는 성공했으나 더 이상 자신의 핏줄에게 왕위를 잇게 하지는 못했다. 문정왕후의 유일한 손자이자 명종의 외아들인 순회세자順懷世子가 요절했기 때문이다. 명종은 재위 18년(1563)에 13살의 외아들 순회세자를 잃은 후 탄식했다.

"내 울어 무엇 하랴. 을사년에 충량한 신하들이 죄 없이 떼죽음을 당해도 내가 임금이 되어 말리지 못했으니, 내 집에서 어찌 대대로 군왕이 이어질 수 있겠는가?"

순회세자 외에 다른 아들을 두지 못했던 명종은 2년 후인 재위 20년 (1565)에 문정왕후가 사망함으로써 친정親政의 기회를 맞게 되었다.《명종실록》을 기록한 사관은 문정왕후의 죽음에 대해 "종사가 망하지 않은 것이 다행일 뿐이다"고 했다. 뿐만 아니라 문정왕후가 명종에게 "내가 아니면 네가 어떻게 이 자리에 앉을 수 있었으랴"하며 횡포를 부려 명종이 심열증心熱症을 얻었다면서 "윤비尹妃(문정왕후)는 사직의 죄인"이라고 쓸 정도였다. 조선의 왕비 중 죽는 당일 이런 혹평을 들은 인물은 문정왕후가 유일할 것이다.

문정왕후의 몰락과 함께 20년 동안 권세를 누려오던 소윤 윤원형도 몰락해 죽고 말았다. 그러나 그동안 문정왕후의 기세에 눌려 있던 세월이 병이 되었는지, 명종도 문정왕후 사망 2년 후 세상을 떠나고 말았다. 재위 22년(1567) 6월 27일 시약청을 설치한 이튿날 새벽에 세상을 등졌으니, 급서였다.

명종이 사망했을 당시 가장 큰 문제는 후사가 없는 것이었다. 자칫하면 왕위가 비는 비상사태가 발생할 수도 있었다. 그나마 2년 전에도 비슷한 일이 있었던 것이 사태 해결에 도움이 되었다.

문정왕후가 사망한 직후 명종도 덩달아 위독해 저승 문턱을 넘나든 적이 있었다. 그때 가망이 없다고 여긴 영의정 이준경李浚慶 · 좌의정 심통원沈通源 등이 명종에게 후사를 정해 달라고 청했으나, 명종의 증세는 대답하지 못할 정도로 위독했다. 대신들은 할 수 없이 명종 비 인순왕후仁順王后 심씨에게 후사를 결정해 달라고 요청하여 답을 받았는데, 이를 '을축년(명종 20)의 하서下書'라 한다.

이때 명종의 뒤를 이을 뻔했던 종친이 덕흥군德興君의 셋째 아들 이균李鈞이다. 덕흥군은 중종이 창빈昌嬪 안씨에게서 난 아홉 번째 아들이었다. 중종의 아홉 번째 서자의 세 번째 아들이니 선원보璿源譜(조선 왕실 족보)대로라면 이균은 왕위를 꿈꿀 수도 없는 처지였다. 그런데도 인순왕후가 이균을 후사로 정하는 하서를 내렸던 것은 혼자만의 생각은 아니었다. 명종도 평소 이균을 볼 때마다 "덕흥은 복이 있다"며 아꼈다.

한번은 명종이 종친 자제들을 궁중으로 불러 머리 크기를 알려고 한다며 익선관을 써 보라고 한 적이 있었다. 이때 여러 왕손은 익선관을 머리에 써 보며 희희낙락했는데, 가장 어린 이균만은 두 손으로 관을 받들어 어전에 도로 갖다 놓고 머리를 숙여 사양하며 말했다.

"이것이 어찌 보통 사람이 쓰는 것이오이까?"

이런 행동이 명종과 인순왕후의 뜻에 꼭 맞았다. 이런 경로로 을축년 명종이 위독할 때 이균을 후사로 결정했던 것이다.

재위 22년 6월 영의정 이준경 등이 문안했으나 명종은 눈을 뜨지 못할 정도로 위독했다. 이렇게 되니 다시 후사 문제가 대두되었는데, 인순왕후의 뜻은 2년 전과 같았다. 덕흥군의 셋째 아들 하성군河城 이균에게 다시 하교가 내린 것이다.

이런 경로를 거쳐 도승지 이양원李陽元과 동부승지 박소립朴素立 등이 새 임금을 모셔 오기 위해 덕흥군 집으로 떠났다. 그런데 이때 덕흥군의 집에 도착한 이양원이 어느 아들이라고 분명히 말하지 못했던 데서, 선조의 즉위가 얼마나 유동적이었는지를 짐작할 수 있다. 이양원은 다만 이균의 외숙 정창서鄭昌瑞에게 뵙자고만 청했다. 함께 갔던 주서 황대수黃大受가 "누구를 뵙자는 것이오. 이같이 큰일을 그렇게 모호하게 할 수 있소?"라고 항의했으나 이양원은 듣지 않고 정창서에게 물었다.

"어느 군이 치장을 차리고 있습니까?"

"을축년에 하교받았던 하성군입니다."

이양원이 끝내 자기 입으로 하성군의 작호를 말하지 않은 것은 만약의 사태에 대비해서였다. 즉 하성군 아닌 다른 인물이 임금으로 추대될 가능성도 있었고, 그 경우 하성군을 모시러 갔던 인물은 죽게 되어 있었으므로 이양원은 끝내 이름을 대지 않았던 것이다. 이날 박소립은 하성군을 호종한 인물들은 공신이 될 거라는 궁인들의 말만 듣고 호종한 인물들의 명단을 받았다가 웃음거리가 되기도 했다. 이 모든 일은 다시 말해 하성군의 승통이 그만큼 정통성이 없음을 뜻하는 것이었다.

하성군 또한 이런 사실을 알고 있었기에 대궐에 들어와서도 상차喪次(상중에 상주가 거처하는 처소)에서 나오지 않고 사양했다. 대신들이 청하고 인순왕후도 청하자 마지못해 나왔으나 용상에 오르지 못하고 머뭇거렸다. 물론 의례적인 거조이기는 했지만 하성군은 한참을 사양한 후에야 용상에 올라 백관의 하례를 받고 임금이 되었다. 그러고는 곧 인순왕후를 왕대비로 높여 수렴청정하기로 했다. 이런 과정을 거쳐 드디어 방계 승통 시대가 열리게 되었다. 이때 즉위한 하성군이 임진왜란을 겪고 이리저리 피난 다니는 수난의 군주 선조였다.

누가 적당한가?

선조의 가장 큰 콤플렉스는 방계 승통에 있었다. 왕위에는 올랐으나 선 왕 명종이 직접 전교를 내린 것도 아니었으니 다른 종친이 왕이 될 수 도 있는 상황이었다. 인순왕후와 영의정 이준경 그리고 우의정이자 인 순왕후의 아버지인 심통원이 다른 종친을 선택했다면 선조는 즉위할 수 없는 인물이었다.

즉위 당시 선조는 가례를 올리지 않은 상태였으므로 재위 2년(1569) 12월에 박응순朴應順의 딸을 간택해 국혼을 치렀다. 그녀가 선조의 첫 번째 부인인 의인왕후懿仁王后 박씨다. 하지만 의인왕후 박씨는 아이를 낳지 못하는 석녀였기 때문에 많은 문제가 발생했다. 선조는 방계 승통 이라는 콤플렉스를 씻는 가장 좋은 방법은 정비 소생의 원자에게 후사 를 넘기는 것이라고 믿었다. 그런데 박씨가 아이를 낳지 못했기 때문에 계획에 차질이 생겼다.

선조는 6명의 후궁에게서만 왕자 13명과 옹주 10명을 낳았는데, 이 13명의 아들 중에서 누가 선조의 뒤를 잇느냐 하는 문제가 민감한 정 국 현안이 되었다. 이 많은 왕자의 어머니가 각기 달랐으므로 문제는 복잡하게 돌아갔다.

선조의 맏아들 임해군臨海君과 둘째 아들 광해군光海君은 공빈恭嬪 김 씨 소생이었고, 셋째 아들 의안군義安君과 넷째 아들 신성군信城君은 인 빈仁嬪 김씨 소생이었다. 이외에도 순빈順嬪 김씨 소생의 순화군順和君과 정빈貞嬪 민씨 소생의 인성군仁城君 등의 왕자들이 각축하고 있었다.

이럴 경우 누가 대신들의 지지를 받느냐 하는 점은 중요한 선택 기준이 되는데, 세자 책봉 이전에 대신들의 중망重望(두터운 명성과 인망)을 받은 왕자는 공빈 김씨 소생의 광해군이었다. 맏아들 임해군은 성격이 과격해서 대신들이 꺼려했다고 한다.

임진왜란 발발 1년 전인 선조 24년(1591) 세자 책봉 문제는 정국에 파란을 일으켰다. 재위 24년이 되도록 세자 자리가 비어 있는 것을 걱정한 우의정 유성룡柳成龍이 좌의정 정철鄭澈을 찾아가 논의했다. 이들이 마음에 둔 왕자는 둘째 광해군이었다.

"우리가 국가의 중책을 맡았으니 마땅히 큰일을 해야 할 것이오. 지금 후궁 소생의 왕자가 많이 있는데, 세자를 정하지 못하고 있으니 세자를 세울 계책을 논의해야 할 것이오. 우리가 힘써 청해 봅시다."

"영상이 우리 말을 듣겠소?"

당시 영의정은 북인 이산해李山海였고, 유성룡은 남인, 정철은 서인이었다. 영의정과 같은 당인 유성룡이 대답했다.

"우리 두 사람이 하자고 하면 영상이 어찌 듣지 않겠소."

이렇게 하여 영의정 이산해를 포함해 세자를 세우는 데 동의한 세 정승은 대궐에 모여 주청하기로

방계 승통의 콤플렉스와 임진왜란 속에서

했으나, 막상 약속 장소에 이산해가 나오지 않아 무산되었다. 다시 약속 날짜를 잡아 알렸으나 이번에도 이산해는 나타나지 않았다.

이산해는 당시 선조가 인빈 김씨를 총애하여 그 아들 신성군에게 뜻이 있는 것을 알고, 광해군에게 뜻이 있는 두 정승과 신성군에게 뜻이 있는 선조 사이의 공백을 이용해 두 정승을 정치적으로 제거하려 했다.

이산해는 극적인 반전을 노리는 계획을 짰다. 인빈 김씨의 오라비 김공량金公諒과 주연을 나누기로 약속한 이산해는 먼저 아들 이경전李慶全을 김공량의 집으로 보냈다. 한참 후에도 이산해는 나타나지 않고, 대신 이산해의 종이 급히 달려와 이경전에게 고했다.

"대감께서 오시려고 하다가 어떤 말을 듣더니 문을 닫고서 눈물만 흘리고 계십니다."

이경전이 놀라서 집으로 갔다가 곧 돌아와 김공량에게 설명했다.

"부친께서 '좌상 정철이 광해군을 세자로 세운 후 신성군 모자를 없애 버리려 한다'는 말을 들으신 까닭에 어찌할 줄 모르고 계십니다."

김공량은 즉시 인빈 김씨에게 달려가 이 사실을 고했고, 인빈은 선조에게 울면서 호소했다.

"무슨 까닭으로 좌상 정철이 너희 모자를 죽이려 한다더냐?"

"먼저 세자 세우기를 청한 뒤에 죽이려 한답니다."

선조는 일축했다.

"뜬소문이지, 정철이 그럴 리 있나?"

다음 날 세 정승이 함께 세자 책봉 문제를 논의하기로 했는데, 이산해가 병을 핑계로 나오지 않아 유성룡과 정철만이 선조를 청대하였다. 정철이 세자 책봉 문제임을 말하자 선조가 "누가 적당한가?" 하고 물었다.

"광해군이 그 중 가장 중망이 있습니다."

신성군이 아닌 광해군의 이름이 나오자 선조가 화를 벌컥 냈다.

"내 나이 아직 마흔도 안 되었는데 경은 무슨 말을 하는가?"

유성룡은 한마디도 거들지 못했고, 정철은 땀을 뻘뻘 흘리다가 물러나왔다. 이 사건은 거칠 것 없이 뻗어 가던 정철을 거꾸러뜨리는 계기가 되었다. 이산해의 계략이 성공한 것이다. 양사에서 즉각 탄핵에 들어갔다.

"영돈녕領敦寧 정철은 조정의 기강을 마음대로 하여 그 위세가 세상을 뒤덮었으니 파직시키소서."

구체적인 혐의도 없이 대신을 탄핵하면 대간이 추궁을 받는 법인데도, "위세가 세상을 덮었다"는 모호한 혐의를 선조가 받아들임에 따라 정철은 머나먼 강계로 유배를 떠나게 되었다. 이처럼 세자 책봉을 둘러싸고 조정이 한바탕 소동을 겪은 다음 해 임진왜란이 발발했다.

선조의 추락, 광해군의 부상

정확하게 개국 200년 만인 1592년 발생한 임진왜란은 조선의 모든 체제를 송두리째 뒤엎었다. 조선통신사의 정사로 일본에 다녀온 후 "일본이 침략할 것 같다"고 했던 황윤길黃允吉의 보고는, "침략의 조짐이 없다"는 부사 김성일金誠一의 상반된 보고에 묻혀 버렸다. 황윤길은 야당인 서인인 반면 김성일은 집권당인 동인이었기 때문이다. 적군은 서인만을 골라 공격하는 것이 아니라 국가 자체를 공격한다는 기본적인 안보 법칙마저 당리당략에 묻혀버린 것이다. 적군이 침입할 가능성이 1 퍼센트만 있어도 만반의 준비를 다해야 하는 것이 국방의 기본 원칙이 란 점에서, 당시 조선은 이미 정상적인 국가 시스템이 붕괴된 상태였다.

동래 부사 송상현宋象賢을 전사시킨 왜군이 파죽지세로 북상해 오자, 놀란 선조는 신립申砬에게 모든 희망을 걸고 삼도순변사三道巡邊使로 제 수했다. 그러나 선조로부터 보검과 전권을 하사받은 신립이 새재의 험 준한 지형을 이용하자는 장수들의 요청을 무시한 채 허허벌판인 탄금 대에 배수진을 쳤다 대패하며 충주는 왜적에게 떨어지고 말았다.

상대 당을 거꾸러뜨릴 계략을 세우느라 정신없던 조정 신료들은 막 상 거꾸러뜨려야 할 왜군이 쳐들어오자 도망하기에 정신이 없었다. 선 조도 마찬가지였다. 선조는 군부君父로서 왜적을 물리치는 데 자신의 모든 것을 걸겠다는 자세보다는 일신을 보존하는 일에만 골몰해, 왜적 이 올라온다는 소식을 듣고는 서울을 버리고 달아나기로 하였다.

사실 조정은 선조가 도망가기 전부터 이미 조정이 아니었다. 아직은 어엿한 국왕인 선조가 젊은 내시들과 판방板房에 앉아 있는데도, 백성 들이 대궐로 난입해 값나가는 물건들을 마음대로 들고 갔으나 어느 누 구도 감히 제지할 생각을 못했다.

또한 도망가는 선조의 행렬이 돈의문敦義門을 지날 때는 평소 '군신의 의리'를 밥 먹듯이 읊조리던 백관이 모두 도망가 따르는 자가 100여 명 에 지나지 않았다.

국왕이 서울을 버리고 도망갔다는 소식을 들은 백성들은 대궐에 난 입해 노비들을 관리하던 관청인 장예원掌隸院에 불을 질렀다. 왜군이 서울에 들어오기도 전에 대궐은 양반 사대부의 침학侵虐에 분노한 백성들의 손에 불타고 만 것이다. 선조의 행차가 개성에 이르렀을 때는 백성들이 어가를 가로막고 선조를 비난했다.

"상감은 그동안 민생은 뒷전이고 수많은 후궁 부자 만들기에만 열중하고 후궁의 오라비 김공량을 사랑하는 것만 제일의 계책으로 여기다가 오늘 이 일을 당했는데, 어찌 김공량을 시켜 왜적을 토벌하지 않으시오?"

그 중에는 선조에게 돌을 던진 사람도 있었으니 백성들에게 선조는 더 이상 임금이 아니었다. 국왕을 정점으로 한 사대부가 농민을 지배하던 조선의 국가 체제는 완전히 붕괴된 것이다.

광해군은 이처럼 국가 체제가 붕괴된 폐허 상태에서 세자로 책봉되었다. "내 나이 아직 마흔도 안 되었다"며 정철을 치죄하던 선조는 세자를 세워야 인심이 안정될 것이라는 조정의 중의에 부랴부랴 광해군을 세자로 책봉했던 것이다. 광해군으로서는 나라가 오늘 망할지 내일 망할지 알 수 없는 상황에서 세자로 책봉되었으니, 앞으로 임금이 될지 왜적의 손에 죽을지 기약할 수 없는 상황이었다.

어렵사리 세자로 책봉되었으나 광해군을 기다리고 있는 것은 영화가 아니라 누란의 위기에 빠진 나라를 살리는 고난이었다. 조정을 둘로 나누는 분조分朝의 임무를 맡은 광해군은, 맹산·곡산·이천 등지를 순회하며 왜군을 교란시키고 백성들을 위무했다. 선조도 광해군의 이런 활약에 고무되어 개평역에 있던 광해군에게 편지를 보냈다.

"내가 살아서는 망국의 임금이요, 죽어서는 이역의 귀신이 될 것이다. 부자가 서로 헤어졌으나 다시 볼 날이 없을 듯하다. 오직 바라는 바는 세자가 옛 판도를 다시 회복하여 위로는 조종의 영을 위로하고, 아래로 부모의 돌아옴을 맞이하라. 종이를 대하니 눈물이 앞을 가려 말할 바를 알지 못하겠노라."

광해군은 이 편지를 읽고 목 놓아 통곡하였다. 그러나 백성들에게 돌을 맞는 수모까지 당한 선조는, 해전에서의 이순신 활약과 육전에서의 의병과 명나라 도움으로 위기를 한 고비 넘기자 광해군에 대한 마음이 다시 흔들렸다.

정국을 소용돌이 속으로 몰아넣은 '주상의 뜻'

선조는 왜란이 막바지에 다다른 1596년 명나라가 자신을 폐하고 광해군을 국왕으로 책봉할지 모른다는 의구심에서 전위 소동을 벌이기도 했다. 광해군과 대신들이 무려 아홉 번이나 청한 후에야 뜻을 거두었을 정도로 선조는 의심 많은 부왕이었다.

정유재란이 끝난 후인 1600년 의인왕후 박씨가 세상을 떠나자, 선조는 그 2년 뒤 51살 되던 해 김제남의 열아홉 살짜리 딸을 새로운 왕비로 맞아들였다. 그녀가 바로 인목왕후仁穆王后다. 그런데 국혼 4년 후에 인목왕후가 왕자를 낳으면서 조정에는 세자를 둘러싼 새로운 움직임이 일었다. 이때 태어난 영창대군永昌大君은 선조가 바라 마지않던 정비 소생이었던 것이다.

영창대군이 태어나자 영의정 유영경柳永慶은 백관이 하례해야 한다고 주장했다. 좌의정 허욱許頊과 한응인韓應寅이 "대군 한 명을 낳았다고 반드시 하례할 것까지야 있겠소?"라고 반대해 하례는 중지되었으나 유영경의 이 행위는 많은 의구심을 불러일으켰다. 갓 태어난 대군에게 백관이 하례하는 것은 광해군의 지위를 흔드는 행위였다. 유영경은 세종의 아들 광평대군廣平大君과 임영대군이 태어났을 때 백관이 하례한 전례를 근거로 들었지만, 세종 때는 세자나 광평대군이 모두 정비 심씨의 소생이었으므로 후궁 소생의 광해군이 세자로 있는 지금과는 경우가 달랐다.

"유영경이 주상의 뜻에 따라 대군의 지위를 튼튼히 하려고 한 것이다."

시중에는 이런 소문이 떠돌았다. 갓 태어난 대군과 이미 성인인 세자 사이에 갈등이 싹틀 때 관건은 '주상의 뜻'에 있었다. 그러나 나라가 백척간두에 놓였을 때 "오직 바라는 바는 세자가 옛 판도를 다시 회복"하는 것이라며 "종이를 대하니 눈물이 앞을 가려 말할 바를 알지 못하겠노라"던 선조의 마음은, '도루묵'이란 신조어를 만들었던 그 입맛처럼 평화를 만나니 다시 바뀌고 말았다.

임진왜란이 끝난 후 선조가 광해군을 흔든 표면적인 명분은 명나라가 세자 책봉을 거부한다는 것이었다. 서울로 환도한 이후 조정에서 여러 차례 광해군의 세자 책봉을 청하는 사신을 보냈으나 명나라는 번번이 거부했다. 그 이유는 임해군을 제치고 광해군을 세자로 책봉하는 것은 차례를 뛰어넘은 예법 위반이라는 것이었다. 그러나 사실 진짜 이유는 명나라 내부의 권력 투쟁에 있었다. 명의 신종神宗이 둘째 아들 복왕復王 상商에게 뜻을 두고 맏아들인 광종光宗을 세우려 하지 않자, 명의 예부에서 신종의 맏아들 광종을 위해 광해군의 세자 책봉을 거부한 것이다.

하지만 선조의 속마음은 맏아들 임해군이 아니라 갓 태어난 영창대군에 있다는 점에서 명나라의 책봉 거부 문제는 핑계에 지나지 않았다. 의인왕후가 사망한 후 예관이 다시 사신을 보내 세자 책봉을 청하자고 주청하자, 선조는 "왕비 책봉은 청하지 않고 세자 책봉만 청하는 것은 무슨 까닭이냐?"며 화를 벌컥 냈다. 이를 본 신료들은 선조의 마음이 광해군에게서 떠난 것을 알았다.

이런 상황이었으니 광해군 측에서 마음이 급해진 것은 당연한 일인지도 모른다. 만약 광해군이 폐세자되고 정비의 아들이 세자가 되면 광해군은 목숨을 부지할 방법이 없었다.

인목왕후 측에서 기록한《계축일기癸丑日記》는 이때 광해군의 장인 유자신柳自新이 인목왕후를 낙태시키기 위해 대궐 안에 돌팔매질도 하고 나인 측간에 구멍을 뚫고 나무로 쑤시는 등 수많은 방해 공작을 했다고 비난하고 있다.

이런 방해 공작의 사실 여부는 알 수 없으나, 어쨌든 이처럼 불확실

인목왕후의 한글 글씨
모자 관계에서 "용서해야 할 도리는 없다"는 말로 대변될 만큼 광해군과 철천지원수 사이가 되는 인목왕후의 글씨 《동한연의東漢演義》의 필사.

한 상황 속에서 선조의 유일한 적자인 영창대군이 태어났다. 만일 영창대군이 장성할 때까지 선조가 생존했다면 비극의 주인공은 광해군이 되었을 것이다. 그러나 세월은 그때까지 기다려 주지 않았다.

어젯밤엔 편히 잤다

재위 40년(1607) 가을 들어 선조의 병세가 갑자기 심해졌다. 약방의 온갖 처방에도 효험이 없자 가망이 없음을 알아차린 선조는 전위 전교를 내리기 위해 세 정승을 불렀다. 그때 영창대군의 나이 겨우 두 살이었다. 서른네 살의 장성한 세자를 폐하고 강보에 싸인 두 살의 아이에게 왕위를 넘길 수는 없었다. 결국 선조는 광해군에게 왕위를 넘기기로 마음먹었다.

그러나 영창대군에게 자신의 모든 것을 건 영의정 유영경의 소북 세력은 이를 인정할 수 없었다. 유영경은 선조가 세 정승 모두가 아니라 자신만 불렀다며 선조와 독대했다. 이 자리에서 선조는 비망기를 내린다.

"지금 병에 걸린 지 1년이 다 되어 가는데 차도는 없고 더욱 침중沈重(병세가 심각하여 위중함)하다. 세자가 장성하였으니 고사에 의해 전위해야 할 것이다. 만일 전위가 어렵다면 섭정도 가하다. 군국의 중대사는 이처럼 하지 않을 수 없으니 속히 거행하는 것이 좋겠다."

'장성한 세자', 즉 광해군에게 전위나 대리청정을 시키겠다는 비망기였다. 죽음을 눈앞에 둔 선조로서는 어쩔 수 없는 현실적인 선택이었다. 그러나 유영경은 이 전교를 받기를 거부했다.

"오늘의 전교는 실로 여러 사람의 뜻 밖에서 나왔으니 감히 받들 수 없습니다."

뿐만 아니라 유영경은 같은 소북인 병조판서 박승종朴承宗과 공모해 대궐을 에워싸기도 했다. 그런데 같은 날 뜻밖에도 중전 인목왕후가 한 글로 내지를 내려 전위를 지지하고 나선다.

"상께서 병중에 계신 지 거의 1년이 되어 가니 심기 불편함이 배나 더하다. 지금 이 전교를 따르지 않는다면 심기가 더욱 손상되어 환후가 더욱 위중하실까 염려된다. 대신은 상의 명을 순순히 따르라. 이것을 바랄 뿐이다."

그러나 유영경·허욱·한응인 등 세 정승은 전교받기를 거부하고 나섰다. 광해군과 대신들 사이에 전운이 감도는 것은 당연했다. 하지만 세자가 명을 받겠다고 스스로 나설 수는 없었다. 이때 대북에서 소북 유영경을 공격하고 나선 인물은 전 공조참판 정인홍鄭仁弘이었다.

"신이 삼가 길에서 듣건대 지난 10월 상께서 전섭傳攝(세자에게 섭정케 함)한다는 전교를 내리자 영의정 유영경이 원임原任 대신(전직 대신)을 다 내쫓아 참여하지 못하게 하고 유독 시임時任 대신(현직 대신)과 공모하였으며, 중전께서 언문의 전지를 내리자 '금일 전교는 실로 여러 사람의 뜻 밖에서 나온 거사니 명령을 받지 못하겠다'고 즉시 회계回啓(임금의 물음에 대하여 신하들이 심의하여 대답하던 일)하여 대간으로 하여금 알지 못하게 하였으니, 유영경은 무슨 음모와 흉계가 있어서 이토록 중대한 일을 남들이 알지 못하게 하는 것입니까. 세자를 동요시키고 종사를 위태롭게 한 영경의 죄를 빨리 정당한 형벌로 다스리소서."

그러나 선조는 오히려 정인홍을 꾸짖었다.

"정인홍이 세자로 하여금 속히 전위를 받게 하려고 하였으니 그 스스로 모의한 것이 세자에게 충성을 다하는 것이라고 여겼겠지만 실은 불충함이 극심하다. 제후의 세자는 반드시 천자의 명을 받은 뒤에야 비로소 세자라고 할 수 있다. 지금 세자는 책명을 받지 못했으니 이는 천자도 허락하지 않은 것이고 천하도 알지 못한다. 지금 인홍의 상소 때문에 위로는 내 마음이 불안하여 밤에는 잠을 자지 못하고 낮에는 밥을 먹지 못한다."

병세가 조금 나아지자 선조의 마음이 또다시 변한 것이다. 정인홍은 이 일로 귀양길에 오르게 되었다.

이것이 선조의 성격이자 통치술이었다. 선조는 동·서인은 물론이고 아들 광해군도 믿지 못했다. 임진왜란이 일어나기 3년 전에 발생한 정여립鄭汝立 옥사 사건(기축옥사己丑獄事)을 살펴보면 선조의 성격이 잘 드러난다. 기축옥사는 흔히 반란 사건으로 불리지만 사실 그 증거도 불분명한 사건이었다. 허목許穆은 이 사건으로 무려 1,000여 명의 호남 사대부가 화를 입었다고 기록하고 있는데, 16세기 중반의 조선 인구가 채 500만이 되지 않은 것을 감안하면 어마어마한 규모였다.

이렇게 많은 사대부를 명확한 증거도 없이 죽인 선조는 훗날 이런 말로써 자기 부정을 한다.

"내가 흉한 성혼成渾과 악독한 정철에게 속아 어진 신하들을 죽였구나."

그러나 선조는 이른바 '흉혼독철凶渾毒澈(성혼과 정철)'에게 속아 무고한 신하들을 죽인 것이 아니었다. 선조는 이이의 제자로서 서인이었다가 동인으로 당적을 옮긴 정여립의 전력을 이용해 당시의 집권당인 동인을 약화시키려고 의도적으로 옥사를 확대한 것이었다. 정여립 사건 때 화를 입은 사람들은 선조를 "시기심이 많고 고집이 세며 모질어서 같이 일을 할 만한 인물이 못 된다"거나 "괴팍하기 짝이 없는 인물"이라고 평했다.

선조는 이렇듯 남이 예측할 수 없는 괴팍성을 왕권 강화에 이용한 인물이었다.

정인홍의 상소 이후 선조는 광해군이 문안할 때마다 "명의 책봉도 받지 못했는데 왜 세자라고 칭하는가? 너는 권봉權封(임시로 봉한 것)한 것일 뿐이니 앞으로는 문안하지 말라"고 꾸짖었다.

꾸중을 들은 광해군은 땅에 엎드려 피를 토하고 정신을 잃기도 했다. 그러나 광해군을 쫓아내기에는 선조의 병세가 너무 깊었다. 드디어 재위 41년(1608) 1월 선조의 병세는 돌이킬 수 없을 정도로 악화되었다. 그해 2월 1일에는 "어젯밤엔 편히 잠을 잤다"고 말해 병세가 호전되는 줄 알았으나 오후부터 갑자기 악화되어 그날을 넘기지 못하고 세상을 떠났다. 그런데 중요한 것은 이날 선조의 임종을 지킨 유일한 인물이 인목왕후라는 점이다. 그녀는 영의정 유영경 등이 "전례에 따르면 부인은 임종을 볼 수 없다"고 말하는 데도 선조 곁을 떠나지 않았다.

왕비와 대신이 한 자리에 있을 수 없으므로 대신들이 밖에서 기다리는데, 잠시 후 곡성이 밖에까지 들렸다. 다사다난하고 파란만장했던 선조 시대는 이처럼 후계 문제를 두고 오락가락하는 가운데 막을 내리게 되었다. 그리고 35세의 세자 광해군이 즉위했다.

선조는 평생 방계 승통의 콤플렉스에 시달리면서 선위 파동과 후사 결정 문제 등으로 파란을 일으킨 임금이었다.

반대파 숙청에서 폐모까지

세자에게 전위하겠다는 선조의 교서까지 거부한 세력에게 광해군의 즉
위는 두려운 일이었다. 왕조 국가에서 신하가 왕위를 두고 세자와 다투
었다는 사실 자체가 이미 돌아올 수 없는 다리를 건넌 것이었다. 선조와
인목왕후의 전위 교서를 거부한 유영경으로서는 달리 선택할 길이 없었
다. 다른 인물을 임금으로 택한 신하와 그로부터 배척받았던 임금은 같
은 하늘 아래 살 수 없었다. 그러나 선조가 죽었다고 해서 모든 것이 끝
난 것은 아니었다. 아직은 유영경이 영의정 자리를 지키고 있었다.

방계 승통의 콤플렉스와 임진왜란 속에서

분위기가 심상치 않자 세자의 장인 유희분柳希奮은 전한典翰 최유원崔 有源을 시켜 선조 사망 당일 세자가 즉위해야 한다고 주장하게 하였다. 하지만 유영경이 세자의 당일 즉위를 반대하고 나섰다. 유영경은 한 번 이 아니라 두 번, 세 번씩이나 반대하고 나섰다. 이는 유영경으로서는 목숨을 건 반대였지만 이미 대세는 세자 광해군에게 기울었다. 광해군 은 이튿날 백관이 모여 천세千歲를 부르는 가운데 즉위식을 거행하고 드디어 왕이 되었다.

유영경의 운명은 바람 앞의 등불이었다. 광해군은 즉위 다음 달 유영 경을 중도부처시켰다가 같은 해 9월 유배지에서 사사했다. 그리고 영 수 유영경의 몰락과 함께 소북도 역사의 뒤안길로 사라졌다. 하지만 광 해군이 이처럼 소북을 처단하고 자신을 지지했던 대북에게 정권을 넘 겼으나 이로써 모든 문제가 끝난 것은 아니었다. 광해군의 형인 임해군 의 존재가 남아 있었다.

만약 임해군이 성종의 형인 월산대군처럼 현명했다면 골육상쟁의 비극은 없었을지 모른다. 동생을 임금으로 둔 형은 최대한 자세를 낮추 고 의도적으로 정치를 멀리하는 것이 현명한 처사였다. 임해군은 명나 라가 광해군의 책봉을 거부하는 상황에 희망을 걸었을지 모르지만, 명 이 책봉을 거부한 것은 자국의 광종을 위해서지 임해군을 위해서가 아 니라는 사실을 깨달았어야 했다.

임해군은 동생 광해군이 자신을 절도로 유배 보내라는 대신들의 청 을 거부하며 군사를 동원해 자택 연금을 시켰을 때 근신하고 있었어야 했다. 그러나 임해군은 부인 차림으로 변장해 다른 사람에게 업혀 도망 가다가 발각됨으로써 스스로를 궁지로 몰았다. 신료들의 거듭된 요청을 거부할 수 없었던 광해군은, 임해군을 강화도 교동으로 유배 보내고 말았다. 《광해군일기》에 따르면 다음 해 수장守將 이정표李廷彪가 독을 들고 찾아갔으나 임해군이 독약 마시기를 거부해 이정표가 목을 졸라 죽였다고 한다.

임해군의 비참한 죽음은 권력은 형제 사이에도 나눌 수 없는 것임을 보여주었다. 그리고 경위야 어찌 됐건 이 사건은 광해군의 도덕성에 큰 타격을 입혔다. 그러나 이것으로도 끝은 아니었다. 광해군과 대북 세력에게 임해군 이상의 위협적인 존재는 영창대군이었다. 비록 나이는 어렸지만 영창대군은 어엿한 선왕의 적자였으며, 그의 생모 인목왕후는 엄연한 대비였다.

영창대군의 외조부자 인목대비의 친정 아버지인 김제남金悌男은 광해군이 즉위한 후에도 미련을 버리지 못했다. 김제남과 인목대비는 광해군을 지지함으로써 광해군과 대북 세력이 영창대군을 공격할 수 있는 가능성을 차단해야 했다. 그러나 김제남은 영창대군이 성장함에 따라 더욱 위험한 생각을 하게 되었고, 대북 정권이 그를 의심하게 되면서 사태는 비극으로 치달았다.

광해군 5년(1613)에 발생한 박응서朴應犀의 옥사는 김제남은 물론 영창대군마저 죽음으로 몰고 간다. 이 사건은 전 서인 정승 박순朴淳의 서자인 박응서가 주범이라 해서 '박응서의 옥사'라 불린다. 박응서는 전 목사 서익徐益의 서자 서양갑徐羊甲 등 7명의 서자와 사생계를 조직하고, 소양강 위에 같이 살면서 스스로를 '강변칠우江邊七友' 또는 '죽림칠현竹林七賢'이라고 불렀다.

이들이 거사 자금을 마련하기 위해 새재를 지나던 은상銀商을 살해했다가 포도청에 체포됨으로써 계획이 발각되었다. 서인 측 기록인《광해군일기》는 대북 영수 이이첨李爾瞻이 이 사건을 김제남의 사주를 받아 영창대군을 추대하려 한 반역 사건으로 조작했다고 비난한다.

그 진위 여부는 알 수 없지만 어쨌든 이 사건은 영창대군 추대 사건으로 인정되어, 배후 인물인 김제남은 사사되고 영창대군은 강화도로 유배되었다가 살해되었다. 김제남이 사사된 다음 해인 광해군 6년 강화 부사 정항鄭沆은 음식물 공급을 중단하는 등 영창대군을 핍박하다가, 방에 가두고 심하게 불을 때 비참하게 죽였다고 한다. 더구나 김제남의 세 아들이 모두 화를 입는 등 인목대비 집안은 사실상 멸문의 화를 입게 되었다.

그러나 이 비극적인 사건은 김제남과 영창대군을 죽인 것으로 끝날 수 없었다. 김제남의 딸이자 영창대군의 생모인 인목대비가 남아 있던 것이다. 만일 광해군과 대북 정권이 영창대군 살해라는 극단적 방법을 사용하지 않고, 최소한 목숨은 부지시켜 주는 온건한 방법을 택했다면 서인들의 쿠데타 명분은 궁색해졌을 것이다. 하지만 이미 그 친아버지와 친아들을 죽여 버린 광해군과 대북 정권은, 더 이상 인목왕후를 대비로 모실 수 없었다. 두 지친을 죽여 버림으로써 형식적인 아들과 형식적인 어머니로 공존할 수 있는 최소한의 여지마저 없애 버린 이 사건은 광해군과 대북 정권의 큰 실책이었다.

이들은 3년 후에 드디어 폐모론을 주창하였다. 광해군 9년부터 주창되기 시작한 폐모론은 김제남과 영창대군을 죽여 버린 대북 정권으로서는 불가피한 선택이었을 수 있지만, 성리학 사회 조선에서 '모자 관계'는 권력으로도 부정할 수 없는 것이라는 사실을 외면한 하수였다. 제 아무리 현세의 권력이 강고해도 아들이 어머니를 폐할 수는 없는 노릇이었으므로, 폐모론은 내외의 엄청난 저항을 받았다. 심지어 평생 당색이 없었던 이항복李恒福마저 이에 반대하다가 귀양 가면서 "철령 높은 봉에 쉬어 넘는 저 구름아/고신원루孤臣寃淚(외로운 신하의 원통한 눈물)를 비 삼아 띄워다가/님 계신 구중심처에 뿌려본들 어떠리"라고 원한을 가질 정도로, 어머니를 폐한다는 비윤리적 행위는 광해군과 대북 정권을 고립시켰다.

그러나 더 이상 물러설 자리가 없던 광해군과 대북 정권은 드디어 광해군 10년 인목대비를 폐하고 존호를 깎아 서궁西宮으로 칭하면서 유폐시켰다. 비록 광해군은 명과 청 사이에서 현실적인 외교 정책을 수행하고 대동법을 실시하는 등 민생을 위한 많은 업적을 남겼지만, 어머니를 폐한 사태는 반대파에게 이런 모든 업적을 부정할 수 있게 하는 근거가 되었다. 아무리 임금이라 해도 조선의 지배 이념인 성리학을 뛰어넘을 수는 없었다. 조선이 개국한 이래 아들이 어머니를 폐한 사태는 처음이었고, 일반 사가에서 이런 일을 했다면 당연히 사형이었다.

광해군의 즉위와 함께 정권에서 완전히 멀어진 서인들은 폐모론을 명분 삼아 세력을 모았다. 그리고 드디어 광해군 15년(1623) 3월, 서인들이 광해군의 조카뻘인 능양군綾陽君을 임금으로 추대하는 쿠데타를 일으켰으니, 이것이 바로 인조반정이다.

찹쌀밥과 선조 독살에 대한 의혹

선조는 죽기 직전 인목왕후를 통해 유서를 세자 광해군에게 전했다.

"형제를 내가 있을 때처럼 사랑하고 참소하는 자가 있어도 삼가 듣지 말라. 이를 너에게 부탁하니, 너는 모름지기 내 뜻을 받아라."

선조는 어린 영창대군의 보호를 맡길 인물은 세자 광해군밖에 없다는 사실을 잘 알고 있었다. 그러나 광해군으로 하여금 영창대군의 존재를 두려워하게 만든 인물은 다름 아닌 선조 자신이었다. 선조는 끝없이 병을 달고 다녔으면서도 약간의 기력만 있으면 세자를 흔들었다. 또한 신하로서 임금의 전위 교서 받기를 거부한 유영경 대신 그를 탄핵한 정인홍을 귀양 보낸 인물도 선조 자신이었다. 따라서 선조가 광해군에 대한 감정이 악화된 상태에서 급서하다 보니 독살의 의혹이 있었던 것은 사실이지만, 어떤 유력한 물증이 있었던 것은 아니다.

앞서 말한 성협이 "임금의 몸이 이상하게 검푸르니 바깥 소문이 헛말이 아니다"고 말했다는 《남계집》의 기록이 있으나, 이 역시 광해군이 폐출된 뒤의 기록이다. 광해군 측에서 편찬한 《선조실록》에 선조 독살설에 대한 언급이 없는 것은 당연하지만, 인조반정 후 서인들이 편찬한 《광해군일기》에도 선조 독살설이 언급되지 않은 점은 시사적이다. 다만 《광해군일기》에는 선조 독살설에 대해 서인 측이 유일한 근거로 삼은 찹쌀밥에 관한 기록이 나온다. 선조가 승하하는 당일 "미시(오후 1~3시)에 찹쌀밥을 올렸는데, 상이 갑자기 기가 막히는 병이 발생하여 위급한 상태가 되었다"는 내용이다. 바로 이 찹쌀밥을 세자가 들였다는 것이 서인들의 주장이다.

이긍익은 《연려실기술》에서 광해군을 쫓아낸 당사자 인조가 찹쌀밥에 대해 말하는 바를 이렇게 적고 있다.

"당시 선조께서 위독하실 때 내가 처음부터 끝까지 모시고 있었기 때문에 이 일을 상세히 알고 있다. 선왕께서 병 후에 맛있는 음식이 생각날 즈음 동궁의 약밥이 마침 왔기에 과하게 잡수시고 기가 막혀 이내 돌아갔을 뿐 중간에 어떤 농간이 있었다는 말은 실로 밝히기 어렵다."

선조의 기를 막히게 한 약밥, 즉 찹쌀밥을 들인 인물이 광해군인 것은 맞지만 찹쌀밥에 독이 들었는지를 밝히기는 어렵다는 말이다.

광해군의 선조 독살설을 입증하는 인물로 개시介屎라는 궁녀가 등장하기도 한다. 우리말로 '개똥이'라는 뜻의 이름을 가진 개시가, 세자를 교체하려는 선조의 뜻을 알고 광해군과 몰래 접촉해 뒷날을 도모하는 계획을 세웠다는 것이다. 이런 주장을 하는 측에서는 개시가 선조를 독살했는데, 실상 광해군은 이런 사실을 몰랐다고 하고 있다.

이긍익의 《연려실기술》

사실 관계의 기록이 정사에 가깝다.

방계 승통의 콤플렉스와 임진왜란 속에서

선조 때부터의 궁녀였던 개시는 광해군이 즉위한 후 이이첨과 한편이 되어 마음대로 권력을 휘둘렀다고 한다. 뇌물을 받고 벼슬을 파는 것은 물론이고, 궁녀들이 잠자리에서 광해군을 모시려면 개시의 허락을 얻어야 했기 때문에 광해군과 동침하고자 하는 궁녀는 그녀에게 뇌물을 바쳐야 했다고 한다. 뿐만 아니라 광해군에게도 마음에 안 들면, "나의 큰 덕을 감히 잊는단 말이오. 내 입에서 말이 나올 것 같으면 임금이 얼굴을 들 수 없을 것이오!"라고 성을 내니, 광해군이 당황하고 부끄러운 빛이 있었다고 한다.

그러나 이는 서인 측에서 과장한 소문일 가능성이 크다. 심지어 개시가 정몽필鄭夢弼이란 자를 사랑해서 음란한 짓을 하면서 광해군의 후궁인 소의昭儀 윤씨를 중매해 음행하게 했다는 데 이르면 그 신빙성은 더욱 떨어진다.

선조 독살설은 인조반정 후에 조직적으로 유포되었지만 구체적인 근거는 미약하다. 반정의 일등 공신 원두표元斗杓는 집권 후 광해군이 선조를 시역弑逆했다고 상소하려다 그만둔 적이 있었다. 이때 왜 상소를 그만두었냐는 박세채朴世采의 질문에 대한 원두표의 대답은 이러한 상황을 잘 보여준다.

"처음 장유張維가 지은 왕대비(인목대비)의 교서 외에 언문으로 된 교서에는 광해의 작은 죄상도 다 주워 모았는데, 다만 약밥에 중독되었다는 말은 없었소. 이를 가지고 봐도 경솔히 들추기는 어려워서 그만둔 것이오."

즉 서인들이 아무리 물증을 찾으려 해도 아무런 증거를 찾을 수 없었기에 상소하지 못했다는 것이다. 만약 미약한 근거라도 있었다면 이

는 인조반정을 합리화할 수 있는 결정적인 증거기 때문에 그만두었을
리는 없을 것이다.

용서해야 할 도리는 없다

광해군의 선조 독살설을 본격적으로 제기한 인물은 인목대비였다. 반
정에 성공한 능양군과 반정군이 경운궁의 인목대비를 찾아가자 대비
는 맨 처음 이렇게 물었다.

"역괴逆魁(광해군) 부자가 지금 어디에 있는가?"

"모두 궐하에 있습니다."

"그는 한 하늘 아래 같이 살 수 없는 원수다. 내가 친히 그들의 목을
잘라 망령에게 제사하고 싶다. 10여 년 동안 유폐되어 살면서 지금까지
죽지 않은 것은 오직 오늘 같은 날을 기다린 것이다. 쾌히 원수를 갚고
싶다."

이는 폐모가 되어 서궁에 유폐되었을 뿐만 아니라 친정 아버지와 형
제들은 물론 선왕의 유일한 적자인 아들 영창대군을 잃은 한 여인의
한이 표출된 것이었다. 이때 그녀의 나이 만 서른아홉이었다. 그러나
그 자리에 있던 반정의 주역들은 대비의 복수에 동의하지 않았다.

"무도한 임금으로는 걸왕桀王·주왕紂王만한 이가 없었으나 탕왕·무
왕은 이를 추방했을 뿐입니다. 지금 내리신 하교는 신들이 차마 들을
수 없는 말입니다."

방계 승통의 콤플렉스와 임진왜란 속에서

그러나 인목대비도 물러서지 않았다.

"부모의 원수는 한 하늘 밑에 같이 살 수 없고, 형제의 원수는 한 나라에 같이 살 수 없다. 역괴가 스스로 모자의 도리를 끊었으니, 내게는 반드시 갚아야 할 원수만이 있고 용서해야 할 도리는 없다."

이때 만류하고 나선 인물이 이덕형李德馨이다.

"옛날에 중종께서 반정하시고 폐왕을 우대하여 천수를 마치게 하였는데, 이것은 본받을 만한 일입니다."

그러나 인목대비에게 광해군은 철천지원수였다. 반정 주역들이 광해군의 주륙에 동의하지 않자 인목대비는 드디어 광해군이 선조를 시해했다고 주장하고 나섰다.

"경의 말은 옳다. 하지만 역괴는 부왕을 시해하고 형을 죽였으며 부왕의 첩과 간통하고 그 서모를 죽였다. 또한 그 적모嫡母(인목대비)를 유폐하여 온갖 악행을 다하였다. 어찌 연산에 비교할 수 있겠는가?"

인목대비는 이성이 마비된 상태였다. 동부승지 민성징閔聖徵이 그 내용을 되물었다.

"지금 하신 하교는 외간에서 일찍이 듣지 못한 일입니다. 시해하였다는 말은 더욱 듣지 못한 사실입니다."

"사람을 죽이는 데 몽둥이로 하든 칼로 하든 무엇이 다르겠는가? 선왕께서 병들어 크게 위독하였는데 고의로 충격을 주어 끝내 돌아가시게 하였으니, 이것이 시해한 것과 무엇이 다르겠는가?"

여기서 광해군의 선조 독살설은 큰 혼선을 겪는다. 지금껏 서인들이 퍼뜨린 선조 독살설의 줄기는 찹쌀밥에 의한 독살이었다. 그러나 인목대비는 엉뚱하게도 '고의로 충격을 주었다'는 주장을 하고 나선 것이다.

인목대비를 폐하고 서궁으로 삼은 광해군은 인조반정으로 폐위된 이후 서인들에 의해 아버지 선조를 독살한 인물로 굳어졌다.

    이처럼 선조의 독살 여부에 대해 가장 잘 알 만한 위치에 있었던 인목대비가 '찹쌀밥' 대신 이런 주장을 하고 나선 것은 선조 독살설이 두서없이 전개되었다는 한 반증이다. 선조의 임종 현장에는 약방 도제조 등 어의들이 입시해 있었으므로 '고의적인 충격' 등은 상상할 수 없는 일로 복수심의 발로에 지나지 않는다 하겠다. 그러나 광해군이 선조를 시해했다는 인목대비의 이 말은 서인들로서는 호재였다. 서인들은 대비의 이 말을 인조반정의 정당성을 강조하는 중요한 명분의 하나로 삼아 다투어 전파시켰고, 때로는 위의 《남계집》에서처럼 문집에도 남겼다.

사실처럼 굳어진 독살설

이후 조선이 멸망할 때까지 숙종 때의 일부 기간을 제외하고는 서인이 계속 집권함에 따라, 선조 독살설은 하나의 사실처럼 굳어졌다.

쿠데타를 일으킨 서인 정권은 자신들이 왜 광해군을 폐출했는지를 내외에 설명해야 했다. 당시 명나라는 중립 외교를 취했던 광해군이 폐출된 것을 환영했으므로 명나라의 책봉을 받는 것은 별 문제가 없었다. 그러나 국내 사정은 달랐다. 시대착오적인 중화사상을 가지고 반정의 정당성을 설명할 수는 없었다.

결국 서인들은 선조 독살설을 집권의 정당성으로 삼기로 했다. 그러나 아무 물증이 없었기 때문에 공식적으로 제기하지 못하고, 비공식적으로나마 조직적으로 선조 독살설을 유포했던 것이다. 만약 선조 독살설이 사실이라면 서인 정권이 반정 후에도 이를 공식화시키지 못할 까닭이 없지 않은가?

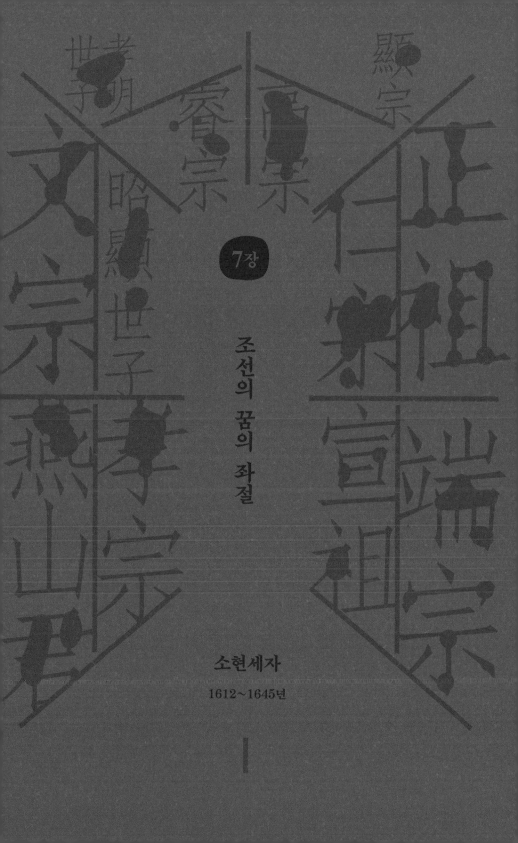

7장

조선의 꿈의 좌절

소현세자

1612~1645년

《인조실록》 23년 6월 27일

세자는 본국에 돌아온 지 얼마 안 되어 병을 얻었고 병이 난 지 수일 만에 죽었는데……
마치 약물에 중독되어 죽은 사람과 같았다.

학질과
의관 이형익

잊을 만하면 출연자만 바꿔 재탕, 삼탕을 하는 우리나라 역사 드라마의 단골 주제는 연산군과 장희빈이다. 그러나 이들의 삶보다 훨씬 역동적이고 의미도 있으며 무대도 드넓은 주제가 소현세자昭顯世子다. 인조반정과 병자호란 그리고 삼전도三田渡 치욕에 대해 잘 아는 사람들도, 그 뒤에 존재하는 소현세자와 그 일가의 비극에 대해서는 잘 모른다. 그만큼 소현세자는 잊혀진 인물이다.

그가 만약 인조의 뒤를 이어 즉위했다면 이후 조선의 운명은 분명 달라졌을 것이다. 당시 조선은 급변하는 동아시아 정세의 소용돌이 속에 있었는데, 소현세자는 이런 국제 정세에 대처할 수 있는 역량을 지닌 인물이었다.

소현세자는 삼전도 치욕 이후 인조를 대신해 청나라로 끌려가, 초기 청의 수도였던 만주의 심양에서 9년이란 장구한 세월을 볼모로 보냈다. 조선의 세자가 볼모가 된 것은 조선의 마지막 세자 영친왕英親王과 소현세자뿐이다.

소현세자를 독살한 혐의자가 부왕 인조라는 점은 그의 신산한 일생을 한마디로 축약해 보여준다. 《인조실록》을 따라 그의 죽음의 현장에 가 보면, 9년여의 볼모 생활을 마치고 귀국한 세자가 병에 걸린 것은 귀국한 두 달 후인 인조 23년(1645) 4월 23일이었다. 어의 박군朴頵이 진단한 세자의 증세는 학질이었다. 그런데 장년의 세자에게 그다지 중병이라고 볼 수 없는 학질을 치료한 인물이 문제의 의관 이형익李馨益이다.

약방에서는 다음 날 새벽 인조에게 이형익을 시켜 침을 놓아 학질의 열을 내리게 해야 한다고 주청했고, 인조는 그 말에 따랐다. 그날 《인조실록》은 화성이 적시성積屍星을 범했다고 기록하고 있다. 이형익은 인조의 명에 따라 세자가 발병한 다음 날인 24일부터 침을 놓았다. 25일에도 세자는 침을 맞았는데, 다음 날인 26일에 그만 덜컥 세상을 떠나 버리고 말았다.

세자의 갑작스럽고 허무한 죽음은 당연히 수많은 의혹을 불러일으켰다. 어린아이도 아니고 풍토가 다른 이역에서도 9년을 너끈히 버틴 세자가 학질 따위에 쓰러질 리는 없다는 것이 대부분의 사람 생각이었다. 더구나 학질에 침을 맞다 죽은 것은 전례가 드문 일이었으므로 당연히 세자가 독살되었을지 모른다는 소문이 떠돌았다.

그런데 소현세자가 독살되었을지도 모른다는 증거는 정사인 《인조실록》23년 6월 27일 자에도 나온다. 소현세자의 졸곡제卒哭祭 기사 중 세자의 시신 상태를 설명해 놓은 부분이 있는데, 그에 따르면 "온몸이 전부 검은빛이었고, 이목구비의 일곱 구멍에서는 모두 선혈鮮血이 흘러

나오므로", "마치 약물에 중독되어 죽은 사람과 같았다"는 것이다. 김종직의 조의제문 파문이 실록을 편찬하기 위한 기본 자료인 사초에서 비롯된 데서 알 수 있듯이, 실록은 함부로 적을 수 있는 기록이 아니다. 게다가 종실 진원군珍原君 이세완李世完의 아내라고 목격담의 출처까지 적어 놓았으니, 실록의 이 내용은 사실이라고 보아야 할 것이다.

소현세자는 정말 독살된 것일까? 또한 그렇다면 왜 볼모 생활 중의 심양에서가 아니라 볼모 생활을 마치고 귀국한 고국에서 독살당해야 했을까? 그 의문을 추적해 보자.

피눈물 흘린 삼전도의 치욕

인조 15년(1637) 1월 30일 50여 명의 사람이 통곡을 하면서 남한산성을 나왔다. 의장도 없는 신하의 행렬 속에, 신하를 뜻하는 푸른 남염의藍染衣 차림으로 백마에 올라타 하늘을 우러러 탄식하는 인물이 있었으니, 그가 바로 조선의 16대 임금 인조였다. 그 초라하고 굴욕적인 행렬 속에는 인조의 장남 소현세자도 있었다.

산성을 내려온 인조는 죄인임을 나타내기 위해 가시 박힌 자리를 펴고 앉아 대죄했다. 인조와 소현세자는 청나라 장수 용골대龍骨大와 마부대馬夫大의 인도에 따라 삼전도(지금의 송파구)로 나아갔다. 그곳에는 청 태종이 황제를 나타내는 황옥黃屋(누런 빛깔의 양산)을 펼치고 앉아 있었고, 수위에는 활과 칼로 무장한 갑옷 차림의 장수들이 진을 치고 좌우

남한산성 서문

인조는 이곳에서 한달 가량 농성하다가 강화도가 함락되었다는 소식을 듣고 항복했다. 서문 바로 아래가 삼전도가 있는 잠실이다.

에 옹립한 가운데 장엄한 음악이 흐르고 있었다.

인조가 손수 걸어 진 앞에 이르자 용골대가 나와 진문 동쪽에 머물러 기다리게 하였다. 용골대가 진 안에 들어갔다가 나와 청 태종의 말을 대신 전했다.

"지난날의 일을 말하려면 길다. 이제 용단을 내려 왔으니 매우 다행스럽고 기쁘다."

인조가 답했다.

"천은이 망극합니다."

용골대가 단 아래 북면하는 쪽에 자리를 마련했다. 북쪽을 바라보는 곳은 신하의 자리고, 남쪽을 바라보는 곳은 임금의 자리다. 인조는 그 자리에서 3번 절하고 9번 머리를 조아리는 이른바 삼배구고두례三拜九 敲頭禮를 행했다. 삼배구고두례가 끝나자 인조를 단 위에 오르게 하였는데, 청 태종은 남면南面하고 인조는 동북 모퉁이에서 서쪽을 향해 앉았다. 또 청나라 왕자 3인이 차례로 서쪽을 향해 나란히 앉고 소현세자는 그 아래 앉았으며, 청나라 왕자 4인이 서북 모퉁이에서 동쪽을 향해 앉고 조선의 두 대군, 봉림대군鳳林大君과 인평대군麟坪大君은 그 아래에 앉았다.

청 태종이 입을 열었다.

"이제는 두 나라가 한 집안이 되었다. 활 쏘는 솜씨를 보고 싶으니 각기 재주를 다하도록 하라."

무력으로 기선을 제압하려는 의도였다. 그러나 조선에는 이에 맞서 청의 콧대를 꺾을 무사가 한 명도 없었기에 사양할 수밖에 없었다.

"이곳에 온 자들은 모두 문관이기 때문에 잘 쏘지 못합니다."

그러나 용골대가 억지로 쏘게 하자 위솔衛率 정이중鄭以重이 나서서 5 번을 쏘았는데, 활과 화살이 조선과 다르므로 모두 맞지 않았다. 다시 한 번 망신을 당하고 나니 완전히 기가 꺾이고 말았다. 이에 만족한 청에서는 떠들썩한 술판을 벌였다. 잠시 후 인조가 완전한 항복의 표시로 도승지를 통해 국보를 받들어 올렸다. 당사자인 인조는 물론 소현세자 · 봉림대군 모두 속으로 피눈물을 흘렸으니, 이것이 바로 삼전도의 치욕이다.

삼전도비의 모습
이곳에서 조선은 선조가 삼배구고두례를 행하고 청
에게 무릎을 꿇는 치욕을 겪었다.

볼모로 가는 두 형제

삼전도의 치욕은 병자호란
패전의 결과였으나 사실 그
뿌리는 인조반정에 있었다.
인조반정은 광해군과 대북
정권의 현실적인 대청對淸 외
교와 폐모론에 대한 반대를 명분으로 일으킨 것인데, 성격상 연산군의
학정에 항거해 일으킨 중종반정과는 달랐다.

 연산군과 달리 광해군의 정사는 국가나 백성들의 자리에서 볼 때는
탁월한 것이었다. 인목대비와 서인의 처지에서는 광해군의 정사가 패
륜이었을지 몰라도, 일반 백성들에게는 대궐에서 늘상 벌어지는 일 중
하나에 불과했다. 따라서 서궁에 유폐된 인목대비에게는 인조반정이
희소식이었겠지만, 광해군의 치세에 만족하고 있던 일반 백성들에게는
임진왜란의 참화 극복에 전력을 바쳐야 할 시기에 벌어진 지배층 내부
의 불필요한 정치적 소요에 지나지 않았다. 반정 직후 1등 공신의 한
사람인 이서李曙의 회고를 보자.

 "갑자기 광해군을 폐출하고 새 임금을 세웠다는 소식을 들은 나라

사람들은 새 임금이 성덕이 있는 줄 알지 못했으므로 상하가 놀라 어쩔 줄 몰라 했다. 성패가 확실히 정해지지 않은 터에 위세로써 진압할 수도 없어서 말하기 지극히 어려운 사정이 있었다. 오리梧里 이원익李元翼이 전 왕조 때의 원로로서 영상에 제수되어 여주로부터 입조하자 백성들의 마음이 비로소 안정되었다."

반정을 주도한 서인으로서는 인심을 수습할 명분과 사람이 없어, 남인 정승 이원익의 명망을 빌려야만 했던 상황이었다. 게다가 서인 정권이 겨우 위기를 수습한 반정 다음 해인 인조 2년(1624)에는 내부 분열인 이괄李适의 난이 발생하기도 했다. 이괄은 반정의 주역이면서도 평안병사平安兵使 겸 부원수로 밀려난 것에 불만을 품고 난을 일으켰는데, 이 난은 만주에서 여진족의 통일 기운이 높아져 국경 수비에 치중해야 할 시점에 발생해 북방 국경을 크게 약화시켰고, 더욱이 정묘 · 병자 양호란 때 조선군이 무력하게 무너지는 데 큰 영향을 미친다.

반정 후 서인 정책의 핵심 방향은 광해군 정권의 모든 것에 대한 부정이었다. 그 중 중요한 것이 바로 외교 정책의 변화였다. 광해군의 명 · 청 중립 외교에 대한 반정 정권의 인식은 인조의 즉위를 허락하는 인목대비의 즉위 교서에 잘 드러나 있다.

"우리나라가 중국 조정(명)을 섬겨 온 것이 200년으로, 의리로는 곧 군신이며 은혜로는 부자와 같다. 임진년에 재조再造(재건)해 준 은혜는 만세토록 잊을 수 없어 선왕께서는 40년 동안 재위하시면서 지성으로 섬기어 평생 서쪽을 등지고 앉지도 않았다. 광해는 배은망덕하여 천명을 두려워하지 않고 속으로 다른 뜻을 품고 오랑캐(청)에게 성의를 베풀었으며, 황제가 자주 칙서를 내려도 구원병을 파견할 생각을 하지 않아 예의의 나라인 삼한三韓으로 하여금 오랑캐와 금수가 됨을 면치 못 하게 하였으니 그 통분함을 어찌 이루 다 말할 수 있겠는가?"

이런 반정 정권이 급격하게 반청 정책으로 전환한 것은 어쩌면 당연 한 귀결이었다. 반정 당시 중국 대륙은 후금, 즉 청나라와 명나라가 일 촉즉발의 긴장감 속에 대치하고 있었다. 이런 긴장 상태에서 명나라 장 수 모문룡毛文龍이 평북 철산의 가도에 주둔하면서 요동 정벌을 계획한 것이 청의 심기를 건드렸다. 후금은 조선 문제를 해결하지 않고서는 중 원을 정복할 수 없다고 판단하게 되었고, 그 결과 정묘호란과 병자호란 이 일어나게 되었다.

정묘호란은 양국이 형제 관계를 맺는 정묘조약으로 종결되었으나 이는 미봉책에 불과했다. 당시 청은 명과 조선 모두를 상대로 전면전 을 벌일 형편이 아니었기 때문에, 일시적인 수습책으로 조약을 체결했 던 것이다. 정묘조약 9년 후인 인조 14년(1636)에 청이 형제 관계를 군 신 관계로 바꾸자고 나선 것은 조선과의 전면전도 불사하겠다는 자신 감의 발로였다.

인조와 서인 정권이 이를 거부하려면 정묘조약 이후 9년 동안 그만 한 힘을 길렀어야 했다. 하지만 서인 정권은 국방력 대신 명분만 쌓았 고, 그 명분에 의하면 청을 천자국으로 모실 수 없었다. 청을 천자국으 로 받드는 것은 반정 명분 자체를 부인하는 자기모순이었다. 인조는 8 도에 선전 교서를 내렸다. '명나라를 향한 큰 의리'를 더 큰 목소리로 주창한 이 선전 교서는, 명나라와 의리를 지키기 위해 후금과 화和를 끊 는다는 내용이었다. 이런 목청뿐인 허세에 대한 청의 대답은 군사 공격 이었고, 그 결과는 삼전도의 치욕이었다.

그러나 삼전도의 치욕은 인조의 굴욕적인 항복으로 끝나지 않았다. 이후 조선은 군사력을 가질 수 없으며, 소현세자 부부를 비롯해 봉림대군 등 왕자들을 볼모로 끌고 가겠다는 구체적인 내용이 화의 조건에 들어 있었던 것이다. 삼전도의 항복 5일 후 볼모로 잡혀 있던 소현세자는 청나라로 잡혀가기 전 하직 인사를 하러 대궐로 돌아왔다. 이때 배웅하던 신하들이 모두 길가에 엎드려 통곡하였는데, 한 신하가 말의 재갈을 당기며 울부짖자 세자는 말을 멈추고 한참 동안 그대로 있기도 하였다.

청과의 화의 조약 중 가장 논란이 된 것이 세자의 볼모 문제였다. 척화파는 모두 전사하는 일이 있더라도 세자를 청나라에 내줄 수는 없다고 주장했다. 강화파라 해도 세자가 볼모로 가야 한다고 말할 수는 없었으므로, 이 문제의 해결은 실로 난감했다. 이때 이 난제를 해결한 인물은 다름 아닌 소현세자 자신이었다.

"일이 너무도 급박해졌다. 나에게는 일단 동생이 있고 또 아들도 하나 있으니, 역시 종사를 받들 수 있다. 내가 적에게 죽는다 하더라도 무슨 유감이 있겠는가? 내가 성에서 나가겠다는 뜻을 전하라."

볼모 문제는 소현세자가 이처럼 스스로 청 진영에 나아가기를 자청함으로써 해결되었다. 나라를 위해 자신의 운명을 내던진 이 결정은 쉽지 않은 것이었다. 당시 조선 지배층 대다수는 국가의 안전보다 일신의 안전을 더 중시했다. 청이 세자와 대군 이외에도 판서의 아들을 인질로 원하자, 평소에는 아귀처럼 관직에 달려들던 관료들이 서로 판서를 맡지 않으려고 다투었다. 실제로 호조판서 김신국金藎國이 내외의 비판을 모른 체하면서 병을 핑계 대고 사직을 청해 이경식李景稷이 대신 임병뇌

기도 했다. 세자가 끌려가는 판국인데도 고위 관료들은 나라보다 집안을 더 생각했던 것이다.

드디어 2월 8일, 소현세자와 세자빈 강씨 그리고 봉림대군과 대군부인 장씨는 청 태조의 14번째 아들인 구왕九王과 함께 멀고 먼 북방 길을 떠났다. 인조가 지금의 경기도 고양의 창릉昌陵(예종과 계비 안순왕후의 능) 서쪽까지 거둥해 전송하자 구왕이 말했다.

"멀리 오셔서 전송하니 실로 감사합니다."

"가르치지 못한 자식이 따라가니 대왕께서 가르쳐 주시기 바랍니다."

"세자의 연세가 저보다 많고, 일에 대처하는 것을 보면 제가 감히 가르칠 입장이 못 됩니다. 더구나 황제께서 후하게 대우하시니 염려 마시기 바랍니다."

세자와 봉림대군이 절을 하자 인조는 눈물을 흘리며 당부했다.

"힘쓰도록 하라. 지나치게 화를 내지도 말고 가볍게 보이지도 말라."

엎드려 분부를 받은 세자는 신하들이 옷자락을 당기며 통곡하자 만류하며 말했다.

"주상이 여기에 계신데 어찌 감히 이렇게들 하오? 각자 진중하도록 하시오."

마침내 소현세자는 언제 돌아올지는 물론 살아 돌아올 기약도 할 수 없는 길을 떠났다. 그의 나이 스물여섯, 봉림대군의 나이 열아홉 때였다.

소현세자에게 북방 길은 분명 위기였으나 조선으로서는 기회가 될 수도 있었다. 중국에서조차 이미 끝나 가는 성리학을 금지옥엽처럼 모시는 우물 안 개구리 식의 사고방식을 깨뜨리고, 또한 국제 정세는 명분이 아니라 힘에 의해 좌우된다는 현실을 깨닫는 계기가 될 수도 있었던 것이다.

판서 남이웅南以雄 · 좌부빈객左副賓客 박황朴潢 · 우부빈객右副賓客 박로朴魯 · 보덕輔德 이명웅李命雄 · 필선弼善 민응협閔應協 등의 수행원들과 북방 길에 오른 세자는, 당시 청나라의 수도였던 만주의 심양에 자리를 잡았다. 세자 일행은 심양에 새로운 숙소를 지어 활동의 근거지로 삼았는데, 이를 심양관이라 했다. 소현세자는 이 심양관을 중심으로 청과 조선 사이의 모든 일을 처리했다. 즉 소현세자는 사실상 주청駐淸 조선 대사였고, 심양관은 조선 대사관이었던 셈이다. 청은 심양관을 통해 조선에 관한 일들을 처리하려 하였고, 인조 또한 청과 직접 상대하는 것이 껄끄러워 심양관의 소현세자에게 청에 관한 일들을 미루었다.

소현세자가 처리해야 할 일 중 가장 중요하면서도 곤혹스러운 일은 청의 파병 요구에 응하는 것이었다. 청은 당시 명과 최후의 일전을 앞두고 있었으므로 명과의 전투에 투입할 조정군助征軍 파견을 요구했다. 이는 숭명대의崇明大義를 명분으로 쿠데타를 일으킨 인조와 서인 정권에게 심각한 자기 부정이었으나, 전쟁에서 패배한 이상 따르지 않을 수 없었다.

심양 고궁 안에 있는 팔기군八旗軍 배치 모형진

미로식으로 되어 있어 적군이 진입하면 빠져나갈 수 없게 되어 있다.

소현세자 부부가 인질로 와 있던 심양관 자리

현재는 심양시 아동도서관으로 이용하고 있다.

인조는 청의 요구에 쫓겨 재위 18년 4월에 임경업林慶業과 이완李浣이 이끄는 조선 수군 6,000명을 파병했다. 하지만 임경업은 병자호란 때 청군이 서울을 점령한 틈을 타서 역으로 청의 수도 심양을 점령하겠다는 작전을 제안할 정도의 반청 인사였으니, 그가 이끄는 조선 수군이 제대로 싸울 리 없었다. 임경업의 수군은 전진하라고 해도 전진하지 않고 명의 전선을 만나도 발포하지 않았다. 발포하더라도 엉뚱한 곳을 향해 쏘고 배를 일부러 부수는가 하면 일부 군사를 투항시키는 등 노골적인 사보타주를 일으켜 청나라의 분노를 샀다.

분노한 청나라는 이를 조선의 배신 행위로 규정짓고 청나라 장수 용골대 등을 조사단으로 삼아 의주에 파견했다. 조선은 병자호란 때 용골대에게 호되게 당했기 때문에 그의 이름만 들어도 벌벌 떠는 형편이었다. 이때 세자는 용골대의 동향을 미리 조선 조정에 알려 주고, 용골대에게는 조선의 처지를 설득하는 등 양자의 충돌을 막기 위해 부단히 노력했다.

그런데 한 번은 용골대가 "청과 다른 의논을 하는 자가 누구냐?"며 세자를 협박한 적이 있었다. 이때 세자는 벌컥 화를 내며, "내가 비록 이역에 와 있지만 한 나라의 세자다. 네가 어찌 감히 이토록 협박하는가? 죽고 사는 것은 천명에 달려 있으니 그따위로 나를 협박하지 말라"고 호통 쳤다. 이에 용골대가 웃으면서 사과했을 정도로 소현세자는 담력도 있는 인물이었다.

인조 20년에는 부사 이계李烓가 감사 정태화鄭太和의 명을 받아 조선 해안에 출몰한 명나라 배에 몰래 쌀과 음식을 제공해 문제가 된 적이 있었다. 이때 용골대가 이계 등을 만주의 봉황성으로 불러 세자와 함께 심문했는데, 세자는 시종일관 조선 관리들을 옹호했다. 이에 용골대가 세자를 힐난했다.

"세자가 감사를 이처럼 비호해 주니 그와 한마음이라는 것을 알 수 있습니다."

세자가 웃으면서 답했다.

"이렇게까지 의심하니 뭐라고 해야 좋을지 모르겠습니다."

이처럼 세자는 청과 조선 사이에 분쟁이 생길 때마다 사건을 무마하기 위해 애썼다. 그리고 이런 과정을 통해 중요한 것은 성리학이 제공하는 명분이 아니라 국가를 위한 현실 인식이라는 것을 알게 되었다.

세자는 심양에 오기 전부터 새로운 것에 관심이 많았다. 이미 병자호란 5년 전인 인조 9년(1631)에 견명사遣明使 정두원鄭斗源이 가져온 서양의 화포와 망원경, 자명종 등을 보고 서양 문물에 깊은 인상을 받았던 세자는, 심양에 와서 세상을 움직이는 것은 더 이상 성리학이 아니라 변화하는 문물과 그것을 만들어 내는 힘이라는 것을 깨닫게 되었다. 이런 소현세자가 보기에 중원의 대세는 이미 청으로 기울고 있었다. 만주에서 흥기한 청이 아니더라도 명나라는 이미 종말로 치닫고 있었다.

명의 마지막 황제인 의종毅宗 즉위 후 가뭄과 흉년이 계속되자 굶주림을 견디지 못한 각지의 농민들이 반란을 일으켰고, 이들 중 비교적 큰 세력은 도적이 되어 떠돌아다니면서 명을 위협했다. 사실상 명을 망하게 한 것은 청이라기보다는 이들 농민 반란군 중 가장 세력이 컸던 역졸 출신의 이자성李自成이었다.

출신에 상관없이 세력만 있으면 황제를 자청하는 것이 중국 역사의 한 특징인데, 이자성 또한 세력이 커지자 스스로를 대순황제大順皇帝라

칭하고 명의 수도 북경을 공략해 함락시켰다. 북경이 함락되던 날 황제의 외척과 귀족·재상들은 땅바닥에 꿇어앉아 유적流賊의 흙발에 차이면서도, 농민 출신 이자성을 성천자聖天子로 받들고, 자결한 의종 숭정제를 저주하면서 목숨을 구걸했다. 이렇듯 조선의 사대주의자들이 받들어 모시던 명나라는 이미 명나라 황손들도 버린 나라였다.

북경이 함락되었을 때 명의 유일한 정예군은 오삼계鳴三桂가 이끄는 부대였다. 청군을 치기 위해 요동으로 진격하여 산해관을 돌파하던 오삼계는, 북경이 이자성에게 함락되었다는 소식을 듣자 군사를 돌리기로 결심하고 청나라 진영에 편지를 보냈다.

"우리의 황제는 유적 이자성에게 돌아가셨다. 지금부터 나는 황제의 원수를 갚기 위해 급히 북경으로 향하는 바, 차제에 귀국의 병력을 빌렸으면 좋겠다."

청과 연합 전선을 결성해 북경으로 가자는 제안이었으나, 적군에게 군사를 빌려 달라는 이 말은 사실상 항복 선언이었다. 소현세자를 볼모로 데려왔던 청의 구왕 다이곤多爾袞은 즉각 이 제의를 받아들였다. 다이곤은 당시 태종의 뒤를 이은 어린 청 세조世祖를 대신해 섭정하고 있었다.

"인의仁義의 군대를 동원하여 유적 이자성을 멸하고, 중국 백성을 구원한다."

명목은 명·청 연합군이었으나 사실상 청군이 명군을 흡수한 것이었다. 소현세자가 심양에 잡혀온 지 7년째 되던 해인 인조 22년(1644) 4월의 일이었다. 이때 구왕 다이곤은 자국의 왕과 장수뿐만 아니라 소현세자를 대동하고 남정南征 길에 올랐다. 소현세자를 대동한 것은 구왕의 의도적인 행위였다.

　남정군을 따라간 소현세자는 명나라의 마지막 정예군인 오삼계 군단이 청나라에 항복하는 장면을 똑똑히 목격했다. 명은 도처에서 무너지고 있었던 반면 청은 욱일승천하는 기세였다. 이미 중원의 정세가 청으로 기울었음을 알고 있었던 소현세자는 오삼계 군단의 항복 장면을 목격한 후, 조선이 취할 외교 정책이 숭명대의가 아니라 청나라 중심의 현실 외교라는 확신을 갖게 되었다.

　청군은 남진을 시작한 지 한 달도 안 되어 북경에 입성했다. 그야말로 파죽지세로 점령해 간 것이다. 청의 대군이 밀려온다는 소식을 들은 이자성은 항전을 포기하고 남쪽으로 도망갔고, 이로써 청은 명의 수도였던 북경에 무혈입성할 수 있었다. 이자성은 청에 갖다 바치기 위해 애써 북경을 함락한 셈이 되었다. 이 때문에 당시 북경에서는 이런 노래가 유행했다.

청 태종 홍타이지皇太極의 동상
심양 고궁 입구에 있다.

"주씨네 떡가루로 이씨가 쩌 낸 빵을, 이웃 조서방에게 고스란히 바쳤다."

이는 주씨의 명 왕조를 멸망시킨 이자성이, 결국 조씨를 국성으로 쓰는 만주의 청에게 나라를 고스란히 빼앗긴 것을 풍자한 노래였다.

이를 지켜본 소현세자의 심정은 담담했다. 소현세자는 이미 7년간의 볼모 생활을 통해 이런 사태를 예견할 수 있었다. 인조 18년(1640) 임경업이 명과 싸우지 않고 사실상 투항했을 때, 세자가 놀랐던 것도 이 때문이었다. 세자가 보았을 때 이런 행위는 오히려 조선을 위험에 빠뜨리는 불필요한 짓이었다. 이처럼 세자는 볼모 생활을 통해 현실적인 국제 정세 인식을 갖게 되었다. 하지만 세자의 이런 현실 인식은 조선의 인조와 서인 정권에게는 위험한 이데올로기로 비쳐졌다.

부정父情 아닌 부정否定

소현세자가 볼모로 잡혀온 지 3년째 되던 해인 인조 18년, 부사 이경헌李景憲과 서장관書狀官 신익전申翊全이 인조의 병환이 심각하니 세자를 일시 귀국시켜 달라고 요청한 일이 있었다. 이때 조선에서는 인조의 3남 인평대군과 세자를 바꾸자고 요청했는데, 청은 이 제의에 대해 세자의 장남인 원손 석철石鐵도 인평대군과 함께 보내라고 요청했다. 원손 석철을 심양으로 부른 후에야 소현세자를 일시 귀국시킬 수 있었을 정도로, 청은 세자의 귀국을 두려워했다. 청은 구체적으로 인평대군과 원손

조선의 꿈의 좌절

을 만주의 봉황성에서 세자와 맞바꾸자고 제안했는데, 조선은 이를 거부할 처지가 아니었다.

청의 구왕 다이곤과 질가왕質可王은 소현세자를 위로하기 위한 송별연을 열어 주었고, 인조 18년 2월 12일에는 청 황제 태종도 직접 송별연을 열어 주었다. 이 자리에는 봉림대군도 함께하였다. 그런데 태종을 만나기 전 뜰 안에서 용골대가 세자에게 안장을 한 말과 대홍망룡의大紅蟒龍衣(붉은색의 용이 수놓인 옷)를 주면서 입으라고 했다. 그러자 세자는 깜짝 놀라 하며 사양했다.

"이것은 국왕이 입는 장복章服입니다."

용골대가 세자의 사양하는 뜻을 전하자 태종이 이를 받아들여 대홍망룡의는 입지 않게 되었다. 그러나 이 사건의 파문은 여기서 끝나지 않고 조선으로 연결되었다. 세자빈객世子賓客 신득연申得淵이 이 상황을 자세히 적어 인조에게 보고했던 것이다. 이 말을 들은 인조는 임진왜란 때 선조가 명이 자신을 폐하고 광해군을 세우지 않을까 의심했던 것처럼, 청이 자신을 폐하고 소현세자를 세우지 않을까 의심하게 되었다. 세자는 청 태종의 송별연 다음 날 심양을 떠나 드디어 꿈에 그리던 고국으로 돌아오게 되었다. 세자는 부왕 인조를 만날 생각에 가슴이 뛰었으나, 인조의 마음은 싸늘히 식어 있었다.

인조는 노정路程 밖에서 세자를 마중하겠다는 세자시강원 관원들의 청을 허락하지 않았으며, 어의를 보내자는 내의원의 주청도 거부하였다. 인조는 세자를 맞이하는 모든 의식을 폐지시켜 버렸다. 심지어 "4년 만에 돌아오는 세자의 행차가 어떤 일인데 이렇게 간략하게 한단 말입니까?"라고 호소하는 대간들의 청마저 거부하였다.

다만 인조 18년 3월 7일 서울에 도착한 세자가 부복하며 눈물을 흘리자, 인조도 눈물을 흘리며 맞은 것이 유일한 환영이었다. 세자의 눈물이 기폭제가 되어 인조는 물론이고 대신들도 눈물을 흘려 조정이 눈물바다가 되었다. 세자를 감시하러 따라온 청의 오목도梧木道가 이를 저지하자 인조가 설명했다.

"다시 볼 줄은 생각도 못했으므로 저절로 슬퍼서 눈물이 나오는 것입니다."

아들의 눈물을 직접 대하는 순간만큼은 모든 의심이 부정父情에 녹은 것일까?

세자는 그해 4월 2일 다시 청나라로 떠나게 되었다. 심양에는 꿈에도 그리워했던 원손 석철이 있다는 사실이 한 가닥 위안이 되었다. 심양에 도착한 세자에게 청의 범문정范文程이 그해 6월 말 봉림대군이 귀국할 때 원손도 같이 가야 한다고 말하자, 세자가 "날씨가 몹시 덥고 아이가 병이 있으니 서늘한 가을까지 기다렸다가 출발시키려고 합니다"며 말렸던 것은 부정의 표현이었을 것이다. 범문정은 황제께서 이미 돌아가는 것을 허락했으니 시기는 알아서 하라고 했다. 그러나 비운의 세자와 원손은 이국의 수도 심양에서 부자간의 정을 나눌 사이도 없었다. 청에서 조선에 군사 징발을 요구했기 때문이다.

또한 다음 해 1월에는 전 판서 김상헌金尙憲과 전 지평 조한영曹漢永 등이 목에 철쇄를 매고 두 손이 결박된 채 심양에 끌려와 심문을 받게 되어 세자는 쉴 틈이 없었다. 그뿐 아니라 인조 21년(1643)에는 전 정승 이경여李敬輿와 선조의 부마인 동양위東陽尉 신익성申翊聖, 그리고 전 판서 이명한李明漢 등이 심양에 끌려와 목에 칼을 차고 두 손이 결박된 채

구금되기도 하였다.

　세자는 이런 사건이 발생할 때마다 조선 편에 서서 최선을 다했다. 그러나 볼모 신분인 세자의 역할은 한계가 있어서 조선인이 죽어 갈 때마다 세자 또한 한탄만 할 뿐이었다.

　하지만 세자의 이런 노력에도 부왕 인조는 그를 신뢰하지 않았다. 인조 21년 10월 역관 정명수鄭命壽가 청이 세자를 귀국시키려 한다고 전하자, 인조는 청과 세자가 결탁하지 않았는가 의심한다. 인조가 세자 귀국 문제를 비변사備邊司 당상에게 논의하자, 정태화는 "청에서 먼저 말을 꺼냈는데 우리가 (세자의 귀국을) 청하지 않으면 저들이 우리를 의심할 것"이라면서 받아들일 것을 주청한다. 이처럼 세자의 귀국을 두고 근심하는 데서 이미 세자를 보는 인조와 조신들의 마음이 달라져 있었음을 알 수 있다. 이 주청에 대한 인조의 대답은 이렇다.

　"청인이 내게 입조入朝를 요구한 것은 전한前汗(청 태종) 때부터였으나 내가 병이 있다고 이해시켰기 때문에 저들이 강요하지 못하였다. 이제 듣건대 구왕은 나이가 젊고 강퍅하다고 하니 그 뜻을 어찌 헤아릴 수 있겠는가? 전일에는 세자를 지나치게 박하게 대하다가 이제는 오히려 지나치게 후하게 대하니 나는 의심이 없을 수 없다."

　그랬다. 인조는 구왕 다이곤과 세자가 결탁해 자신을 볼모로 불러들이고 세자를 조선의 국왕으로 봉할 것을 우려했는지도 모른다. 인조의 이런 의심을 알아차리지 못할 신하들이 아니었다. 심열沈悅이 "성상의 분부가 이러하시니 신하가 어찌 감히 우러러 (세자의 귀국을) 청하겠습니까?"라고 대답한 것이 이를 말해 준다. 그리고 다음 달 심양에서 온 중관中官(환관)을 만난 뒤 인조의 의혹은 더욱 커진다.

"세자가 아무리 빨리 돌아오고 싶어도 우리의 인마人馬가 들어간 후에야 나올 수 있을 것인데, 역관 정명수의 말을 전해 들으니 세자가 돌아올 시기가 가까운 듯하다. 명수의 말이 이처럼 쉽게 나오는 것은 내 추측이 허망한 소리가 아니라면 반드시 예측하지 못할 내막이 있을 것이다."

인조가 염려하는 "예측하지 못할 내막"이란 자신을 폐위시키고 세자가 즉위하는 것을 뜻하는 것이다. 이런 뜻을 알아차린 김자점金自點이 답했다.

"성상은 항상 이를 염려하시는데 신은 그렇지 않다고 봅니다. 세자께서 나온 뒤에 만약 뜻밖의 변이 있다면 군신 상하가 어찌 손을 묶어두고 그들이 하는 대로 놓아둘 수 있겠습니까?"

청에서 인조를 폐위하고 세자를 세우고자 한다면 군신 상하가 가만히 있지 않을 것이라는 말이었으니, 인조의 불안감을 정확히 읽은 것이었다. 그러나 청이 인조를 폐하고 세자를 세우려 한다는 생각은 쿠데타로 집권한 인조의 의심일 뿐이었다.

청은 원손을 비롯해 세자의 여러 아들을 청으로 부른 후 만주의 봉황성에서 세자와 맞바꾸자고 제안했다. 이번의 귀국은 세자빈 강씨의 부친인 영중추부사 강석기姜碩期가 인조 21년(1643) 6월 사망했는데도 세자빈이 아직 곡을 하지 못했기 때문에 요청한 것이었으므로 세자 부부가 동행했다. 세자와 세자빈은 인조 22년(1644) 1월 초하루 자신들 대신 볼모로 들어온 원손과 아들들을 봉황성에서 만났다. 아들들을 볼모로 잡고 곡을 하러 떠나는 상황이니 눈물의 상봉이 아닐 수 없었다. 이들의 만남을 감시하던 청나라 사람들도 눈물을 흘릴 정도였다.

조선의 꿈의 좌절

볼모 생활 중에 부친이 사망하여 곡도 하지 못한 세자빈의 한은 컸다. 그러나 원손과 다른 아들들을 볼모로 잡히고 귀국한 세자빈은 부친의 빈소에 곡을 할 수가 없었다. 인조가 이를 허락하지 않았기 때문이다. 인조는 곡을 하기 위해 수천 리 길을 달려온 며느리의 빈소행을 허락하지 않았다.

부왕의 이 가혹한 조치에 삼공이 모두 "세자빈이 돌아갈 기일은 임박했는데 어버이를 살펴보았다는 말은 귀에 들리지 않습니다"며 세자빈 강씨의 빈소행을 허락해 달라고 청했으나 인조는 거부했다. 삼공은 거듭 청했다.

"세자께서 귀국을 청할 때 세자빈의 부친은 죽고 모친은 병중에 있다는 것을 아울러 이유로 삼았는데, 이제 찾아가 곡하고 모친을 살펴보는 절차가 없으면 저쪽 나라가 그 말을 들을 때 반드시 의아해할 것입니다."

그러나 세자빈 강씨는 끝내 빈소에 곡도 하지 못하고, 병중인 모친을 만나지도 못한 채 심양으로 돌아가야 했다. 인조 22년 2월 초순의 일이었다.

소현세자 추대 사건의 진상

인조의 이런 소견 좁은 처사는 많은 사대부의 불만을 낳았다. 광해군이 법적인 모후 인목대비에게 불효했다는 것을 반정 명분으로 삼은 인조가,

며느리 강씨의 왕곡往哭을 막은 것은 심각한 자기 부정이었던 것이다.

며느리 강빈姜嬪의 왕곡을 끝내 허락하지 않은 인조의 처사로 인해 급기야 인조를 끌어내리고 소현세자를 추대하려는 사건이 발생하였다. 그 주모자가 인조반정의 일등 공신인 청원부원군靑原府院君 심기원沈器遠이란 데서 인조에 대한 당시 사대부들의 감정을 알 수 있다.

끝내 세자빈의 왕곡을 허락하지 않은 인조는 세자와 세자빈이 심양으로 되돌아갈 때 환관 김언겸金彦謙을 딸려 보냈다. 김언겸은 인조가 세자 부부를 감시하기 위해 보낸 간자間者, 즉 첩보원이었다. 친아버지 인조는 이처럼 세자 부부를 의심해 간자까지 딸려 보냈으나, 세자는 배웅 나온 심기원과 김류金瑬 · 홍서봉洪瑞鳳 · 조창원趙昌元 등 여러 부원군에게 인조의 병을 옆에서 보살피지 못하는 심정과 이역에서 나그네로 머물러 있는 고통을 이야기하여 듣는 이의 눈물을 훔치게 하였다.

바로 그 이틀 후인 인조 22년 3월 21일 부사직 황익黃瀷과 오국별장伍局別將 이원로李元老 등이 청원부원군 심기원 · 전 지사 이일원李一元 · 광주 부윤 권억權憶 등이 모반하려 한다고 고변했다. 고변자 황익이 전하는 심기원의 말은 이렇다.

"주상(인조)이 반정한 뒤로 잘못하는 일이 많아 주상을 상왕으로 추존하고 세자에게 전위하게 하고 싶어 내 집의 재산을 털어 은 수천 냥을 마련하고 역사를 모집하여 지성으로 대접하였는데, 내 소원은 오로지 강상綱常(올바른 도리)을 부식富殖(불리어 넉넉하게 함)하자는 데 있는 것이다. 지난번 세자가 심양에서 나왔을 때 전위하고 싶은 생각이 없지 않았으나 아무리 세자를 받들어 세우더라도 별다른 수가 없다는 것을 알고 실행하지 않고 회은군懷恩君을 추대하려 한다."

조선의 꿈의 좌절

또 심기원과 함께 정형正刑(몸을 찢어 죽이는 형벌)당한 초관 정형鄭衡
은 심기원의 종질 권두형權斗亨 형제의 말을 전했다.

"숙주叔主(숙부)께서 명나라 배가 들어오는 것을 기다려 그들과 합세
해 심양(청)과 끊으려고 하지만, 세자는 본디 원대한 계획이 없고 주상
도 원수를 갚을 길이 없으니 한탄스럽다. 22일 거사한 후에 상에게 왕
자 중에서 합당한 자에게 자리를 물려주게 하고 상왕으로 높인 다음
정예 포수 5만 명을 거느리고 심양을 쓸어 버린다면 어찌 남자의 사업
이 아니겠는가?"

즉 이들은 세자가 귀국했을 때 거사를 일으켜 인조를 상왕으로 내쫓
은 후 북벌을 단행하려 했으나, 소현세자를 추대하는 것이 여의치 않자
회은군 이덕인李德仁을 추대하는 것으로 방향을 바꾸었다가 발각된 것
으로 보인다.

그런데 이 사건에 대한 인조의 처사는 의외였다. 인조는 여러 신하
가 모두 심기원을 정형하라고 청하는데도 사사賜死를 고집하다가 허락
하였으며, 그 시신은 팔도에 돌리지 말고 가족에게 내주어 장사 지내게
하라고 명했다. 그리고 이덕인은 정형하지 않고 사사하고 재산도 적몰
하지 않았다. 역모 사건의 주범에 대한 처사치고는 매우 온건했다. 또
한 심기원과 권억 · 정형 · 이일원 · 이지룡李之龍 · 이권李繾 · 김집金潗 ·
권두창權斗昌 등 관련자들을 정형한 후, 그해 4월 1일 명정전明政殿에서
이 사건에 대해 언급하면서 대대적인 사면 조치를 내린다. 이 또한 이
례적인 거조가 아닐 수 없다.

인조로서는 반정 일등 공신이 자신을 폐하고 세자나 회은군을 옹립하
려 한 사건을 확대해 좋을 것이 없다는 계산을 했을 것이다. 이 경우 그

렇지 않아도 인심을 잃은 인조의 위상은 땅에 떨어질 것이기 때문이다.

소현세자는 자신을 추대하려는 사건으로 옥사가 벌어지는 동안 조선을 벗어나고 있었다. 그러나 국내의 이런 움직임을 아는지 모르는지 세자는 심양에 도착하자마자 청의 구왕을 따라 북경에 가야 했다. 그해 4월 이자성 군대를 산해관에서 격파함으로써 중원 정복의 결정적 계기를 마련한 청은 중원의 주인이 누구인지를 보여줄 목적으로 소현세자를 데려간 것이다.

세자는 이렇듯 동아시아 정세를 놓고 자웅이 일척을 겨루는 역사적 현장의 한가운데 있었으므로, 국내의 추대 사건에 관심을 두지 않았는지도 모른다. 어쩌면 추대니 모반이니 하는 소모적 정쟁은 자신과 관련이 없다고 생각했을 수도 있다. 세자는 북경에서 전혀 새로운 세상을 만나고 있었다.

아담 샬과의 만남

그해 5월, 하루 평균 120~130리 길을 달리는 청군과 함께 북경으로 향한 세자는 구왕이 이끄는 청군이 파죽지세로 북경을 손에 넣는 장면을 똑똑히 지켜보았다. 청이 북경을 차지한 것은 대세가 이미 청에게 기울었음을 의미했다. 북경에 도착한 세자는 문연각文淵閣이라 불리던 명 목종穆宗의 부마 후씨 집에 거처하게 되었다. 그러나 식량이 극도로 부족해 20여 일 만에 심양으로 되돌아왔다가, 그해 9월 청나라 황제를 따라

조선의 꿈의 좌절

다시 북경에 들어가 약 70일 동안 머물렀다.

이때 소현세자는 아주 중요한 한 인물을 만나 새로운 사상과 문물의 세례를 받게 된다. 바로 예수회 선교사 아담 샬Adam Schall이다. 1628년(인조 6) 32번째 예수회 신부로서 북경 동안문東安門 내에 거주한 아담 샬은, 해박한 과학 지식을 바탕으로 역서曆書와 대포를 제작하는 일을 맡아 명나라 신종의 신임을 받고 있었다. 청 세조는 북경 점령 후 그의 과학 지식을 이용하기 위해, 지금의 천문대장 격인 흠천감정欽天監正으로 삼고《대청시헌력大淸時憲曆》을 짓게 하였다.

아담 샬은 북경 남문인 선무문宣武文 내에 선교사 마테오 리치Matteo Ricci가 세운 남천주당에 자주 머물렀는데, 소현세자는 아담 샬의 거주지와 남천주당을 자주 찾아 이 벽안의 선교사와 많은 이야기를 나누었다. 소현세자의 북경 숙소인 문연각이 아담 샬의 숙소와 가까운 동화문東華門 안에 있었으므로 두 사람은 자주 만날 수 있었다.

두 사람은 오가면서 우정을 쌓았다. 아담 샬에게 소현세자와의 만남은 조선에 천주교를 전교할 수 있는 호기였고, 소현세자에게 아담 샬은 서양 문명과 천주교 사상을 접할 수 있는 절호의 기회였다. 머나먼 이 국땅으로 자청해서 온 푸른 눈의 선교사와 볼모로 잡혀온 불행한 세자의 남다른 처지가 서로에게 이색적인 감회를 불러일으켰을 것이다.

이 만남을 지켜봤던 당시 남천주당의 신부 황비묵黃斐默은《정교봉포正敎奉褒》에 이렇게 기록했다.

"순치順治(청 세조의 연호) 원년(1644)에 조선 국왕 인조의 세자는 북경에 볼모로 와서 아담 샬 신부의 명성을 듣고, 때때로 남천주당을 찾아와 천문학 등에 대해서 살펴 물었다. 샬 신부도 자주 세자 관사를 찾아가 오래 이야기를 나누고 깊이 사귀었다. 샬 신부는 거듭 천주교가 정도正道임을 말하였는데, 세자도 자못 듣기를 좋아하며 자세히 물었다. 세자가 귀국하자 샬 신부는 자신이 지은 천문, 산학散學, 성교정도聖教正道 서적 여러 가지와 여지구輿地球(지구의), 그리고 천주상을 선물로 보냈다."

선물을 받은 소현세자는 곧 아담 샬에게 감사 편지를 보냈다.

"귀하가 주신 여지구와 과학에 관한 서적은 정말 반갑고 고마웠습니다. 그 중 몇 권의 책을 보았는데, 그 속에서 덕행을 실천하는 데 적합한 최상의 교리를 발견했습니다. 천문학에 관한 책은 귀국하면 곧 간행하여 널리 읽히고자 합니다. 이것들은 조선인이 서구 과학을 습득하는 데 큰 도움이 될 것입니다. 서로 멀리 떨어진 나라에서 태어난 우리가 이국땅에서 상봉하여 형제와 같이 서로 사랑해 왔으니 하늘이 우리를 이끌어 준 것 같습니다."

인조가 세자에 대한 증오를 키우고 있을 때, 세자는 이렇듯 왕조가 교체되는 도시 북경에서 '하늘이 이끌어 준 만남'에 감사하고 있었다. 세자가 아담 샬과 교류한 때는 서기 1644년, 조선이 일본의 무력에 의해 개국하기 232년 전으로, 일본이 미국의 페리 제독에 의해 개국한 때보다도 211년 앞섰다. 소현세자의 이 개방적인 사고는 그야말로 조선과 일본 두 나라의 운명을 뒤바꿔 놓을 수도 있는 만남이었던 것이다. 9년간의 볼모 생활은 소현세자의 사고를 이처럼 개방적으로 바꾸어 놓았다.

세자는 아담 샬이 조선에 천주교가 전파되기를 희망한다고 말하자, 신부를 대동하고 귀국할 수 있게 해 달라고 요청해 아담 샬을 놀라게 했을 정도로, 새로운 사상을 받아들이는 데 적극적이었다. 하지만 당시

북경의 남천주당

소현세자는 이곳에서 벽안의 선교사 아담 샬을 만나 우정을 나눈다.

중국도 신부가 부족한 형편이어서 아담 샬은 신부 대신 천주교 신자인 중국인 환관과 궁녀들을 데려가라고 제의했다. 이방송李邦訟 · 장삼외張三畏 · 유중림劉中林 · 곡풍등谷豊登 등 중국인 환관들과 궁녀들이 소현세자와 함께 귀국한 것은 이런 이유 때문이었다. 이들은 아마 임진왜란때 천주교 신자 소서행장小西行長이 조선 땅을 밟은 이래 최초의 천주교 신자들일 것이다.

1644년 11월 1일 청 세조는 북경의 천단에 제사하고 등극을 선포했다. 자신이 천하의 주인임을 선포한 것이다. 소현세자와 봉림대군도 이 행사에 따라가 참예했다. 그리고 그달 11일 구왕은 용골대를 시켜 세자가 꿈에도 그리던 말을 전했다.

"북경을 얻기 이전에는 우리 두 나라가 서로 의심하여 꺼리는 마음이 없지 않았으나, 지금은 대사大事가 이미 정해졌으니 피차가 서로를 신의로써 믿어야 할 것이다. 또 세자는 동국의 왕세자로서 여기에 오래 머물 수 없으니 지금 의당 본국으로 영원히 보낼 것이다."

귀국 후 두 달 만에 죽은 소현세자

드디어 길고 긴 볼모 생활이 끝나는 순간이었다. 청에서 세자를 귀국시키는 이유는 구왕의 말대로 '북경을 얻어 대사가 이미 정해졌기 때문'이었다. 더 이상 세자를 붙잡아 둘 필요가 없어진 것이다. 그러나 이 소식을 들은 인조는 기쁨에 앞서 다음과 같이 우려하며 대신들에게 물었다.

"청이 세자를 돌려보내는 이 조치가 참으로 좋은 뜻에서 나왔고 딴 마음은 없는 것인가?"

대신들은 모두 다른 염려는 없다고 대답했다. 하지만 인조의 생각은 달랐다. 인조에게 세자는 이역만리 타국에서 고생하다 귀국하는 아들이 아니라 자신의 왕위를 위협하는 존재였다.

그러나 소현세자는 인조의 이런 마음을 모르는 채 장장 9년간 품어왔던 가슴 벅찬 기대를 안고 귀국길에 올랐다. 이번 귀국은 이전처럼 일시적인 것이 아니라 아주 돌아오는 것이었다. 20대 초반의 나이로 심양에 잡혀갔던 세자는 인조 23년(1645) 2월 30대 중반의 연부역강年富力強(나이가 젊고 기력이 왕성함)한 나이로 귀국했다. 인생의 황금기를 타국에서 볼모로 보낸 34살의 비운의 왕세자였다. 세자는 이제 자신의 비운이 끝나는 줄 알았으나, 귀국은 비운의 끝이 아니라 시작이었다.

그 비운은 9년간의 볼모 생활을 지혜롭게 보낸 데서 시작되었다. 세자는 치욕의 볼모 기간을 새로운 국제 정세와 사상, 그리고 새로운 문물을 받아들여 체화시키는 기간으로 삼았다. 명나라를 죽도록 사모하는 것이 얼마나 허무한 것인지 깨달았고, 성리학 이념 체계가 얼마나 덧없는 것인지도 깨달았다. 세상에는 성리학뿐 아니라 천주교라는 새로운 사상이 있다는 것도 알게 되었다. 성리학은 절대 진리가 아니라 이 세상의 수많은 사상 중의 하나에 지나지 않음을 느낀 것이다.

수많은 서양 물품을 가지고 귀국하는 소현세자의 머릿속은 조선을 새로운 나라로 만들려는 이상으로 가득했다. 하지만 그를 기다리고 있는 조선은 이상을 펼칠 수 있는 공간이 아니라 상상 못할 비극의 현장이었다.

비극의 조짐은 인조가 귀국한 세자에 대한 신하들의 진하進賀(경사가 있을 때에 신하들이 축하를 올리던 일)를 막는 것에서 시작되었다. 부왕 인조는 명나라가 멸망했기에 더 이상 소현세자를 볼모로 잡아둘 필요가 없어졌다는 합리적 사고는 멀리한 채, 그저 세자의 귀국 자체를 의혹의 눈초리로만 바라보았다. 세자가 휴대한 수많은 서양 서적과 물품도 새로운 세상에 대한 적극적이고 긍정적인 몸짓이 아니라 오랑캐에게 정신을 팔아먹은 증거물로 보았다.

소현세자가 귀국 두 달 만에 병석에 누운 이유는 확실하지 않다. 인조의 냉담한 반응에 깊이 상심한 것이 병으로 연결되었을 수도 있다. 하지만 그 외에 인조나 후궁 조씨의 외부적 작용이 있었는지도 모른다.

귀국한 해 4월 23일 세자가 병석에 누운 이유는 학질이었다. 이미 장성한 세자에게 학질은 그다지 큰 병은 아니었다. 그런데 이때 세자의 학질을 치료하기 위해 등장하는 어의 이형익이 바로 세자 독살설의 한가운데 위치한 인물이다. 이형익은 열을 내리게 한다며 발병 다음 날부터 침을 놓았는데, 침을 맞은 세자가 사흘 만에 세상을 떠나고 만 것이다. 한 나라의 세자가 학질에 걸렸는데 약 한 첩 써보지 못하고 침만 맞다 세상을 떠난 것이다. 귀국한 해 4월 26일의 일이었다.

인조에게 쏠린 몇 가지 의혹

세자의 갑작스런 죽음은 당연히 수많은 의혹을 불러일으켰다. 어린아이도 아니고 풍토가 다른 이역에서 9년을 살다가 귀국한 세자가 학질에 쓰러질 리 없다는 것이 식자들의 생각이었다. 당연히 세자가 독살되었을지 모른다는 소문이 떠돌았다.

의혹은 세자에게 침을 놓은 의관 이형익에게 집중되었다. 이형익이 어의로 특채된 배경에도 의혹의 눈길이 모아졌다. 이형익은 원래 인조의 후궁 소용昭容 조씨의 사가에 출입하던 의원이었는데, 소용 조씨의 추천으로 어의가 되었다. 그가 어의로 특채된 것은 불과 3개월 전이었다. 그의 특채 시점이 세자의 귀국 시점과 일치하고, 그의 특채에 결정적 역할을 한 소용 조씨가 세자 및 세자빈과 알력 관계에 있다는 점을 모르는 궁중 사람은 없었다. 특히 소용 조씨와 세자빈 강씨와의 알력 관계는 외부에 알려질 정도로 심각했다. 당연히 이형익과 소용 조씨가 세자를 독살했다는 혐의를 받았다.

그런데 인조는 시종일관 이형익을 옹호하고 나섰다. 그러자 사람들은 인조가 세자 독살에 관련되어 있을지도 모른다는 의혹을 품게 됐다. 왕이나 세자가 승하하면 시의侍醫들은 잘못의 유무를 떠나 국문하는 것이 관례였다. 소현세자같이 상식적으로 생각해도 의혹이 있는 경우에는 말할 것도 없었다. 그러므로 양사에서 이형익을 탄핵하고 나선 것은 당연한 수순이었다.

"왕세자의 증후가 하루아침에 갑자기 악화되어 끝내 이 지경에 이른 것은 뭇사람이 모두 의원들의 진찰이 밝지 못했고 침놓고 약 쓴 것이 적당하지 못했기 때문이라고 여깁니다. 의원 이형익은 사람됨이 망령되어 허탄한 의술을 스스로 믿어서 세자의 증세도 판단하지 못하고 날마다 침민 놓았으니 그를 잡아다 국문하여 죄를 성하도록 하소서."

조선의 꿈의 좌절

양사의 이런 당연한 주청에 인조는 "의원들은 신중하지 않은 일이 별로 없으니 국문할 것 없다"고 답했다. 양사에서 재차 국문을 청했으나 끝내 따르지 않았으며, 이후에도 시종일관 이형익을 옹호했다. 소현세자의 죽음에 인조가 관련되었다는 유력한 증거 중 하나가 바로 이점이다. 양사는 물론 산림山林의 송준길宋浚吉까지 나서서 이형익을 처형하라고 주청했으나 인조는 요지부동 이형익 편만 들었다.

《인조실록》23년 6월 27일 자에 세자가 "마치 약물에 중독되어 죽은 사람과 같았다"고 적혀 있을 정도로, 소현세자가 독살되었다는 사실을 의심하는 사람은 없었다.《인조실록》에 적힌 세자의 시신 상태, 즉 시신이 까맣게 변하거나 눈, 코, 귀 등에서 피가 나오는 것은 독약을 먹고 죽은 사람의 시신에 나타나는 전형적인 현상이었다. 이 목격담은 소현세자의 생모 인열왕후仁烈王后의 서제庶弟인 진원군 이세완의 아내가, 내척의 자격으로 세자의 염습에 참여했다가 세자의 시신 상태에 의혹을 품고 한 말이었다.

심지어 인조는 이형익을 옹호하기 위해 승정원에 청나라 연호를 쓰지 않은 상소를 받아들이면 처벌하겠다고 위협하기도 했다. 당시 이형익의 처형을 가장 강도 높게 주장했던 김광현金光鉉은 척화파 김상용金尙容의 아들이자 "가노라 삼각산아/다시 보자 한강수야"라는 시를 지으며 청에 끌려갔던 김상헌의 조카였다. 그러니 그의 집안에서는 당연히 모든 문서에 청나라 연호를 쓰지 않았고 인조도 이를 당연하게 여기고 있었다. 그러나 김광현이 이형익을 처형하라고 극력 논박하자, 인조는 세자빈 강씨의 사주를 받은 것으로 판단하고 이런 명령을 내린 것이다. 세자빈 강씨, 즉 강빈의 오라비 강문명姜文明의 장인이기도 했던 김광현은 훗날 강빈의 옥사가 발생하자 아무 죄도 없이 이조참판에서 순천부사로 좌천되기도 했다.

인조가 세자의 죽음에 관련되어 있다는 의혹은 장례 절차에서도 나타난다. 인조는 세자의 시신을 담은 관의 명칭에 임금의 관을 뜻하는 '재궁梓宮(임금의 관)'이란 호칭을 쓰지 못하게 하고, 대신 대부나 일반 사서들이 쓰던 '널 구柩' 자를 쓰도록 했다. 세자시강원의 보덕 서상리徐祥履, 필선弼善 안시현安時賢 등이 반발하고 나선 것처럼 세자는 살아서는 동궁, 죽어서는 빈궁殯宮이 되므로 재궁이라 쓰는 것이 예법에 맞는 것이었다. 뿐만 아니라 인조는 무덤의 이름에도 '원園' 자 대신에 '묘墓' 자를 쓰도록 했다. '원園' 자는 태자묘를 일컫는 것이기 때문에 중국의 태자만 쓸 수 있다는 논리였으나, 황제의 무덤을 일컫는 '능陵' 자를 역대 임금의 무덤에 써 왔다는 점에서 이 또한 명분 없는 억지였다.

상복 착용 기간도 마찬가지였다. 고례에 따르면 장자의 상에는 부모가 참최복斬衰服, 즉 3년복을 입는 것이 예법에 맞았다. 그러나 영의정 김류 · 좌의정 홍서봉 등 서인 중신들은 인조와 왕비의 복제를 기년복朞年服, 즉 1년복으로 의정해 올렸다. 그 자체로도 문제가 있었는데 인조는 여기서 한 발 더 나아가 한 달을 하루로 계산하는 역월법易月法을 적용해 12일 만에 복제를 마치려고 하다가 한 등급 더 감해 7일 만에 마쳤다. 1년을 입어야 할 복제를 1주일 만에 벗어 버린 것이다.

또한 인조는 재최齊衰 1년복을 입어야 할 백관의 복제를 3개월 단상短喪으로 결정했다. 옥당에서 부당하다는 차자를 올렸으나 받아들이지 않았다. 그러자 지평 송준길이 병을 이유로 벼슬을 사양하는 상소를 올리며 이들 소복소복 비판하고 나섰다. 송준길은 인조와 강빈, 그리고 원손은 참최 3년복을 입고, 중전은 재최 3년복을 입어야 하며, 신하들은 기년복으로 따라야 한다고 주장했다. 그러나 인조는 유신이 사직하면 만류하는 관례를 무시하고, 송준길의 상소에 아무런 답도 없이 그를 체직하라고 명하였다. 인조는 이처럼 소현세자의 장례 절차마저 야박하게 대우했다. 인조는 이미 소현세자를 세자로 인정하지 않았던 것이다. 그러나 이보다 더 결정적인 문제는 소현세자의 후사 문제였다.

원손이 아닌 대군을 후사로 삼겠다

당시 원손으로 불리고 있던 석철이 소현세자의 뒤를 이을 것인가가 관심의 초점이었다. 소현세자를 모셨던 세자시강원의 관료인 필선 안시현은 "원손을 세손으로 세우자"는 상소를 올리면서, 세자의 상에 사부를 비롯해 어느 누구도 강빈에게 조문하여 위로하지 않은 사실을 비판했다. 세자의 사부, 즉 영의정과 좌의정은 인조의 마음이 강빈에게서 떠난 것을 알고 위문을 생략한 것이다. 이런 위태로운 정황 때문에 세자궁의 관원들이 세자가 독살당했다는 의혹을 갖고 서둘러 원손을 세손으로 책봉하자고 주청하게 되었다. 하지만 인조는 안시현의 당연한 상소를 즉각 물리치면서 "이러한 소인의 행태는 내가 차마 똑바로 볼 수 없다"며 파직시켜 버렸다. 그러나 위기감을 느낀 안시현은 자신의 안위를 돌보지 않고 다시 상소를 올려 원손을 세손으로 정하자고 거듭 주장했다.

이조참의 조석윤趙錫胤도 안시현과 송준길의 상소는 나라를 걱정하는 강직한 언론인데도 모두 배척하였으니 뭇사람의 마음에 어찌 의심이 없겠냐고 비판할 정도로 소현세자와 강빈, 그리고 원손에 대한 인조의 대접은 법도에 어긋난 것이었다.

원손에게 뒤를 잇게 하지 않으려는 인조의 속셈은 소현세자가 급서하고 석 달 후인 재위 23년 윤6월 2일에 드러난다. 인조는 대신 및 정부의 당상 육경, 판윤과 양사의 장관 16명을 인접한 자리에서 폭탄선언을 한다.

"내게 오래 묵은 병이 있는데 원손이 저렇게 미약하니 성장하기를 기다릴 수 없다. 경들은 어떻게 생각하는가?"

이는 원손이 아닌 다른 인물, 즉 대군을 후사로 삼겠다는 충격적인 발언이자 훗날 조정을 뒤흔들 수 있는 민감한 사안이었다. 이럴 때 가장 좋은 처신은 법과 원칙에 따르는 것이었다. 법과 원칙에 따르면 원손이 세손이 되어야 했으므로 당연히 반대가 잇따랐다. 좌의정 홍서봉이 나섰다.

"옛 역사를 상고해 보면 태자가 없으면 태손太孫이 뒤를 이었으니, 이것이 바꿀 수 없는 떳떳한 법입니다. 상도常道를 어기고 권도權道(목적 달성을 위하여 임기응변으로 일을 처리하는 방도)를 행하는 것은 국가의 복이 아닐 듯합니다."

영중추부사領中樞府事 심열 · 판중추부사判中樞府事 이경여 등도 반대하고 나섰다. 그러자 인조는 영의정 김류를 끌어들였다.

"이 일은 오로지 영상에게 달려 있으니, 경이 결단하라."

후사를 정하는 일은 영의정의 권한이 아니라는 점에서 이는 인조와 반정 주역 김류 사이에 밀약이 있었음을 말해 주는 것이다. 김류는 미리 계획한 대로 세조의 둘째 아들로서 보위를 이은 예종과 덕종의 둘째 아들 성종이 왕위를 이은 예를 들었다. 둘째 아들이 보위를 이은 예를 듦으로써 원손을 폐하고 대군을 세우려는 인조의 의중을 지지하고 나선 것이다.

그러나 우찬성 이덕형·병조판서 구인후具仁垕·공조판서 이시백李時白·이조판서 이경석李景奭 등 양심적 관료들은 반대 의사를 굽히지 않았고, 부제학 이목李棨과 대사간 여이징呂爾徵도 "상도를 지켜야 한다"며 가세했다.

김류를 끌어들였음에도 대다수 신하가 반대의 뜻을 굽히지 않자 인조가 화를 벌컥 냈다.

"이 일은 반드시 대신이 결단해야겠다. 경들이 이렇게 평범한 말만 하고 있으니 어느 날 갑자기 내가 죽는다면 경들은 어떻게 할 것인가?"

이때 낙흥부원군洛興府院君 김자점이 입을 열었다.

"이 일은 성상의 깊고 원대한 생각에서 나온 것이니 의당 속히 결정해야 할 일인데, 어찌 우물쭈물 미룰 필요가 있겠습니까."

인조가 기뻐하며 말했다.

"그 말이 옳다."

이어 김류가 김자점과 한편임을 실토했다.

"지금 신민들의 기대가 모두 원손에게 있는데도 전하께서 이러시는 것은 반드시 바깥 사람이 알 수 없는 궁중의 일입니다. 그러니 성상의 뜻이 이미 정해졌다면 신이 어찌 감히 다른 말을 할 수 있겠습니까?"

"경의 뜻이 나와 부합된다."

그러나 실학의 시조인 원손의 사부 김육金堉이 반대 의사를 굽히지 않았다.

"원손이 아직 어려서 덕망을 잃은 것이 없습니다."

잘못이 없는 원손을 어떻게 폐할 수 있느냐는 당연한 항변이었다. 그러자 김류가 나섰다.

"상께서 만일 분명한 전교를 내리신다면 당장 결단할 수 있습니다."

빨리 결심하라는 재촉에 인조가 화답했다.

"원손은 자질이 밝지 못하여 결코 나라를 감당할 만한 재목이 아니다."

원손의 사부 이식李植이 반대했다.

"진강進講(왕이나 동궁 앞에서 학문을 강의하던 일)할 때 보니 원손의 재기가 뛰어났습니다."

사부가 원손의 자질이 뛰어나다고 반박하자 인조는 엉뚱한 이야기를 꺼낸다.

"한갓 재질의 현명함만을 말하는 것이 아니라 그 나이를 가지고 말한 것이다."

좌의정 홍서봉이 공을 인조에게 떠넘겼다.

"신이 계달하는 것은 상도입니다. 권도를 쓰는 것은 성상께 달려 있습니다."

종법이나 예법에 어긋나는 권도, 즉 원손을 폐하고 대군을 후사로 삼으려면 자신들을 끌어들이지 말고 인조 스스로 결정하라는 말이었다. 이 말을 들은 인조는 매우 분노해 얼굴이 불쾌해졌다. 이경여가 다시 나섰다.

"지금 성상의 하교는 원손의 현명함은 언급하지 않고 나이만을 언급하셨습니다. 그러나 예로부터 어린 나이로 왕위를 이어 덕을 성취하고 나라를 보전한 사람 또한 한둘이 아닌데, 어찌 나이 어린 것 때문에 원손을 함부로 폐립할 수 있겠습니까? 그러나 상도를 뒤엎고 권도를 행해야 종사가 보존된다면 신 또한 상도만을 고수해서는 안 된다는 것을 알고 있습니다."

심열이 아뢰었다.

"세자가 이미 졸卒하였으면 뒤를 이을 사람은 원손인데, 국본을 바꾸는 일을 어찌 말 한 마디에 당장 결단할 수 있겠습니까?"

우찬성 이덕형이 강력하게 반대하지 못하는 여러 신하를 비판하고 나섰다.

"오늘 성상께서는 비록 종사를 위해서라고 말씀하시지만 하루아침에 갑자기 이미 바로잡힌 원손의 명호를 바꾸려고 하시는데, 뭇 신하가 모두 바람에 쏠리듯이 따라 버린다면 장차 저런 신하들을 어디에 쓰겠습니까?"

인조가 한참 동안 묵묵히 있다가 물었다.

"대신들의 뜻이 모두 일치하였는가?"

김류가 대답했다.

"이의가 없는 듯합니다."

원손을 폐하고 대군을 세우자는 말이었다. 인조가 물었다.

"자식이 둘이 남아 있으니 대신이 그 중 나은 사람을 결정하라."

봉림대군과 인평대군 중에서 고르라는 말이었다. 신하들 보고 다음 왕이 될 사람을 고르라는 하교에 홍서봉이 아뢰었다.

"대군은 조신들과 접한 일이 없는데, 어떻게 그 우열을 가릴 수 있겠습니까? 이는 성상의 간택에 달려 있을 뿐입니다."

"두 사람은 다 용렬하니 취하고 버릴 것도 없다. 나는 그 중 장자를 세우고자 하는데 어떤가?"

김류가 맞장구쳤다.

"장자로 적통을 세우는 것이 사리에 합당합니다."

"봉림대군을 세자로 삼노라."

이에 원손 석철이 폐위되고 봉림대군이 세자로 결정되었다. 그러나 이는 단순히 원손의 자리를 대군으로 바꾸는 데 국한되는 문제가 아니었다. 이미 나라 사람들이 후사로 믿고 있던 원손을 폐한다면, 그 다음으로 원손의 목숨까지 빼앗을 것이 분명했다.

효종과 현종 연간에 벌어졌던 예송 논쟁이 단순히 상복 착용 기간을 둘러싼 이론 논쟁이 아니라 정권의 정통성을 묻는 예각의 정치 논쟁이었던 이유도, 바로 이 종법을 무시한 인조의 후사 책봉에 있었다. 소현세자의 뒤를 이을 적통은 봉림대군이 아니라 원손 석철이었다. 소현세자처럼 성인이 된 후 죽었을 경우에는 말할 필요도 없었다. 그러나 인조가 무리해 가며 봉림대군을 후사로 결정했기 때문에, 두 차례에 걸친 예송 논쟁은 효종의 승통이 정당한 것이었느냐는 극도로 민감한 정치 문제가 되었던 것이다.

소현세자 일가의 비극

원손의 지위를 빼앗은 것으로도 세자 일가에 대한 인조의 분노는 끝나지 않았다. 인조의 화살은 이제 남편을 잃고 상심해 있는 며느리 강빈에게 향해졌다.

인조는 강빈이 청과 결탁해 자신을 몰아내고 세자를 즉위시키려 했다고 의심했다. 뿐만 아니라 세자가 죽은 후에도 강빈이 청과 결탁해 자신을 내몰고 원손을 즉위시킬 수 있다고 의심했다.

인조는 저주 사건을 이용해 강빈을 제거하려 했다. 원손이 폐립된 지약 두 달 후인 인조 23년 8월 말, 궁중에서 저주 사건이 발각되어 두 명의 궁녀가 하옥되었다. 그 중 한 사람은 원손의 보모 최상궁이었다.

인형과 조수鳥獸 따위를 마당이나 베갯속 등에 묻어 두고 상대방에게 화가 내릴 것을 비는 저주 사건은, 그 성격상 얼마든지 조작이 가능했다. 고문에 의한 자백을 인정하는 관례를 이용해 강빈을 얽어 넣으려고 두 궁녀를 심하게 고문했으나, 두 궁녀는 조작된 혐의를 시인하는 대신 죽음을 택함으로써 강빈을 보호했다.

그러자 인조는 강빈의 오라비를 귀양 보내는 등 강빈의 친정을 치죄하여 손발을 묶은 후 다시 저주 사건을 일으켰다. 이번에도 강빈의 궁녀두 명이 연루되었으나 이들 역시 조작된 자백을 거부하고 죽어 갔다.

그러나 며느리에 대한 인조의 분노는 여기서 멈추지 않았다. 인조 24년(1646) 정월에는 인조의 수라상에 독이 든 전복구이가 오른 사건이 발생했다. 인조는 이번에도 강빈에게 혐의를 돌려 궁인들을 하옥해 국문하고, 강빈은 후원 별당에 감금했다.

인조의 수하들이 일거수일투족을 감시하는 상황에서 강빈이 독을 넣는다는 것은 불가능한 일이었다. 인조가 이미 "감히 강씨와 말하는 자는 죄를 주겠다"는 엄명을 내려 강빈의 수족을 완전히 묶어 놓은 상태였다는 점에서, 이 사건도 인조의 자작극임에 분명하다.

이번에도 강빈의 궁녀인 정렬貞烈과 유덕有德이 하옥되어 압슬壓膝(기둥에 묶어 사금파리를 깔아 놓은 자리에 무릎을 꿇게 하고 무거운 돌을 얹는 것)과 낙형烙刑(인두로 지지는 것) 같은 심한 고문을 받았으나, 이들도 조작된 시나리오를 승인하지 않고 고문 속에 죽어 갔다. 이렇듯 연일 무고한 궁녀들이 죽어 감에도 인조는 며느리의 목숨을 끊으려는 집요한 공세를 멈추지 않았다.

전복구이에 독을 넣은 사건도 오리무중에 빠진 후 인조는 비망기를 내린다. 그런데 그 비망기의 내용은 인조 자신이 소현세자를 죽인 범인이며, 저주 사건과 독약 사건을 자작했음을 자백하는 것이나 다름없었다.

"강빈이 심양에 있을 때 은밀히 왕위를 바꾸려고 도모하면서 미리 홍금적의紅錦翟衣를 만들어 놓고 내전(왕후)의 칭호를 외람되이 사용하였다. 지난해 가을에 매우 가까운 곳에 와서 분한 마음 때문에 시끄럽게 성내는가 하면 사람을 보내 문안하는 예까지 폐한 지가 이미 여러 날이 되었다. 이런 짓도 하는데 어떤 짓인들 못하겠는가? 이것으로 미루어 헤아려 본다면 흉한 물건을 파 놓아 저주하고 음식에 독을 넣은 것은 모두 다른 사람이 한 것이 아니다. 예부터 난신적자亂臣賊子(나라를 어지럽히는 불충한 무리)가 어느 시대나 없었겠는가만 그 흉악함이 이 넉석처럼 극심한 자는 없었다. 군부를 해치고자 하는 자는 천지에서 하루도 목숨을 부지하게 할 수 없으니 해당 부서로 하여금 품의해 처리하게 하라."

강빈이 역적이라는 이 비망기는 인조 자신이 모든 비극의 주범임을 실토하는 자백서나 마찬가지였다. 인조는 자신의 죄가 비망기에 적나라하게 드러나는 것도 잊은 것이다.

신하들은 물론 강빈이 무죄라고 생각했으므로, 역적죄로 품의해 올리라는 인조의 명을 거부했다. 그러자 인조는 목적을 달성하기 위해 위기의식을 조장했다. 병조판서를 궁중에 머무르게 하고, 김자점을 호위청에 입직시켰으며, 포도대장에게 궁궐을 엄중히 경비하라고 명했다. 인조는 이런 공포 분위기를 조성한 후 강빈을 처형하라고 명했다.

그러나 많은 신하가 반대하고 나섰으며, 그 중에서도 특히 대사헌 홍무적洪茂績이 강경히 반대했다.

"강빈을 폐위시킬 수는 있으나 결코 죽일 수는 없습니다. 전하께서 강빈을 죽이고자 하신다면 먼저 신을 죽인 다음에야 할 수 있을 것입니다."

이어 강빈의 목숨을 살려 달라고 요구하는 상소가 끊임없이 이어졌으나 인조는 요지부동이었다. 드디어 재위 24년 2월 인조는 강빈을 폐출하고 사사하라는 명을 내렸다. 이 명을 거두어 달라는 상소가 빗발쳤으나 인조는 끝내 자신에 의해 과부가 된 며느리에 대한 분노를 거두지 않았다.

강빈은 결국 사저로 쫓겨난 후 사약을 마셨고, 교명敎命(왕비·세자·세자빈 등을 책봉할 때 내리는 훈유문서訓諭文書)·죽책竹冊(세자·세자빈을 책봉할 때 송덕문頌德文을 새겨 엮은 간책簡冊) 등은 거두어 불태워졌다. 인

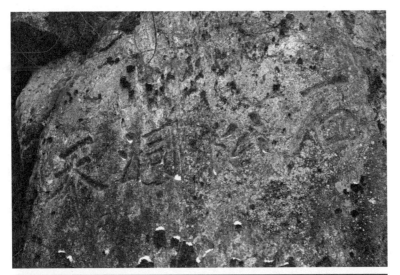

공주시 정안면 석송리에 있는 인조의 암각 친필

인조는 이괄의 난 때 공주로 몽진하다가 석송리에 들려 글씨를 남겼다.

조는 여기서 멈추지 않고 강빈의 형제들에게도 죄를 씌워 장살杖殺(매를 쳐서 죽임)시켰다.

소현세자에 이어 강빈마저 세상을 떠났으나 세자 일가의 불행은 여기서 끝나지 않았다. 강빈을 죽인 후 인조는 이전의 저주 사건을 재심했다. 모진 고통 속에서도 끝까지 강빈을 지켰던 궁녀들은 이제 희망을 잃어버린 상태였다. 강빈의 죽음으로 희망을 잃은 궁녀들은 결국 고문자의 의도에 굴복하고 강빈의 이름을 댔다.

인조는 이를 명분으로 이 사건을 강빈의 친정어머니와 강빈의 세 아들, 즉 소현세자의 아들이자 자신의 친손자이기도 한 어린아이들에게 확대시켰다. 인조는 안사돈이었던 강빈의 어머니를 처형하고, 세자의 세 아들을 제주도로 유배 보냈다.

조선의 꿈의 좌절

이들의 유배지를 정하라는 인조의 명을 받은 의금부는 맏아들 석철은 제주현에, 둘째 석린石麟은 정의현에, 그리고 석견石堅은 대정현에 유배하자고 청했다. 그러나 인조는 이를 거부했다.

"한 곳에 정배定配하여 서로 의지해서 살도록 하되, 내관과 별장 등을 교대로 지정해 보내 외부인들이 접촉하지 못하게 하고, 세 고을에 정배된 사대부는 모두 다른 섬으로 옮겨 정배하라."

당시 제주에는 '강빈을 죽이려면 먼저 나를 죽이라'고 격렬하게 반발했던 전 대사헌 홍무적이 유배되어 있었으므로 이런 명을 내린 것이다. 홍무적은 이에 남해현으로 옮겨졌으며, 봉림대군의 세자 책봉을 반대해 귀양 갔던 이경여도 북쪽 변경으로 옮겨졌다.

소현세자의 뒤를 이어 조선의 임금이 되어야 했던 석철은 인조 25년(1647) 7월, 12살의 어린 나이에 죄수의 몸으로 제주도에 도착했다. 이날 사관은 인조의 이런 처사를 개탄하는 글을《인조실록》에 덧붙였다.

"지금 석철 등이 국법으로 따지면 연좌되어야 하나 조그만 어린아이가 무엇을 알겠는가? 그를 독한 안개와 풍토병이 있는 큰 바다 외로운 섬 가운데 버려두었다가 하루아침에 병에 걸려 죽기라도 하면 소현세자의 영혼이 깜깜한 지하에서 원통함을 품지 않겠는가?"

석철은 과연 다음 해 9월 제주도에서 사망하고 말았다. 인조는 그 소식을 듣고 "석철의 일은 내가 매우 놀랍고 슬프게 여기고 있다. 중관을 내려 보내 그의 시신을 호송해 아비 곁에 장사 지내게 하라"고 지시했다. 그러나 이날의 사관은 인조를 직접 비난하고 있다.

"석철이 역강逆姜(강빈)의 아들이기는 하지만 성상의 손자가 아닌가? 할아버지와 손자 사이의 지친으로서 아무것도 모르는 어린아이를 풍토병이 있는 제주도에 귀양 보내 결국 죽게 하였으니, 그 유골을 아버지의 묘 곁에 장사 지낸들 무슨 소용이 있겠는가? 슬플 뿐이다."

《인조실록》은 석철의 죽음을 풍토병 때문이라고 기록했으나 당시 지각 있는 사람들은 인조가 석철을 반드시 죽일 것이라고 예상했다. 소현세자가 죽은 후 청나라 장수 용골대가 석철을 데려다 기르겠다고 말한 적이 있었는데, 이 때문에 인조가 청에서 석철을 키운 후 자신을 폐위시키고 석철에게 왕위를 줄 것을 우려했기 때문이다. 게다가 청의 사신들이 돌아갈 때 꼭 소현세자의 묘에 들러 참배하는 등 소현세자의 죽음을 슬퍼했으므로 인조는 석철을 더욱 두려워했다.

비록 석철이 독살이 아닌 풍토병으로 죽었다 해도, 이는 어린 손자를 사지로 몰아넣은 인조에 의한 타살인 것이다. 그러나 이것이 끝은 아니었다. 소현세자의 둘째 아들 석린도 석 달 후 형을 따라 세상을 버렸다.

친손자를 줄줄이 죽인다는 세상의 비난이 두려워진 인조는 그 책임을 나인 옥진玉眞에게 돌려 여러 차례 고문해 죽여 버렸다. 석철과 석린을 잘 모시지 못했다는 이유였다. 옥진은 두 아이가 죽은 것은 토질 탓이지 자신이 보양을 잘못한 탓이 아니라고 반발했으나 인조에게 필요한 것은 두 손자의 죽음에 쏠린 내외의 의혹을 돌릴 희생양이었지 진실이 아니었다.

한편 강빈은 억울하게 죽은 지 80여 년의 세월이 흐른 후인 숙종 44년(1718)에 이르러서야 복위 선시宣諡(죽은 이에게 시호를 내림)되었다.

조선의 좌절, 세자의 좌절

소현세자의 꿈과 좌절은 그야말로 조선의 꿈과 좌절이었다. 소현세자가 순조롭게 즉위하여 청국에서 익힌 세계 정세에 대한 식견을 바탕으로 정사를 펼쳤다면, 인조의 쿠데타로 야기된 그 모든 국난은 긍정되고 오히려 옥동자를 낳기 위한 산고로 평가되었을 것이다. 그러나 인조와 반정의 주역들이 소현세자를 제거하고 원손마저 제거함으로써 소현세자의 꿈은 지상에서 사라졌다. 조선을 개혁의 나라, 개방의 나라로 만들려던 선진적인 꿈은 소현세자와 강빈, 그리고 석철과 함께 차디찬 지하에 묻히고 만 것이다.

소현세자가 데려온 천주교 신자인 청나라 환관들은 청나라 사신과 함께 돌아갔다. 그리고 천주교라는 새로운 사상을 받아들인 이 청나라 환관들이 돌아감으로써 조선은 세계에서 유일한 주자학 유일 사상의 나라로 남게 되었다. 그 밀폐된 공간과 정지된 시간을 채운 것은 인조반정의 후예들인 소중화주의자들의 사대주의와 예학이었다.

(2권에서 계속)

조선 왕 독살사건 1

초판 1쇄 발행 2005년 7월 8일
초판 90쇄 발행 2008년 11월 5일

개정증보판 1쇄 발행 2009년 1월 20일
개정증보판 19쇄 발행 2018년 1월 15일

양장특별판 1쇄 발행 2018년 10월 26일

지은이 이덕일
펴낸이 김선식

경영총괄 김은영
디자인 황정민 **책임마케터** 최혜령, 이유진, 박태준
콘텐츠개발4팀장 윤성훈 **콘텐츠개발4팀** 황정민, 임경진, 김대한, 임소연
마케팅본부 이주화, 정명찬, 최혜령, 이고은, 이유진, 양서연, 박태준, 김은지, 배시영, 기명리
전략기획팀 김상윤
저작권팀 최하나, 추숙영
경영관리팀 허대우, 임해랑, 권송이, 김민아, 김재경, 허윤선, 한유현, 최완규, 손영은, 김지영
외부스태프 표지디자인 민진기

펴낸곳 다산북스 **출판등록** 2005년 12월 23일 제313-2005-00277호
주소 경기도 파주시 회동길 357 3층
전화 02-702-1724(기획편집) 02-6217-1726(마케팅) 02-704-1724(경영지원)
팩스 02-703-2219 **이메일** dasanbooks@dasanbooks.com
홈페이지 www.dasanbooks.com **블로그** blog.naver.com/dasan_books
종이 한솔피엔에스(주) **출력 · 제본** 갑우문화사

ISBN 979-11-306-1954-5 (04910)
      979-11-306-1953-8 (세트)

다산북스(DASANBOOKS)는 독자 여러분의 책에 관한 아이디어와 원고 투고를 기쁜 마음으로 기다리고 있습니다.
책 출간을 원하는 아이디어가 있으신 분은 이메일 dasanbooks@dasanbooks.com 또는 다산북스 홈페이지 '투고원고'란으로
간단한 개요와 취지, 연락처 등을 보내주세요. 머뭇거리지 말고 문을 두드리세요.